天津市科技发展战略研究计划项目(16ZLZXZF00410)成果

高校创客教育的智慧化发展研究

詹青龙　杨晶晶　曲　萌　著

清华大学出版社
北京交通大学出版社
·北京·

内容简介

在智慧创造新时代，创客教育作为载体，有潜能促进高等教育从知识性人才向创造性人才的培养转变。但目前的高校创客教育，尚未有效地培养学习者的创造性，发展学习者的技术智慧和创造智慧，不能满足社会对创造性人才的需求。因此，本书以智慧化教育为背景，对高校创客教育的发展现状进行调查分析，构建高校创客教育智慧化发展的影响因素模型，得出有价值的结论。在此基础上，分析、设计高校创客教育的智慧学习环境和活动，建立高校创客教育的智慧化推进机制和发展策略。

图书在版编目（CIP）数据

高校创客教育的智慧化发展研究 / 詹青龙，杨晶晶，曲萌著．—北京：北京交通大学出版社；清华大学出版社，2019.11

ISBN 978－7－5121－4101－8

Ⅰ.①高…　Ⅱ.①詹…②杨…③曲…　Ⅲ.①高等学校－创客教育－研究－中国　Ⅳ.①G640

中国版本图书馆 CIP 数据核字（2019）第 245572 号

高校创客教育的智慧化发展研究
GAOXIAO CHUANGKE JIAOYU DE ZHIHUIHUA FAZHAN YANJIU

责任编辑：韩素华
出版发行：清 华 大 学 出 版 社　　邮编：100084　　电话：010－62776969
　　　　　北京交通大学出版社　　邮编：100044　　电话：010－51686414
印 刷 者：艺堂印刷（天津）有限公司
经　　销：全国新华书店
开　　本：170 mm×240 mm　　印张：16.25　　字数：364 千字
版　　次：2019 年 11 月第 1 版　　2019 年 11 月第 1 次印刷
书　　号：ISBN 978－7－5121－4101－8 / G·1914
定　　价：68.00 元

本书如有质量问题，请向北京交通大学出版社质监组反映。对您的意见和批评，我们表示欢迎和感谢。
投诉电话：010－51686043，51686008；传真：010－62225406；E-mail：press@bjtu.edu.cn。

前　言

“做”是人类活动的客观实在，也是人类教育的基本形态。在目前的教育活动中，“做”带有明显的工业社会烙印，主要表现为“照着做，仿着做”，培养的是学习者的工业化思维，即标准化、程序化、刻板化的思维。而随着“创客、创业、创新、创造”等“四创社会”的到来，创新、创造俨然成为现代社会发展的核心指向和重要标杆的主要彰显，教育作为推动社会发展的重要存在，则理应成为其催化剂和孵化器，助推创新、创造的发展，以“创中做，做中创”为基石的创客运动已然映射到教育领域，从而产生了创客教育。

初期的创客教育是一种小众性、发烧友性、简单性、低技术性的教育，例如，创客运动兴起的典型标志 Arduino 采用 2 层板结构和 16 MHz 频率的低技术来实现。随着数字化技术的迅猛发展，技术的演进、材料的革新、芯片成本的急剧下降，再加上 DIY 的兴起和多样化，类似现实捕捉、3D 打印等技术又将物理世界和数字世界更紧密地联系到一起，使得创客教育逐渐由小众迈向大众化、创新创造化的发展路径，并积极迅速地渗透到教育的各个层面，实现“人人性、开源性、共创性”的创客教育场景。

在智慧创造新时代，创客教育作为载体，有潜能促进高等教育从知识性人才向创造性人才的培养转变。但就目前的高校创客教育来说，尚未有效地培养学习者的创造性，发展学习者的技术智慧和创造智慧，不能满足社会对创造性人才的需求。因而，本书以智慧化教育为背景，对高校创客教育的发展现状进行调查分析，构建高校创客教育智慧化发展的影响因素模型，得出有价值的结论。在此基础上，分析、设计高校创客教育的智慧学习环境和活动，建立高校创客教育的智慧化推进机制和发展策略。

本书作为天津市科技发展战略研究计划项目（16ZLZXZF00410）的最终成果，

由詹青龙、杨晶晶、曲萌著。杨梦佳、陈晓宇、樊佳佳参与了本书的部分工作，在此表示衷心的感谢。

创客教育作为近年来教育技术领域研究的新分支，仍处于前沿探索阶段。本研究团队以高校创客教育为着眼点，通过理论和实践研究，提出了一些新颖的思想、观点和方法，希冀能为后续的研究提供有价值的视角和参照。

詹青龙

2019 年 11 月

目　　录

第 1 章

绪　　论

1.1 研究背景

1.1.1 创客教育智慧化发展的研究背景

随着互联网+、大数据、人工智能等智慧化技术的迅速发展，创客教育的基础服务逐渐完善。互联网+等技术通过数字化平台，直接或间接地赋予了人们巨大的信息传播能力和信息处理能力。物联网等技术的日益成熟，能把传感器、遥控器等机器和人连接在一起，其应用范围正在从信息传输逐渐渗透到销售、运营和制造等多个产业链中，形成了人与物、物与物的全面连接①。物联网技术这种万物连通的功能，打破了信息的不对称，减少了信息传播的中间环节，促进创客教育平台资源的高效对接，实现了创意协同、资源优化配置和市场衔接，最终提升了创客产品的市场价值。因而，互联网+、物联网、大数据、人工智能等智慧化技术与创客教育融合，将革新创客教育的技术支撑、丰富创客教育的资源、优化创客教育的模式，不断提升创客教育的品质，促使创客教育精准化、高效化和智慧化，从而培养创造性人才和智造性人才。

智慧化技术与创客教育的融合及智能设备与数字化平台的大力应用，两方面共同促使创客教育向信息化和智慧化方向转变。十九大报告明确指出，必须把教育放在优先发展的战略地位，大力促使教育的现代化。教育现代化一方面指教育信息化，另一方面指教育培养现代化人才。教育部印发的《教育信息化“十三五”规划》② 指出，首先，学校延续固有教育信息化成果；其次，学校深度应用信息化教育资源；最后，激发信息化的创新融合效能。这便从学校层面上促使了教育现代化。教育现代化的核心是培养创新型人才。

---

① 马化腾．中信互联网+国家战略行动路线图［M］．北京：中信出版社，2015.

② 唐烨伟，钟绍春，杨焕亮，等．从应用融合向创新融合发展转变：《深圳市基础教育信息化发展报告》解读［J］．中国电化教育，2018（12）：75-80.

互联网＋在“‘众创空间’、跨学科学习（STEAM 教育）、创客教育等新的教育模式中的应用，着力提升学生的信息素养、创新意识和创新能力，养成数字化学习习惯，促进学生的全面发展”①。互联网＋技术与教育的融合发展，将数字资源生态化及创新创造型人才的培养推到了新的高度，高校作为人才培养的主战场，更应该注重培养学生数字化能力和创新思维。

李克强总理提出“大众创业，万众创新”的新理念后，如雨后竹笋般，各大高校积极建设了众创空间。众创空间是指在智能化环境下，以培养高校创新创业型人才为主的实践场地。据科技部印发的《发展众创空间工作指引》② 可知，众创空间是顺应新一轮科技革命和产业变革新趋势、有效满足网络时代大众创新创业需求的新型创业服务平台。众创空间作为针对早期创业的重要服务载体，为创业者提供低成本的工作空间、网络空间、社交空间和资源共享空间，与科技企业孵化器、加速器、产业园区等共同组成创业孵化链条。众创空间为高校师生搭建了创新创业的舞台。

高校创新创业持续推进的情况也备受关注。国务院办公厅印发《关于发展众创空间　推进大众创新创业的指导意见》③ 提出，到 2020 年，形成一批有效满足大众创新创业需求、具有较强专业化服务能力的众创空间等新型创业服务平台……构建一批低成本、便利化、全要素、开放式的众创空间……为广大创新创业者提供良好的工作空间、网络空间、社交空间和资源共享空间。众创空间的发展也趋于平民化、开放化和多元化。随后，国务院印发指导意见，鼓励充分利用高校和科研机构等资源发展创客空间，推进大众创新创业，并且鼓励我国高等院校应发挥自身优势，建立创客空间，并鼓励科技人员重点参与进来，促进成果与现实生产力无缝对接。

1.1.2　智慧化技术加速学习环境的变革

作为以 0 和 1 表征事物为核心的科技，智慧化技术是计算机、多媒体、人工智

① 教育部关于印发《教育信息化“十三五”规划》的通知［EB/OL］（2016－06－07）. http://www.moe.gov.cn/srcsite/A16/s3342/201606/t20160622_269367.html.

② 宋述强，钟晓流，焦丽珍，等. 创客教育及其空间生态建设［J］. 现代教育技术，2016，26（1）：13－20.

③ 国务院办公厅关于发展众创空间　推进大众创新创业的指导意见［EB/OL］（2015－03－11）. http://www.gov.cn/zhengce/content/2015－03/11/content_9519.htm.

能、物联网和增强现实等技术的基础。它以迭代式自我增强的方式和指数级增长的速度，迅速渗透于经济、文化和教育的各个方面，推动了生活各方面与智慧化技术的深度融合，催生了学习新方式、资源新形式、活动新模式和空间新境域。其中，资源、活动和空间正是学习环境的核心元素，而智慧化技术正在重新塑造它们。

学习环境是学习发生的依托，是个体或团队新颖想法实现的平台，是推动教与学变革的动力引擎。由于20世纪80年代以来计算机和因特网迅速发展，数字化技术逐步嵌入到教育教学领域，改变了学习环境中的空间外观、氛围和文化。正是技术在环境中的应用，变革了传统的教与学的方式，展现了基于数字化技术的自主、合作和探究的新模态。Internet和多媒体等技术的发展，促使远程教育、混合学习成为可能；移动通信科技的发展，促使采用自带设备（bring your own device，BYOD）学习和泛在学习成为可能；大数据、物联网和学习分析技术的发展，为构筑人人参与创新创造的学习环境提供多种可能性。

这印证了卡特（Carter）的断言："新的技术会构建出新的学习环境。"① 同时，新技术的发展在极度加速学习环境的变革，从创新1.0时代的封闭创新环境，迈向创新2.0时代的开放、开源和连通的创新环境。因此，学习环境借助智慧化技术而不断变革，是个体创新发展和获得智慧的基础，是适应社会大格局调整的现实要求。

《国家中长期教育改革和发展规划纲要（2010—2020年）》（简称《教育规划纲要》）凸显创新人才的培养，然而人才的培养需要有适宜的土壤来滋养，需要环境为教育提供各种可能性。在"十二五"期间，国家大力推动"三通两平台"的构建，旨在改变教育教学环境，变革教与学的方式，我国部分城市中的新型学校已经建成。在"十三五"期间，它们正向以智慧教室、智慧学习环境为导向而迈进。

学习者充分和个性化的学习"需要一种促进知识构建的多种刺激条件和支持条件的综合，即学习环境"②，所以教育迫切需要对环境进行详细地分析与适切设计，构筑智慧学习环境，这是当代学习者的呐喊，也是教育的诉求。

---

① 李葆萍，江绍祥，江风光，等．智慧学习环境的研究现状和趋势：近十年国际期刊论文的内容分析［J］．开放教育研究，2014，20（5）：111－119．

② 钟启泉．学习环境设计：框架与课题［J］．教育研究，2015，36（1）：113－121．

1.2 国内外研究综述

1.2.1 创客教育的国内外研究现状

“创客”最早萌芽于西方 DIY（do it yourself）文化，是指将创意转变为现实的人①。创客取自英文单词“maker”，原意指制造者或创造者。创客也有广义与狭义之分。具有一定知识、创造力、实践、分享和合作能力或意识，并将其转变为现实的人，都可称之为广义上的创客。从广义上来说，人人皆为创客且生来如此，绘画、剪纸、雕刻、烹饪、泥塑等那些体现人类智慧、想象力和创造力的创造过程都是创客活动。近年来，狭义上的创客一般用来指利用互联网、3D 打印机和各种桌面设备与工具将自身的创意转变为实际产品的勇于创新的一群人②。也有学者称其实质为“互联网＋DIY”。

创客是一群有想法、肯合作的人。传统的创客是自己动手（do it yourself），现在的创客更多是共同做（do it together），一群富有想法、志同道合的人为共同的创作目标聚在一起，不受年龄、性别、专业的限制，竭尽各自的智慧使创意想法变成现实。他们的产品可能稀奇古怪，如自动洗头机、晴雨自动晾衣架、哄娃机等，但他们都是爱动手、勤思考的创客。

创客体现的是一种精神。一件产品的诞生从不是容易的，从最初在别人看来是天马行空、荒诞离奇的想法，经过无数次试验失败的挫折，到最终产品的使用和更新迭代，创客身上体现的是对创新永无止境的追求和探索精神。这种精神和

① 王佑镁，钱凯丽，华佳钰，等. 触摸真实的学习：迈向一种新的创客教育文化：国内外创客教育研究述评［J］. 电化教育研究，2017，38（2）：34－43.

② ANDERSON. Makers：the new industrial revolution［M］. New York：Random House，InC，2013.

工匠精神一脉相承。

创客体验着一种创造和有趣的学习方式。通常一件产品的创作涉及多门学科知识，"做中学"是最主要的学习方式，理论指导实践，实践反作用于理论，在创作过程中旧知识不断得以运用，习得的新知识得以巩固和内化，以问题导向和兴趣驱动的学习最为有效。陶行知先生曾说："中国教育之通病是教用脑的人不用手，不教用手的人用脑，所以一无所能。"① 创客"做中学"的学习方式手脑并用，正是改善这种"通病"的一剂良药。创客运动促使了创客文化与教育的融合。

1. 创客教育的国内研究现状

全球创客运动的蓬勃发展，为教育的创新改革提供了新的机遇。2012 年是我国高校创客教育元年，各大高校积极投入到创客空间的建设中，构建了种类繁多的创客空间、创客工作坊和创客俱乐部等。创客运动与教育的融合，正在改变着传统教育的理念、模式、方法，创客教育在此大环境下应运而生②。创客教育是基于真实情境，以多学科交叉融合为指导理念，通过体验式教学与互动分享式学习的过程，最终产出创意作品③。2015 年美国新媒体联盟发布的《地平线报告（高等教育版）》④ 指出，在未来 2 ~ 3 年里，创客教育将引起基础教育和高等教育的深度变革。诸多学者对于创客教育的研究逐步深入，主要表现在以下几方面。

（1）创客教育硬件设备引起高度重视，高校逐步完善创客空间并加大硬件投入。《教育部教育装备研究与发展中心 2016 年工作要点》⑤ 中指出，要贯彻"双创"要求，为创客教育提供必要的服务装备支持，高校创客教育依托创客空间发展平台，通过硬件设备综合运用的方式，提升教育的质量。高校创客空间大多是通过实验室改造的，比较封闭，存在配套设施不健全等问题，导致创客使用 3D 打印机和激光切割机等设备受到限制，严重影响创新能力的培养。因此，高校需要逐步完善创客空间硬件设施⑥并注重创客空间的服务与教学性能的评价⑦，向智慧

---

① 陶行知．陶行知教育箴言［M］．哈尔滨：哈尔滨出版社，2011.

② 杨现民，李冀红．创客教育的价值潜能及其争议［J］．现代远程教育研究，2015（2）：23 - 34.

③ 陈青青．创客理念指导下的初中英语写作教学策略研究［J］．中国电化教育，2017（12）：127 - 130.

④ 胡小勇，龙西仔，冯智慧．美国创客教育新进展：案例与趋势［J］．教育信息技术，2016（6）：3 - 6.

⑤ 教育部教育装备研究与发展中心 2016 年工作要点［J］．教育与装备研究，2016，32（3）：7.

⑥ 刘文良．当前高校创客教育的困惑与超越［J］．现代远程教育研究，2017（5）：61 - 68.

⑦ 吴永和，仲娇娇．创客教育装备的教学适应性评价研究：以 Arduino 学习套件为例［J］．现代教育技术，2018，28（9）：120 - 126.

化发展，以达到优化高校创客教育核心质量的目标。

（2）创客教育通过优化创客项目设计来改善高校创客活动的连接性和新颖性。创客教育展现了开放创新的理念、挑战性和复杂性的学习目标、智能性和访问性的学习环境、共享性和众创性的学习过程、生成性和新颖性的学习评价①。创客教师和创客学生组成的创客主体，由于对创客教育价值缺乏必要的认识，导致在创客活动的设计中出现断层和没有持续跟进指导等问题，因而在创客活动上需注重流程之间的联系性设计②与创客项目实施的系统性设计③。创客活动注重过程性的特性，向创客教师评价教学提出了新的要求。创客活动评价体系大多通过创新大赛的成果对学生创新能力进行评价，评价的侧重点停留在量上，偏离了创客教育的本质。因而创客教育课程创新能力评价从注重创新渴望程度转向创作目的评价，创新思维从发散思维、形象思维、直觉思维和批判思维到综合考核，创新技能从创作实践和创作成品两方面整体进行衡量。当前创客教育的课程设计比较单一，没有考虑到不同专业学生知识的广度和深度④。总体上，当前高校创客活动反映了创客主体存在经验不足和能力不够等诸多问题。

（3）创客教育中提升创客教师创客能力的研究。创客教师严重影响创客教育的质量，因而研究转向优化教师角色、完善创客团队和评析创作作品中⑤。研究分析了创客教师知识框架，包括创客学习者的知识水平、创客学习知识程度、创客课程、跨学科知识、整合技术的学科教学知识等⑥，清晰定位创客教师的知识结构及组成。创客教师大多是由学校传统教师组成，其创新能力明显不足，主要表现为跨学科知识融合力不深入、项目设计联系力不系统和动手实践操作力不熟练等方面。在智慧化环境中，创客教师角色分化越来越精细化，教师扮演思维教学设计师、教练员和数据分析师等多元化教师角色，需更详细地分析创客教育活动中出现的多种问题⑦。创客教师角色精细化划分，不仅缩减了教师的工作量，而且为提升教师专业知识水平和技能提供了便利。因此，今后的研

---

① 庞敬文，唐烨伟，钟绍春，等．创客教育支持学生核心素养发展模型研究［J］．中国电化教育，2018（5）：69－73．

② 郑茜．面向协作式问题解决的创客教育活动设计［J］．教学与管理，2018（13）：39－41．

③ 李卢一，郑燕林．ARCS模型视角下创客项目设计研究［J］．现代远距离教育，2018（2）：12－19．

④ 申静洁，赵呈领，周凤伶．创客教育课程中学生创新能力评价研究［J］．现代教育技术，2018，28（10）：120－126．

⑤ 刘树林，李博．创客教育与课程教学的融合：方式、问题、对策［J］．现代教育技术，2018，28（9）：113－119．

⑥ 闫志明，孙承毅．论创客教师的知识基础［J］．教育研究，2018，39（6）：111－118．

⑦ 祝智庭，魏非．面向智慧教育的教师发展创新路径［J］．中国教育学刊，2017（9）：21－28．

究逐渐向创客教师设计创客项目之间的非线性关系、创客活动之间的关联性设计、内容教学开放性设计等方向转变①，改善创客教师专业性不足，解决教师理念难转变等问题。

(4) 创客教育作为新理念，指引着多种学科创新改革。创客教育与各学科课程融合②，协同促进创客理念的传播与相互之间的渗透。高校创客教育的开展注重创新教育，大力鼓励创客教育与其他学科融合，但大多是从形式上实现创新，如开展讲座、论坛和沙龙等活动，并没有从实质上关注在多学科融合的教学中如何提升学生创新能力、设计能力、实践能力等问题。因此，高校需要深入剖析创客教育的本质内涵，并通过创客教育与其他学科融合设计的课程活动，注重培养创客主体的设计能力、创新能力和问题解决能力，才是促使创客教育多元化发展的必要举措。例如，在创客教育与核心素养融合的发展研究中，教育的学习目的从知识追求开始向创新追求转变、学习内容从隐性向显性转变、学习者从接受者向创造者转变③。在创客教育与STEM教育的融合中，教育实现了跨学科学习、协作学习、"做中学"和创新学习④等多样化的学习方式。

2. 创客教育的国外研究现状

创客最早源于美国"living lab"(生活实验室或应用创新实验室)计划，强调以用户为中心、以社会为实践平台发展协同创新模式。创客运动加速创客教育团体的扩大，创客教育是鼓励学习者在生活中创新制造产品，并通过线上和线下平台，积极地同他人分享成果的学习过程⑤。创客运动的不断扩展是基于创客空间日益增多的基础之上，创客空间的理念强调共享、开放和公开，并在此基础上重点强调从物理环境、支持环境和虚拟环境三个维度⑥进行全方位拓展，而创客教育的

---

① 赵冬梅，梁小帆. 关联主义学习理论视阈下创客教育研究［J］. 电化教育研究，2017，38 (11)：26－31.

② 杨帆. 基于课程体系建设的创客教育［J］. 中国教育学刊，2018 (S1)：8－11.

③ 庞敬文，唐烨伟，钟绍春，等. 创客教育支持学生核心素养发展模型研究［J］. 中国电化教育，2018 (5)：69－73.

④ 赵呈领，申静洁，蒋志辉. 一种整合创客和STEM的教学模型建构研究［J］. 电化教育研究，2018，39 (9)：81－87.

⑤ HALVERSON，SHERIDAN. The maker movement in education［J］. Harvard Educational Review，2014 (12)：495－504.

⑥ PEPPLER，BENDER. Maker movement spreads innovation one project at a time［J］. Kappan，2013 (12)：22－27.

精髓更多蕴含于创客空间中，创客教育的研究结论主要如下。

（1）创客空间孕育出创客教育的创客主体。创客空间的开放性指出，任何师生均可涉足创客空间而成为创客学习者。也就是说，创客空间是面向全校师生开放的，这就消除了不同创新学习者在沟通交流、相互信任和协同创新等多方面的重重障碍。创客空间共享性的核心为交互，不同创客拥有不同的价值观及理念，例如，有些创客只是想体验实践过程，有些创客是要实现创新创业。因此，创客空间为不同创客主体的不同创新目标而服务，这从空间上和服务上促使了创客教育的产生和不断提高。为有效地促进创客深度上相互学习，创客空间尝试构建基于创客教育主体的共生网络，而作为网络节点的每个创客，具有同感知、互理解、共决策等特征。

（2）国外将从事创客教育的教师称为“创客教育者”（maker educator），创客教师不仅仅是传统意义上传授知识的教师，更是一个超级创客，他们具备将创客项目转化为课程或产品的能力。为了更高效地推进创客教育的可持续性发展，相关学者针对创客教育的教师能力展开了积极探索，其中 Martinez 和 Stager① 提出了一个好的创客课题具备的八大特征，为创客教师将项目与课程融合提供了新的思路；Hartnell - Young② 从创客课程融合的角度详细指出：“在技术课堂中，教师需要具备四种能力，即设计学习环境、管理人员资源、调控学习和提高实践质量。”研究体现出创客教师无论是从创客项目着手设计教学角度，还是从创客思维与传统课程融合角度设计创客活动，都需要凸显自身在创客教育过程中的各项能力和指导作用。

（3）创客空间可以改变传统教育现状，不断提升创客教育的质量和知识水平。创客空间的活动直接指向创客教育过程并间接反映创客教育质量，在动态实践过程中不断地给创新者提供资金支持和质量保证。它贯穿在创客智慧共生、互生和再生的不断相互衍生过程中③，是创新顺利进行的保障。面向过程的创客活动是跟踪创意、传授知识、提高素养、培育能力的有效手段④，也是创客教育质量保障的

---

① MARTINEZ，STAGER. 8 elements good maker projects have in common［EB/OL］（2013 - 12 - 05）. http：//www. weareteachers. com/hot - topics/special - reports/how - the - maker - movement - is - transforming - education/8 - elements - of - a - good - maker - project/.

② HARTNELL - YOUNG. Teachers' roles and professional learning in communities of practice supported by technology in schools［J］. Journal of technology and teacher education，2014（3）：461 - 480.

③ 刘志迎，武琳. 众创空间：理论溯源与研究视角［J］. 科学学研究，2018，36（3）：569 - 576.

④ 曾韦蜻，刘敏榕. 高校图书馆创客空间定位与服务研究［J］. 数字图书馆论坛，2018（2）：33 - 38.

核心步骤。因此，在创客教育过程中，创客活动至关重要。

(4) 创客活动是连接创客主体、打破现实性生成和发展可能性思维的关键，它不仅是与表征客观事物的信息或知识交互联通，更是主体聚合群体智慧的结晶①。创客活动中创客的创新性学习往往是跨学科、多领域的智慧融会贯通，创客之间以培育创新能力为主，不存在竞争关系。

(5) 创客教育活动的系统性开展不是为了考试，而是以满足社会需求为起点，解决实际问题为核心。因此，重点关注创客教育活动的过程性数据信息，为创客主体提供完善创意的建议和实现深度学习是十分重要的，进而也为提升创客教育的深层次发展提供支持。

(6) 创客空间保障创客教育资源的持续性供给。创客教育资源不仅和创客主体有着共生性关系，也与创客教育活动的顺利开展密切相关。首先，创客教育资源为创客主体提供技能培训的公共平台，支持跨学科创客团队的项目合作②，进而盘活创客团队内在的一致性、协调性、开放性和包容性。其次，创客教育活动加快了物质流通的速度，不断带来创新性产品，物质资源为创意表达和技术提升提供了物质载体，作为物质资源内在构成的创新产品与创客教育活动的连续性开展相契合。最后，创客教育主体和创客教育活动只有与创新大环境紧密融合，创新产品才能不断与政府、企业、社会发展的大脉搏实现共振。因此，只有促进高品质创客教育主体的智慧发展、支持创客教育活动数据的连续更新、提供创客教育资源的持续供给，才能保障创客教育可持续性发展。

综合国内外高校创客教育的研究现状表明，高校对创客教育的价值缺乏深层次的认识，导致创客教育发展停留在形式上，其表现为一方面创客教育宣传力度大而不深入，硬件设备投入力度大而利用率低，创客教育活动形式多样而不系统；另一方面创客主体创新能力不足，创客活动设计联系性差，提高创客主体创新能力、实践能力和设计思维能力的深度不够。因此，推进高校创客教育智慧化发展，要重视提升创客主体的创新动力和持久力，设计创客活动连接性和新颖性，供给创客资源的连续性和持续性。

---

① ZHAN Q L. A model of maker education in China universities by smart technologies: the perspective of innovation ecocystem [A] IEEE Beijing section、Xi'an Jiaotong - Liverpool University. Proceedings of 2017 IEEE 2nd International Conference on Big Data Analysis (ICBDA2017) [C]. IEEE Beijing section、Xi'an Jiaotong - Liverpool University: IEEE BEIJING SECTION（跨国电气电子工程师学会北京分会），2017: 6.

② 刘巍伟. 高校创客空间建设机制研究：基于美国 HEMI 高校的实践启示 [J]. 教育发展研究，2017，37 (11): 78 - 84.

1.2.2 智慧学习环境的国内外研究现状

1. 智慧学习环境的国内研究现状

随着2009年我国启动“智慧城市”建设，部分城市将智慧教育作为城市发展的强烈支持进行探索，最具代表性的城市有北京、上海、广州和宁波，已取得一定成效[①]。作为智慧教育的一部分，智慧学习环境在构筑方面也取得不错的进展。

2013年，上海发布《上海基础教育“地平线”报告》，凸显了大数据、云技术和智能设备等在教育中的应用，如IMMEX思维评价、虚拟创造课程等，而且展现了对学习者学习环境的重新设计[②]。2014年，北京发布《海淀区智慧教育中长期发展规划（2014—2020年）》，其中要求构建“情景感知、智能监控、多元交互”等融合级的智慧学习时空环境[③]。2015年9月20日，北京师范大学智慧学习研究院发布的《2015中国智慧学习环境白皮书》全面解读了智慧学习环境及其在国内的发展水平[④]。可见，发达城市在智慧环境构建方面已取得一定成效，其余城市在构筑智慧学习环境方面仍需不断探索和实践。

在智慧学习环境的研究中，学者从不同认知视角予以剖析或构建。截至2019年10月以“智慧学习环境”为主题在知网上搜索，筛选出498篇相关论文；以“智慧校园”为主题检索出56篇论文，自2007年开始相关研究逐渐增多；而以“智慧教室”为主题搜索出49篇论文。由于学习环境有侠义和广义之分，因此智慧教育可在教室或学校的正规学习环境当中，也可在非正规学习环境当中。笔者通过研究发现，关于智慧环境的研究主要包括以下几方面。

---

① 唐斯斯，杨现民，单志广，等. 智慧教育与大数据［M］. 北京：科学出版社，2019.

② 姜新杰，徐倩，赖鑫琳，等. 上海基础教育“地平线”报告［J］. 上海教育，2013（13）：16－22.

③ 海淀区智慧教育中长期发展规划（2014—2020年）.［EB/OL］［2016－05－22］. http：//www. btdcw. com/btd_ 9krme7zh1t2nsfs0jg41_ 2. html.

④ 2015中国智慧学习环境白皮书发布［EB/OL］［2015－09－22］. http：//news. youth. cn/jy/201509/t20150922_ 7142095. htm.

1）智慧学习环境的概念视角

智慧学习环境的研究起步较晚，而在具体探究和实践之前，清晰明了地认知其概念内涵具有重大作用。因而，国内学者对智慧学习环境的研究多从相关内涵、特征、功能、影响因素和评价框架等进行，如智慧教室的SMART概念模型（showing、manageable、accessible、real - time interactive、testing）①、智慧学习环境应坚持“以人为中心，以多种支持与自我发挥为支撑”的原则②等。

2）智慧学习环境的技术视角

数字化技术以指数级增长的速度迅猛渗入生活的各个领域，已深深影响人们的思维和行为。数字化技术有着巨大的魔力，而离开数字化技术的生活则会“黯然失色”。部分学者正是由于坚信数字化技术的力量，因而从技术认知视角对智慧学习环境进行构建。如祝智庭教授将智慧学习环境作为智慧教育的技术支撑③，上海八所学校试点电子书包“智慧课堂”④，增强现实技术和学习分析技术与电子书包的融合⑤，利用CEAC平台⑥，采用智能内容分析、弹性分析云和移动终端构筑智慧学习环境等⑦。

3）智慧学习环境的要素视角

智慧学习环境是一个多要素构成的复杂系统，需要在明了各要素的基础上对其进行详细设计和构建。同时，各个要素并非处于孤立状态，而是协同的关系。如钟志贤的“7 +2”要素观（情境、资源、工具、支架、学习共同体、活动和评价），赵秋锦等学者认为智慧学习环境包括智慧教育主体、智能化空间和条件三

---

① 黄荣怀，胡永斌，杨俊锋，等．智慧教室的概念及特征［J］．开放教育研究，2012，18（2）：22 -27.

② 程玫，单美贤．关于“智慧学习环境”的研究综述［J］．现代教育技术，2013，23（9）：25 -28.

③ 祝智庭，贺斌．智慧教育：教育信息化的新境界［J］．电化教育研究，2012，33（12）：5 -13.

④ 上海八所学校试点电子书包“智慧课堂”改变传统教学模式．［EB/OL］［2011 -06 -01］．http：//finance．sina．com．cn/roll/20110601/00299927483．shtml.

⑤ 崔惠萍，傅钢善．新技术与电子书包融合构建智慧学习环境的研究［J］．现代远距离教育，2014（6）：55 -60.

⑥ 陈小莉，柏世兵．基于CEAC平台智慧学习环境的应用建设研究［J］．中国管理信息化，2015，18（22）：240.

⑦ 刘俊．智慧教育环境及其实现方式设计［J］．中国电化教育，2013（12）：20 -26.

要素[①]。

综上所述，国内学者多从概念视角和技术视角对智慧学习环境进行研究，而更多集中于从技术视角对智慧学习环境进行重新设计或构建。除此之外，也有学者研究在智慧学习环境下学习者的学习行为[②]、面部表情，以及环境发展趋势。然而，智慧学习环境的构建涉及多个层面，需从综合视角做好顶层设计工作，如技术、资源、空间、活动和服务等融合层次。

2. 智慧学习环境的国外研究现状

随着云计算、3D 打印和物联网等新科技的发展，人们在 21 世纪的学习不仅仅来源于静态的资源，更来自个体创造和群体智慧的结合。随着各国对学习的高度重视，部分国家已将智慧教育作为国家教育发展的重大战略，新加坡、韩国和美国等国家在智慧教育建设方面已取得一定成效，并且在智慧学习环境构建当中的先进实践经验对其他国家来说也具有一定的借鉴意义。

例如，早在 2006 年 6 月，新加坡政府出台 iN2015 “智慧国度” 计划[③]，而智慧教育是该计划的核心组成部分，其重点任务是建立个性化学习空间、按需获取的数字资源等，以使用信息技术变革教与学的活动和方式。其中，EdVantage 项目是智慧教育计划的主体，包括 iACCESS、iLEARN 和 iEXPERIENCE 三部分智慧学习环境建设，为学习者提供无线服务、互动式资源和智能应用服务[④⑤]。

韩国在 2011 年 10 月出台了《推进智慧教育战略施行计划》，为韩国智慧教育发展指明了方向，将 “智慧（smart）” 理解为自我导向、兴趣、自适应、丰富资源和信息技术[⑥]，调动了学习者、教师和学校的全方位力量，同时，致使学校基于信息技术构建智慧校园。韩国的世宗市建立多所智能学校，利用电子黑板、平板电脑等设备构建教室，成为没有教科书的学习空间。学校全新的教学模式和全新的教室代替了以往的教学模式和教学空间，吸引学生愉悦地学习[⑦]。

---

① 赵秋锦，杨现民，王帆. 智慧教育环境的系统模型设计 [J]. 现代教育技术，2014，24（10）：12－18.

② 程玫. 智慧学习环境中的学习行为分析研究 [D]. 南京：南京邮电大学，2014.

③ 张炯. 新加坡的智慧国心经 [J]. 互联网周刊，2006（37）：50－51.

④ 唐斯斯，杨现民，单志广，等. 智慧教育与大数据 [M]. 北京：科学出版社，2019.

⑤ http://www.markosweb.com.

⑥ 朴钟鹤. 教育的革命：韩国智能教育战略探析 [J]. 教育科学，2012，28（4）：87－91.

⑦ 韩国全新教育模式，没有教科书的世宗市智能学校. [EB/OL] [2016－12－09]. http://www.haoqu.net/show－19－145－1.html.

美国教育部在2010年11月发布《改变美国教育：技术增强的学习——美国国家教育技术计划2010》（简称NETP2010），提出以信息技术为支撑对教育教学进行多层次变革，提出了蕴含智慧教育的核心要素，在基础层面提出构建无缝连接的学习环境①。美国智慧学习环境构建的典型案例有：明尼苏达大学的ALCs项目（active learning classrooms）。它涉及培养什么样的学生、使学习者具备哪些经验、构建什么样的空间环境等关乎教育发展的问题，提出构建自由灵活的智慧学习环境，从而为学习者创造性解决问题提供条件②。

综上所述，国外对智慧教育的发展给予了足够的重视，而智慧学习环境的建设又在智慧教育中起到支撑作用，因而变革传统教室、校园或非正式学习空间为智能学习场所势在必行。在研究层面，智慧学习环境构建的算法研究、教学策略或教学案例设计等方面最为研究者所关注③，也就是说，研究者们更注重基于技术的实际构建。

1.3 概念界定

1.3.1 创客教育

目前，研究者对创客教育概念的解读不尽相同，具体表述如下。

（1）将创客教育理解为一种理念，以“创新、实践、合作、共享”④ 为核心

---

① 陈耀华，杨现民．国际智慧教育发展战略及其对我国的启示［J］．现代教育技术，2014，24（10）：5-11.

② Active learning classrooms［EB/OL］（2016-04-11）. http://www.pkallsc.org/wp-content/uploads/2018/03/ALCs.pdf.

③ 李葆萍，江绍祥，江丰光，等．智慧学习环境的研究现状和趋势：近十年国际期刊论文的内容分析［J］．开放教育研究，2014，20（5）：111-119.

④ 张茂聪，刘信阳，张晨莹，等．创客教育：本质、功能及现实反思［J］．现代教育技术，2016，26（2）：14-19.

理念，面向全人发展为总目标①；这种“创新、实践、分享”的理念，需融入到学科教学全过程中，新理念与传统教育的融合改善传统教育中的不足是一个漫长的过程②，新理念的不断冲击在一定层次上能丰富创客教育的内涵发展。

（2）将创客教育作为一种新的教育模式，是通过创新、创造和分享的学习过程，形成一个新的学习文化，引导学生利用网络资源，促进创新学习③。这种模式注重学习者利用网络资源、分享交流和创新创造。另一种模式是指创客教育依赖跨学科知识整合，将理论学习知识直接与社会生产相结合的创造方式引导学生学习④。在这种模式中，关注学习者将理论知识应用于实践的过程，体现了“创中学”的含义。相较于带有工业化影子的传统知识教育，创客教育则是顺应时代潮流发展、培养创新型人才的教育。

（3）将创客教育作为创新创业教育的驱动力，将创客学习建立迭代模型，创客学习依次通过自主选题、调查研究、创意构思、知识建构、设计优化、原型制作、测试迭代和评价分享的过程，为创客创业提供参考⑤，促进创意落地，提高创业力，最终提高创客创业成功率⑥。这是从创新创业的角度解读创客教育的内涵。

高校创客教育的典型特征为创客精神、善于运用信息技术、做中学、合作探究式学习、工匠精神、创客与创新创业结合⑦。智慧化技术融入创客教育，将现实智慧和网络智慧进行融合，实现现代双重智慧人才的培养。智慧化技术介入创客教育，是以技术为切入点，推广创客教育的网络平台，将实践操作与线上平台进行双向融合⑧。

总之，创客教育是以“全人发展”为最终目标，以创新思维为发展核心，以促进创造为关键，以跨学科整合与工具熟练应用为基础途径，以项目实施为驱动，

---

① 王佑镁，王晓静，包雪．创客教育连续统：激活众创时代的创新基因［J］．现代远程教育研究，2015（5）：38－46.

② 黄兆信，赵国靖，洪玉管．高校创客教育发展模式探析［J］．高等工程教育研究，2015（4）：40－44.

③ 郑燕林，李卢一．技术支持的基于创造的学习：美国中小学创客教育的内涵、特征与实施路径［J］．开放教育研究，2014，20（6）：42－49.

④ 郑燕林．美国高校实施创客教育的路径分析［J］．开放教育研究，2015，21（3）：21－29.

⑤ 陈鹏．创客学习：一种创造有意义学习经历的学习范式［J］．现代远程教育研究，2016（6）：26－38.

⑥ 张华．基于三态支持视野下的大学生创客教育探析［J］．中国职业技术教育，2016（19）：81－83.

⑦ 庄琪琪．我国高校创客教育发展现状与发展策略研究［D］．青岛：青岛大学，2018.

⑧ 詹青龙，杨梦佳．“互联网＋”视域下的创客教育2.0与智慧学习活动研究［J］．远程教育杂志，2015，33（6）：24－31.

以分享交流为动力①的新型教育方式。

1.3.2 智慧

当前，“智慧”已成为高频词，智慧城市、智慧教育、智慧校园、智慧家居……那到底什么是智慧呢？

古代西方认为“智慧”一词对其存在神话隐喻：知识之蛇带来了智慧；万物之主宙斯头颅裂缝中诞生智慧女神雅典娜。因而，古代西方认为智慧是神拥有的，人并不能直接拥有，然而可以“爱智慧”②。为了更接近神，人类从未停止过追寻智慧的脚步。然而，在中国，“智慧”则与“道”具有一定的相关性，是对“道”的一种体验、感悟或认知③。

中文词典对“智慧”的解释是“对人、对事、对环境或其他进行迅速、灵活、正确理解和处理的能力”；④ 英文牛津英语词典将“智慧”界定为“运用知识和经验去做好的判断与抉择”⑤。基于不同视角对“智慧”有不同的解读。

1. 从个体能力视角看“智慧”

智慧是一种高阶能力。正如表现数据、信息、知识、智慧关系的DIKW模型所呈现的那样，智慧不是知识的简单替代物，而是在知识和技能之上一个层次，是对事物灵巧的应变和新颖的创造的一种能力，因此掌握知识并不一定能够获得智慧，也不能仅仅通过习得而去获取智慧。

正如杜威对智慧的观点“它是应用已知的去明智地指导人生事务的能力”⑥ 所

① 董黎明，焦宝聪. 核心素养视域下创客教育目标与实施路径研究［J］. 中国电化教育，2018（9）：48－55.

② 张瑾. 信息技术环境下教师教学智慧及其生成研究［D］. 兰州：西北师范大学，2012.

③ 王宇琮. 论教师教育智慧的生成［D］. 太原：山西大学，2013.

④ 祝智庭，贺斌. 智慧教育：教育信息化的新境界［J］. 电化教育研究，2012，33（12）：5－13.

⑤ Wisdom［EB/OL］［2016－03－12］. http：//dictionary. cambridge. org/dictionary/english－chinese－simplified/wisdom.

⑥ 同②.

表明的，获得智慧需要具备一定的知识基础，即在低阶识记能力掌握知识的基础上，关键在于如何“明智地应用”。英国怀特海认为“智慧是掌握知识的方式，它涉及知识的处理，确定有关问题时知识的选择，以及运用知识使我们的直觉经验更有价值”①。可见，怀特海对智慧的理解与杜威有一定的共同点，即都强调“如何用”，但怀特海在强调“如何用”的同时，还强调掌握知识的方式及对知识的确定、选择的能力。综上，智慧是一种高阶能力，位于知识和技能的上一层级。

2. 从社会文化视角看“智慧”

智慧是社会文化、参与体验和集体互动等的融合。人都是社会人，具有自然和社会双重属性。人在与社会集体、事物互动的过程中，通过感知、实践等方式，融入自身的理性思索和情绪情感，以逐渐感知自身的存在，明了事物的发展关系，从而能恰当地定位自己、适切评价他人和预测事物动向，以及根据外界人与事做出明智反应。例如，钱学森认为，人的智慧是由量智和性智两部分构成②，其中，“量智”主要指科学技术，研究量变到质变；“性智”则侧重于各种文艺实践活动。他的观点体现了智慧的科学性与艺术性的统一。因此，智慧是一种在社会交互中不断发展的多因素的整合。

3. 从道德伦理视角看“智慧”

智慧是一种求善、寻美的总和，是一种社会伦理道德认同后的内在精神折射。古代西方将智慧看作只有神才能拥有，因而更去追寻神的脚步；古代中国的文人墨客追求高境界、品质美和大智慧，都是对善和美的向往与追求。善是和美相联系的，与道德伦理更是有着千丝万缕的联系。智慧所要达到的是“共善”境地。例如，洛克说智慧是“一种善良的天性、心灵的努力和经验结合而成的产物”③。

从个体能力、社会文化和道德伦理等视角多方位解读智慧，从而展现出智慧

---

① 郭晓娜. 论教师的教育智慧［D］. 重庆：西南大学，2007.

② 王萍. 教学智慧生成研究［D］. 济南：山东师范大学，2015.

③ 同②.

的整体概念。同时，智慧具有丰富的内涵：其一，智慧与知识技能极为相关，具备知识和技能的人不等同于有智慧的人，然而智慧必经过知识的积累和反复的实践；其二，智慧与身体体验极为相关，智慧的获得需要人们具身参与社会文化，与人或物深入地互动，需要对事物发展具有感性的认知；其三，智慧与反思力和批判力相关，具有智慧的人不是只看到事物表象，而是经过思考和批判之后对事物认知的升华，以此更接近事物的本质和世界的真理；最后，智慧与创新创造相关，包括内心的创意想法和现实对事物的改造，以求新、求异。

综上所述，“智慧”这个概念具有不同的定义和丰富的内涵，而本书中智慧指的是“技术智慧”与“创造智慧”的融合。一个具有“双重智慧”的人，应具有超前的思考力、判断力、想象力、连通力和创造力，明了如何运用新思维、新方法、新设备和新技术处理复杂问题。这样的学习者能在各种空间场域中有效地、创造性地解决问题，找到以前不能解决问题的方案，并产出新颖独特的实果。

1.3.3 学习环境

当代教育受到建构主义学习理论的影响，批判以教师为中心的教学，强调以学为中心的优势，因而关于环境，同样更多强调的是学习环境，而非教学环境。关于“学习环境”的概念，国内外学者从不同视角对其进行界定。

1. 物理空间的视角

部分学者从物理空间视角解读学习环境，即认为学校、家庭和社会当中的用于学习的物理空间共同构成了学习环境，它偏重于强调学习环境是一种真实的空间场所，一种可见的空间范围。例如，美国 F. G. Knirk 将学习环境定义为“是由学校建筑、课堂、图书馆、实验室和家庭中的学习区域等所组成的学习场所”①。该定义从空间视角出发，侧重于学习环境的真实空间存在感。

---

① 武法提. 基于 WEB 的学习环境设计［J］. 电化教育研究，2000（4）：33－38.

2. 媒体中介的角度

部分学者从媒体中介的认知视角解读学习环境，认为任何有助于教育教学和学生学习的资源、工具和设备等媒体中介都可组成学习环境。例如，Wilson 认为，学习者为了达到自己的学习目标，在学习环境中使用不同的学习工具，利用丰富的学习资源来相互交流、相互协作，以共同解决问题。① 该定义不再局限于物理空间场所的桎梏，认为学习者为了实现既定目标，在一定场所中所使用的工具、学习资源等也都属于学习环境的构成部分。

3. 关系与事物融合的视角

也有学者从关系与事物融合的视角来理解学习环境，即认为学习环境不仅包括有形的事物，如设施、资源，也包括无形的事物，如学习活动的模式、资源的逻辑等。例如，学习环境是一种情况和条件，可以支持学习活动的顺利展开，② 因而包含了物质与非物质的多层因素。"学习环境除了包含丰富的学习资源，还包括复杂的人与人之间的关系"③。该视角跳出了前面两种视角的有形束缚，认为学习环境是由有形的场所、工具、资源等和无形的逻辑、方式方法、人际关系等共同构成的，是一种复杂的、多层的、融合的存在。

综合上述学者对学习环境认知的不同视角，目前国内学者普遍赞同的是第三种视角"关系与事物融合的视角"：学习环境不仅仅是学习者学习的空间，而且是他们在学习中可以利用的各种工具和资源，以及学习活动的方式方法。

本书认为学习环境的内涵如下：其一，学习环境强调学习者是设计的主体，学习效果是构建关注的归宿；其二，学习环境是一种动态的变化过程，而非静态的，要随着学习者情况变化、研究主题的不同、学习活动的进程等方面而变化；其三，学习环境支持教育者教和学习者学，对教与学方式的变革起到了支撑作用。

---

① 石世美. 高校信息化学习环境的研究与设计［D］. 北京：北京理工大学，2015.

② 武法提. 基于 WEB 的学习环境设计［J］. 电化教育研究，2000（4）：33－38.

③ 李文光，何志龙，何克抗. 基于创新能力培养的教学设计理论与试验探索［J］. 中国电化教育，2002（10）：12－18.

1.3.4 创客教育机制

机制是指一个系统中各元素之间相互作用的过程和功能，即一种由各种相互联系、相关制约的要素所构成的活动体系①。《现代汉语词典》中解释，机制指“机器的构造和工作原理”，也可以指“有机体的构造、功能和相互关系”。按照第二种解释，创客教育机制是指创客教育系统的构成要素及其相互关系②。创客教育的发展越来越注重可视化、动态化和多元化，在智慧化技术环境中，高校创客教育智慧化推进机制的持续运转，依托于智能化、数据化和感应化的创客空间，而创客教育推进机制才是创客教育系统中各要素和相互关系动态演进的保障。

1.4 相关理论基础

理论基础是创客教育的智慧学习环境、机制及可持续发展等研究分析、设计和构建的基石，为构建符合科学理论的创客教育智慧化发展提供理论支撑和实践指导。

1.4.1 连通主义理论

连通主义认为学习环境就是由学习者建立一个个节点，节点与节点之间的连

① 柯清超，郑大伟，张文，等. 国家教育资源公共服务平台评价机制研究［J］. 中国电化教育，2016(9)：8-15.

② 吴雪萍. 终身学习的推进机制比较研究［M］. 杭州：浙江大学出版社，2010.

接构成的生态化网络，学习过程的连通性比掌握知识更为重要①。连通主义注重终身学习能力的培养，在这个过程中学习者负责节点的建立、组织和维护练习，而教师起到节点的过滤和推荐的作用②。连通主义的过程包含了社会连通的模式和认知联通③两种层次上的互联。这种模式不仅包括面对面的实施过程，还要依托于智能技术，实现线上的连通。因此，借助智慧化技术，可实现创客教育的生态化连通。

创客教育智慧化发展需要创客主体之间建立联系，在创客活动中，可实现线上和线下协作的共同体，从而将创新创意在实践中不断转化，实现创意落地，连通理论知识和实践操作之间的路径。在互动中产生的各种知识，有助于连通主义的社会联系和认知联系。因此，连通主义理论的特征支持创客教育智慧化发展的推进，促使创客教育向更有实际意义的发展方向不断进行动态演变。

1.4.2 情境认知理论

情境（situation）认知理论的研究可追溯到维果斯基的社会文化历史观、列昂节夫的活动心理学理论及杜威有关学习与探索、活动和经验改造的关系的设想。④情境认知理论认为，我们的认知位于特定的情境之中，换言之，认知（系统、能力、功能和过程）需要根据情境或语境来定义，它依赖于过程中的情境或语境。其中，情境是指大脑的环境，或者包含身体和身体之外的环境⑤。

知识与实践相脱离造成了知识表面化，难以运用于实践，更难以创造新知识和发明新事物，而情境认知理论正是针对这一普遍现状逐渐发展与完善的。知识的知晓需在多情境中呈现，不仅因为知识具有多面性，需从不同视角进行理解，而且因为知识的应用或创造是多维度进行的。技能的掌握需在多情境中实践，这

① 徐刘杰，陈中，熊才平．基于连通主义的网络教育资源发展与利用研究［J］．电化教育研究，2014，35（12）：81－85.

② 张丽霞，王丽川．论连通主义视域下的个人学习环境构建［J］．电化教育研究，2014，35（12）：63－67.

③ 李新房，刘名卓，祝智庭．基于连通主义的双联通教学设计模型（SCCS）研究［J］．远程教育杂志，2016，34（5）：83－88.

④ 李洁．基于情境认知理论的教育游戏设计［D］．济南：山东师范大学，2009.

⑤ 蔡苏，宋倩，唐瑶．增强现实学习环境的架构与实践［J］．中国电化教育，2011（8）：114－119.

是因为技能的迁移需要多场景运用经验的支撑。

依据情境认知理论，在创客教育领域中应多创设不同情境，可促进学习者对理论知识的学习和技能方面的发展。例如，学习者在学习汽车维修中，可利用全息影像，通过模拟游戏方式展现真实生活或汽车竞赛当中可能会遇到的汽车故障和维修方法；也可通过虚拟现实网络学习汽车理论知识或维修步骤；同样，可戴上 Google VR 眼镜对虚拟汽车进行组装、维修，抑或在不借助科技帮助的情况下独自进行汽车维修等。面对不同的情境，如乡间小路、城市街道、社区内等出现的汽车故障，学习者所积累的经验不仅有利于具体维修技能的掌握，更有利于学习者提升解决复杂问题的能力。

1.4.3　体化认知理论

“离身”认知认为，认知只是发生在头脑当中的，这是一种脱离身体和周遭环境的一种认知。而对“离身”认知理论的质疑产生了体化认知理论，用于强调身体在认知中的地位。

国内外的一些学者对体化（embodied）认知理论的发展做出了重大贡献：梅洛－庞蒂是体化思想的奠基者，提出了“体化的主体性”概念，强调知觉的主体是身体；F. 瓦雷拉、E. 汤普森和 E. 罗施提出具有感觉运动能力的身体所产生的经验是认知依赖的对象，而且，他们认为认知是处于生物的、心理的和文化的情境当中的；夏皮罗批判分离主题，倡导体化心灵主题，并为体化认知发展指明方向①。

认知和心智的特征在较大程度上同身体的物理属性相关，不仅脑神经水平上的细节对认知过程有影响，而且身体的结构、感觉运动系统也对高级认知过程的形成有着举足轻重的作用。② 例如，用手指称质量，这是身体对质量的感知，并不只是头脑当中的产物。因此，不只是我们的大脑参与认知，我们的身体在认知方面同样起着作用。

① 刘好，李建会. 融合心灵：认知科学新范式下的 4E 整合［J］. 山东科技大学学报（社会科学版），2014，16（2）：7－14.

② 叶浩生. 西方心理学中的具身认知研究思潮［J］. 华中师范大学学报（人文社会科学版），2011，50（4）：153－160.

体化认知理论在教育领域进行了深入研究，美国格林伯格教授将体化认知理论运用到文字阅读方面，认为通过身体操作（学习者通过手脚等身体部位参与实验操作、设备运行等）和想象操作（通过大脑想象实验、设备、问题情境等的运行过程、操作步骤等）能够将行动与文字学习进行联结，对提升学习者阅读或解决问题能力有必要作用。并且，调查数据显示其效果的真实度。①

汲取体化认知基本理论到创客教育领域，对开拓新兴教育具有重大意义，而以体化认知理论为基础，研究创客教育中智慧学习环境的构建更是为促进教与学的变革打下基础。学习者学习理论概念、规则、定理和模型等时，智慧学习环境构建出学习者可具身参与概念形成的情境、规则改变后的实验结果变化、定理的推理操作、模型的制定过程和运用方法等；学习者进行实验或实训时，通过身体参与到实验或实训当中，以真正认知实验器材或实训设备，认知器材用途、设备运行原理，而这为学习者构建专业知识体系和实践技能提供身体感知支撑。

1.4.4 嵌入认知理论

嵌入（embedded）认知理论思想是受维果斯基社会嵌入论的影响而逐渐发展起来的一种认知理论。该理论认为，认知主体被嵌入到身体所处的环境之中，不能与其环境相分离，而身体之外的一些环境过程可谓是完成认知任务的构成性参数，罗兰兹总结为："心理过程……仅当其与主体头脑之外的特定环境合作时才能发挥其被设计的功能。"②

嵌入认知侧重于认知对环境的依赖，是依赖关系，并非组成关系，因而罗兰兹提出嵌入认知不足以代表"非笛卡尔式认知科学"的革命性，只能算作"新笛卡尔式认知科学"③。无论将嵌入认知看作"非笛卡尔式"还是"新笛卡尔式"，

① 蓝文婷，熊建辉．运用具身认知理论开拓新型教育模式：访美国亚利桑那州立大学心理学系教授格林伯格［J］．世界教育信息，2015，28（3）：8－11．

② 李建会，于小晶．"4E＋S"：认知科学的一场新革命？［J］．哲学研究，2014（1）：96－101．

③ 刘好，李建会．融合心灵：认知科学新范式下的4E整合［J］．山东科技大学学报（社会科学版），2014，16（2）：7－14．

都不能够泯灭嵌入认知为认知发展所做出的贡献，它推动了认知科学从只关注个体心灵到关注内在和外在环境的融合。

外在环境会影响人们对世界的认知，影响学习者对知识和技能的迁移运用。例如，“孟母三迁”“读万卷书不如行万里路”“在脏乱的环境中易滋生人们乱丢垃圾和破坏公物的行为”等故事或俗语体现了环境在认知中的作用，不过对环境的观念不可产生偏颇。

因此，基于嵌入认知理论，创客教育不仅应关注教师和学生本身，还应关注深入影响个体认知的外在环境，也即构建智慧学习环境对创客教育发展至关重要。

1.4.5 生成认知理论

生成（enacted）认知理论思想来源于瓦雷拉等的生成认知概念，认为有机体与环境的交互作用是认知系统的组成部分。罗兰兹认为“心理过程……并不仅仅由神经过程所组成，而且在更普遍的意义上，由有机体作用于世界的方式，以及世界由此反作用于有机体的方式所构成”。

“生成”意在包含以下观点：其一，个体是自主行动者，主动生成和维持自身身份；其二，认为意义生成才是认知的本质；其三，个体的世界不是一个由人脑表征预先独立存在的世界，而是个体和环境相耦合生成的不断动态变化的场域①。

生成认知理论认为，认知是在个体与环境的互动过程中建立的，而非传统认知认为的“认知只是对外界事物单纯的表征”。个体是在交互中进行事物概念、万物运行规律和系统关系的意义生成，以此不断认识自身与认识世界，如果没有存在交互，也即不存在对世界的深入理解，更无从谈起对世界的适切地改造。

生成认知理论对创客教育给予一定的启发意义。一方面，为了使学习者更好地理解概念、器材或设施，应多鼓励他们与设备或环境的直接接触；另一方面，在安全情况下，允许学习者自己多模态与环境互动，以及尝试改造设施或环境。

---

① 武建峰. 认知生成主义的哲学研究［D］. 太原：山西大学，2015.

因此，在构建创客教育的智慧学习环境过程中，应强调环境的多态交互性，以促使学习者在与环境互动中提升认知。例如，可利用智慧化技术构筑学习者进行安全操作的虚拟实训空间和创造空间等环境，增强与环境的互动和深层次认知，进而掌握理论运用和实践操作。

1.4.6 延展认知理论

延展（extended）认知思想最早出现在克拉克和查尔莫斯的意识理论中，他们主张将大脑、身体与环境结合起来考虑认知问题。“心理过程……并不仅仅位于有机体的头脑之中，而是可以以各种方式延展到有机体的环境之中”。换言之，认知过程可以延展到个体的头脑之外和环境之中①。

体化认知和以普特南、伯吉为代表的外在主义的观点，可谓是延展认知理论的来源。在《延展认知》一书中，克拉克和查尔莫斯对把认知限制在皮肤和颅骨里的内在主义和“意义不在头脑之中”的消极外在主义进行了否定，进而提出了第三种立场：一种积极的外在主义，即延展认知。② 之后，不少学者对此进行修正，并提出自己的认知观点。

根据延展认知理论，有机体的认知可以延展到外在事物或环境，如书籍、手机、计算机等实物，或者真实校园、智能空间等真实、虚拟或真实中叠加虚拟的环境，而这些物体或环境能够帮助有机体减少认知负荷。例如，个体无须对学习活动过程中产生的数据进行分析，因为智能设施已对活动进行全方位的智能记录和科学分析，并通过可视化元素将其结果展示给学习者。

因此，创客教育中的智慧学习环境可借助智慧化技术构筑降低学习者认知负荷的环境，同时可提升学习者创新创意观点实现的可能。例如，通过智能桌椅、智能墙、增强现实眼镜等设备帮助个体更深入地认知世界。

---

① 李建会，于小晶．“4E + S”：认知科学的一场新革命？［J］．哲学研究，2014（1）：96 - 101．

② 刘好，李建会．融合心灵：认知科学新范式下的4E整合［J］．山东科技大学学报（社会科学版），2014，16（2）：7 - 14．

1.4.7 共生理论

共生是指“在一定条件下共生环境中共生单元格的主体间按照某种共生模式联系在一起，形成相互联系、共同生存、协同进化的关系，其构成要素包括共生单元、共生模式及共生环境”①。

高校创客教育作为一个共生体，其中共生单元为创客团队，共生模式是指高校创客主体之间创新创业的生态模式，共生环境为智慧化的技术环境。基于高校创客教育的数字化创客空间，各要素及其之间的相互联系和共同作用促使高校创客教育的智慧化发展。

① 邵云飞，何伟，刘磊，等. 高效协同创新与人才培养模式研究［M］. 北京：清华大学出版社，2015.

第 2 章

高校创客教育
智慧化发展的影响因素

创客空间作为智慧创造新时代的载体，有潜能促进高等教育从知识性学习向创造性学习的转变。创客空间是高校创客教育开展的主战场，因而各大高校鼓励学生积极参与创客教育。一方面，创客教育是一种新型的教育理念，鼓励学生积极参与到创新创造活动中去；另一方面，创客教育在高校发展是一种引导模式的创新创业教育。因此，本书旨在深入了解当前高校创客教育的发展现状，主动调研当前高校创客教育发展过程中存在的问题，进而提出科学有效的改善方法。

2.1 研究设计

2.1.1 分析框架

1. 高校创客空间建立创客主体共生性关系

智慧化发展的共生性特征指出，任何师生均可涉足创客空间成为创新学习者。也就是说，创客空间是面向全校师生的，这就使得不同创新学习者在沟通交流、相互信任和协同创新等多方面存在重重障碍。因此，不能通过松散的创客社群主导创客空间的智慧化发展。

智慧化发展是以合作共享为核心的交互，不同创新者拥有不同的价值观和理念，例如，有些创新者只是体验实践过程，有些创新者是要实现创新创业。因此，松散的创客社群不能为不同创新者达到不同创新目标服务。为了有效地促进创新者深度学习，需要构建创客主体共生网络，而作为网络节点的创客，同感知、互理解、共决策，增强交互的可塑性和灵活性。

2. 高校创客空间注重创客活动过程性设计

创客活动直接指向创新过程和创新质量，在动态实践过程中不断地给创新者提供资金支持和质量保证。它贯穿在创客智慧共生、互生和再生的演进过程中①，是创新顺利进行的保障。面向过程的创客活动是跟踪创意、传授知识、提高素养、培育能力的有效手段②，是高校创客空间质量保障的核心步骤。

在创客空间中，创客活动的重要性更为凸显。创客活动是连接创客主体、打破现实性生成、发展可能性思维，不仅仅与表征客观事物的信息或知识交互，更是主体聚合群体智慧的联通③。在创客活动中，创客的创新性往往是跨学科、多领域的智慧结合，且创客之间以培育创新能力为主，需要以社会需求为出发点，以解决实际问题为核心。因此，关注创客活动过程性数据信息对创客主体的创意完善和创新发展、随时监控与调整是十分重要的。

3. 高校创客空间保障创客环境资源持续性供给

创客环境资源不仅与创客主体有共生性关系，而且与创客活动顺利开展密切相关。首先，创客环境资源为创客主体提供共享、交流与合作的公共平台，支持跨学科创客团队项目的开展④，进而盘活创客团队内在一致性、协调性、开放性和包容性。其次，创客活动加速了物质流动的速度，带来了创新性产品，物质资源为创意表达、技术提升提供了物质载体，创新产品也是物质资源的内在构成，创客活动的连续性与此相契合；最后，创客主体和创客活动只有与创新大环境紧密融合，创新产品才能不断与政府、企业、社会发展的大脉搏实现共振。因此，只有促进高品质的创客主体智慧发展、支持创客活动数据的连续更新、提供创客资

---

① 刘志迎，武琳. 众创空间：理论溯源与研究视角［J］. 科学研究，2018，36（3）：569－576.

② 曾韦蜻，刘敏榕. 高校图书馆创客空间定位与服务研究［J］. 数字图书馆论坛，2018（2）：33－38.

③ ZHAN Q L. A model of maker education in China universities by smart technologies：the perspective of innovation ecocystem［A］IEEE Beijing section、Xi'an Jiaotong－Liverpool University. Proceedings of 2017 IEEE 2nd International Conference on Big Data Analysis（ICBDA2017）［C］. IEEE Beijing section、Xi'an Jiaotong－Liverpool University：IEEE BEIJING SECTION（跨国电气电子工程师学会北京分会），2017：6.

④ 刘巍伟. 高校创客空间建设机制研究：基于美国 HEMI 高校的实践启示［J］. 教育发展研究，2017，37（11）：78－84.

源持续供给，才能保障创客空间可持续性发展。

基于以上分析，构建的高校创客教育智慧化可持续发展的影响因素分析框架如图2－1所示。

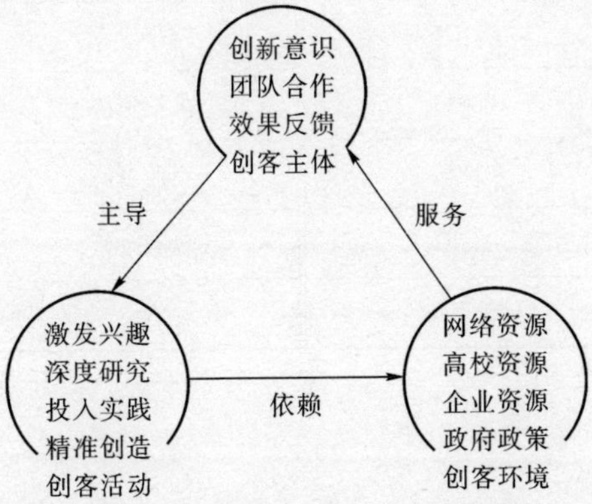

图2－1　高校创客教育智慧化可持续发展的影响因素分析框架

2.1.2　数据来源

本研究的数据来源于天津大学、南开大学、天津工业大学、天津理工大学、天津师范大学、天津科技大学、天津外国语大学和天津职业技术师范大学共八所学校众创空间的创客团队。本次调查研究共发放330份问卷，回收272份，回收率为82.42%；剔除无效问卷20份，用于数据分析的问卷共252份，有效率为92.65%。

2.1.3　信度分析

本研究以调查问卷为主，深度访谈为辅。问卷采用李克特五点量表方式，使用α信度系数进行分析，各维度信度信息如表2－1所示。

表 2－1　问卷的信度

维度	信度（α）	维度	信度（α）
创新意识	0.868	精准创造	0.728
团队合作	0.836	网络资源	0.726
效果反馈	0.811	高校资源	0.721
激发兴趣	0.811	企业资源	0.603
深度研究	0.781	政府政策	0.636
投入实践	0.803		

2.1.4　效度分析

本研究采用因子分析法对问卷进行内容效度分析，如表 2－2 所示。根据 KMO 和 Bartlett 的检验结果，其中 KMO 的值越接近 1 越适合做因子分析①。从表 2－2 分析的结果得到 KMO 的值为 0.926，表示比较适合做因子分析。Bartlett 球形度检验的原假设是相关系数矩阵为单位矩阵，p 值为 0.000，小于显著性水平 0.05，因此拒绝原假设表示变量之间存在相关关系，适合做因子分析，表明问卷具有良好的内容效度。

表 2－2　KMO 和 Bartlett 的检验

取样足够度 Kaiser－Meyer－Olkin 度量	0.926
Bartlett 的球形度检验近似卡方	5969.694
df	946
p	0.000

① 吴骏. SPSS 统计分析从零开始学［M］. 北京：清华大学出版社，2014.

2.2 高校创客主体的影响因素分析

2.2.1 描述性统计分析

创客主体中3个变量的均值和标准差如表2-3所示。由表2-3可以看出，各变量的均值都大于3，且小于4，表示创新主体满意度处于“一般”与“同意”之间，反映创客主体对创新创造持不积极态度。

表2-3 问卷描述性统计分析数据

研究变量	*M*	SD	*N*
创新意识	3.3690	0.782	252
团队合作	3.6706	0.913	252
效果反馈	3.4732	0.836	252

2.2.2 相关分析

为了解创新主体中各变量间是否存在关系，对3个变量进行变量分析①，如表2-4所示。由表2-4可知，所有相关系数都达到显著水平，说明任意两个变

① 赵呈领，周玲，梁云真，等. 信息化教学中职业院校教师个人影响因素研究［J］. 现代远距离教育，2017（1）：57-62.

量之间都密切相关。

表 2-4　研究变量之间的相关关系

		创新意识	团队合作	效果反馈
创新意识	r	1		
	p			
团队合作	r	0.753 **	1	
	p	0.000		
效果反馈	r	0.740 **	0.803 **	1
	p	0.000	0.000	

2.2.3　回归分析

为进一步探寻创客主体创新发展效果反馈与其影响因素之间的因果关系，本研究采用多元线性回归的方法进行分析。分别以团队合作和效果反馈作为因变量，将不同的影响因素作为自变量进行回归分析，统计分析结果，如表 2-5 所示。

表 2-5　研究 3 个变量的回归分析结果

因变量	进入方程变量	R^2	F	B	β	t	p
团队合作		0.567	326.908				0.000
	创新意识			0.879	0.753	18.081	0.000
效果反馈		0.687	273.274				0.001
	创新意识			0.335	0.313	5.816	0.000
	团队合作			0.519	0.567	10.528	0.000

由表 2-5 可知，创新意识对团队合作影响差异性极其显著（$p<0.01$），两者之间存在显著的线性关系，可建立的回归方程为：团队合作 = 0.753 × 创新意识；创新意识和团队合作对效果反馈影响差异性极其显著（$p<0.01$），表明变量之间

存在显著线性关系，建立回归方程为：效果反馈 =0.313 × 创新意识 +0.567 × 团队合作。

2.2.4 研究结果

研究显示，创客主体的创新意识对团队合作具有正向影响，即创客主体创新意识越强烈，越有利于团队合作；创客主体对创新发展的效果反馈受到创新意识和团队合作两个因素共同影响，表示创新想法并不是孤立的，而是来自一个辅助想法、间接观念、基础假设、逻辑及许多可能性交织组成的网络中，相近想法者结伴而行产生了团队，良好的团队有利于从一个想法发展为大量想法，而创新都是由杂乱的想法融合而成的①。

2.3 高校创客活动的影响因素及路径分析

2.3.1 基本假设

创客团队的创新活动，更能体现“创新、实践、开源共享和数字工匠精神”的创客理念。本书构建了创客团队创新活动影响因素路径模型，如图 2 -2 所示。

假设 1（H1）：激发学生兴趣，能促进学生深度研究。

假设 2（H2）：激发学生兴趣，能促进学生投入实践。

① 凯利．科技想要什么［M］．北京：电子工业出版社，2016.

假设3（H3）：激发学生兴趣，有助于学生精准创造。

假设4（H4）：学生在深度研究感兴趣问题时，会促进学生投入实践。

假设5（H5）：学生在深度研究感兴趣问题时，同样促进精准创造。

假设6（H6）：学生在针对性实践的过程中，更有助于精准创造。

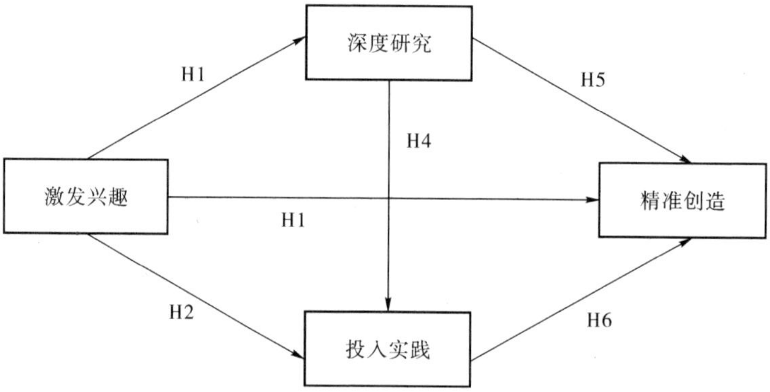

图2－2　高校创客活动影响因素路径模型

2.3.2　描述性统计分析

对研究中的各个变量做描述性统计分析，所有影响创新活动中创造性行为的各维度分布情况如表2－6所示。由表2－6可知，各变量的均值都大于3，且小于4，表示创新活动举办情况处于“有”与“有一些”之间，反映创客活动的连续性较弱。

表2－6　各变量的平均值和标准差

研究变量	*M*	SD	*N*
激发兴趣	3.3108	0.70061	252
深度研究	3.2123	0.77791	252
投入实践	3.3984	0.68495	252
精准创造	3.4444	0.66604	252

2.3.3 相关分析

首先对4个变量进行双变量分析，目的是对两两变量之间的关系初步了解，根据相关性分析统计数据，如表2-7所示。由表2-7可知，双变量的相关系数$p<0.01$，说明两两变量之间密切相关：深度研究与激发兴趣之间，相关系数$r=0.672, p=0.000<0.01$；投入实践与激发兴趣之间，r=0.649，p=0.000<0.01；投入实践与深度研究之间$r=0.683$，$p=0.000<0.01$；精准创造与激发兴趣之间，$r=0.674$，$p=0.000<0.01$；精准创造与深度研究之间，$r=0.634$，$p=0.000<0.01$；精准创造与投入实践之间，$r=0.771$，$p=0.000<0.01$。系统论的基本思想就是把所研究和处理的对象当作一个系统，分析系统的结构和功能，研究系统、要素、环境三者之间的相互关系和变动的规律性，并优化系统观点看问题，世界上任何事物都可以看成是一个系统，系统是普遍存在的。因此，依据系统论的基本思想来研究高校创客教育系统，深入分析系统各要素之间的关系，是十分必要的。

表2-7 研究变量之间的相关关系

		激发兴趣	深度研究	投入实践	精准创造
激发兴趣	r	1			
	p				
深度研究	r	0.672**	1		
	p	0.000			
投入实践	r	0.649**	0.683**	1	
	p	0.000	0.000		
精准创造	r	0.674**	0.634**	0.771**	1
	p	0.000	0.000	0.000	

2.3.4 回归分析

为了深入研究创客活动中创造性影响因素之间的因果关系，本研究采用多元线性回归的方法进行分析。分别以深度研究、投入实践和精准创造为因变量，将其影响因素作为自变量进行统计分析，如表 2－8 所示。

表 2－8　研究 4 个变量的回归分析结果

因变量	进入方程变量	R^2	F	B	β	t	p
深度研究		0.452	206.396				0.000
	激发兴趣			0.747	0.672	14.366	0.000
投入实践		0.531	141.239				0.000
	激发兴趣			0.338	0.346	5.906	0.000
	深度研究			0.369	0.450	7.675	0.000
精准创造		0.650	153.376				0.000
	激发兴趣			0.251	0.265	4.880	0.000
	深度研究			0.076	0.088	1.564	0.119
	投入实践			0.524	0.539	9.819	0.000

当以深度研究为因变量，以激发兴趣为自变量时，$F=206.396$，$p=0.000<0.01$，认为深度研究与激发兴趣有线性回归关系，且 $\beta=0.672>0$（$p=0.000<0.01$），说明激发兴趣能够促进深度研究行为，验证了假设 H1，并得出回归方程：深度研究 $=0.672\times$ 激发兴趣。

当以投入实践为因变量，以激发兴趣和深度研究为自变量时，$F=141.239$，$p=0.000<0.01$，认为投入实践与激发兴趣和深度研究都有线性回归关系，且激发兴趣 $\beta=0.346>0$（$p=0.000<0.01$），深度研究 $\beta=0.450>0$（$p=0.000<0.01$），说明激发兴趣和深度研究都能促进投入实践行为发生，验证了假设 H2 和假设 H4，得出回归方程：投入实践 $=0.346\times$ 激发兴趣 $+0.450\times$ 深度研究。

当以精准创造为因变量，以激发兴趣、深度研究和投入实践为自变量时，$F=153.376$，$p=0.000<0.01$，认为精准创造与激发兴趣、深度研究和投入实践有线

性回归关系，且激发兴趣 $\beta = 0.265$（$p = 0.000 < 0.01$），深度研究 $\beta = 0.088$（$p = 0.119 > 0.05$），投入实践 $\beta = 0.539$（$p = 0.000 < 0.01$），说明激发兴趣和投入实践都能促进创新活动中的创造行为，拒绝了假设 H5，验证了假设 H4 和 H6，得出回归方程：精准创造 = 0. 265 × 激发兴趣 + 0. 539 × 投入实践。

多元回归分析结果显示，自变量深入研究与因变量精准创造之间关系 $t = 1.564$，并且 $p = 0.119 > 0.05$，表示两个变量之间关系不显著，方可去除无效路径深度研究—精准创造。因此根据回归分析得到标准回归系数 β（路径系数）建立路径分析模型，如图 2 - 3 所示。

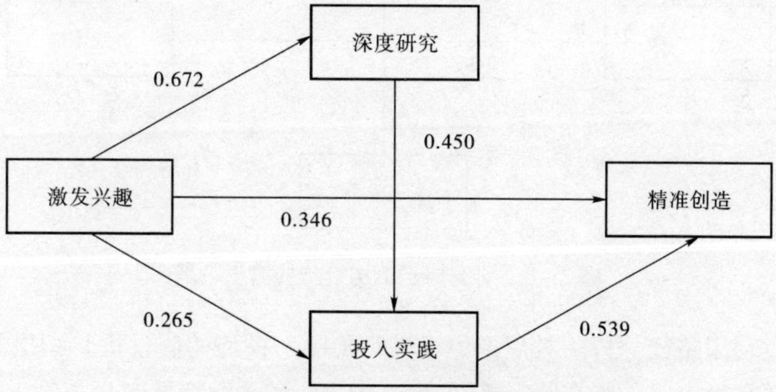

图 2 - 3　高校创客活动的影响因素路径分析图

2. 3. 5　路径模型修正

本研究中路径模型检验使用 Amos 21. 0 对模型的拟合度进行评估，得到修正的拟合数值如表 2 - 9 所示。测量时用的指标拟合度评估，由表 2 - 9 得知，卡方自由度比（CMIN/DF = 2. 465 < 3）、良适性适配指标（GFI = 0. 995 ≥ 0. 9）、平均平方误差平方根（RMSEA = 0. 076 ≤ 0. 1）、规范拟合指数（NFI = 0. 996 ≥ 0. 9）、比较拟合指数（CFI = 0. 998 ≥ 0. 9）、修正拟合指数（IFI = 0. 998 ≥ 0. 9）、相对拟合指数（TLI = 0. 985 ≥ 0. 9）。研究路径模型的各项拟合指数都达到了推荐指标，说明研究模型具有较高的拟合度，修正后的路径模型如图 2 - 4 所示。

表 2-9　修正模型与数据的拟合结果参数

拟合指数	CMIN/DF	GFI	RMSEA	NFI	CFI	IFI	TLI
结果	2.465	0.995	0.076	0.996	0.998	0.998	0.985
建议值	<3	≥0.9	≤0.1	≥0.9	≥0.9	≥0.9	≥0.9

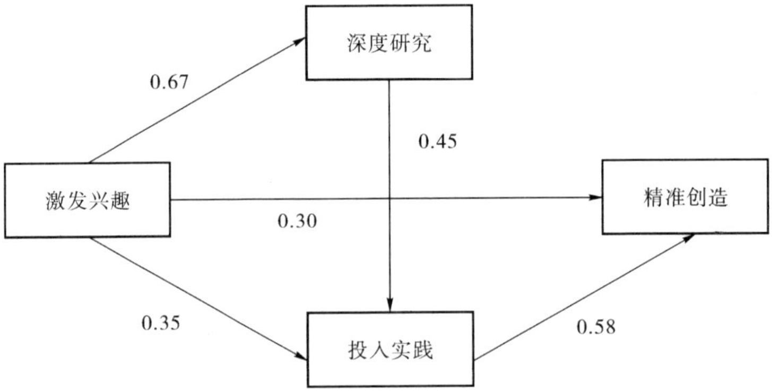

图 2-4　研究构建结构模型的修正结果

本研究利用路径分析法对理论假设进行检验，模型的假设检验结果如表 2-10 所示。验证结果表明，所有路径系数在 $p<0.05$ 水平上都具有显著性。激发兴趣、深度研究、投入实践和精准创造等因素之间路径系数的高低代表影响关系的强弱。

表 2-10　研究假设模型的检验结果

假设	变量间关系	路径系数	p	检验结果
H1	激发兴趣—深度研究	0.67	0.000	支持
H2	激发兴趣—投入实践	0.35	0.000	支持
H3	激发兴趣—精准创造	0.30	0.000	支持
H4	深度研究—投入实践	0.45	0.000	支持
H6	投入实践—精准创造	0.58	0.000	支持

2.3.6　结果分析

模型的验证结果显示，激发兴趣是创客活动中创新发展最重要的决定因素。

实际上，激发兴趣不但直接影响精准创造，而且还可通过深度研究和投入实践间接影响精准创造。这说明创客团队对创新过程越有兴趣，就越愿意进行精准创造；同时，如果创客团队在创新过程中越有浓厚的兴趣，就越愿意进行深度研究和投入实践，从而越能够实现精准创造。

深度研究对精准创造没有直接正向作用，而是通过投入实践间接影响精准创造。究其原因有以下三点，首先，深度分析创意中关键元素违背项目成长条件；其次，剖析项目找出痛点，无法构建痛点间连接性；最后，问题深度和广度认识不足，放弃精准创造。

投入实践对精准创造有积极的正向作用。研究表明，创客团队投入实践，实践中会出现错误，错误促使团队协同发展，如何控制和引导这种发展，就是实现精准创造的关键。

2.4 高校创客环境的影响因素分析

2.4.1 描述性统计分析

本研究中4个变量的均值和标准差总结如表2－11所示。由表2－11可知，各变量均值都大于3，但远小于4，足以反映出众创空间创客环境整体上处于劣势。

表2－11 各变量的平均值和标准差

研究变量	*M*	SD	*N*
网络资源	3.4511	0.506	252
高校资源	3.4511	0.506	252
企业资源	3.4524	0.550	252
政府政策	3.3492	0.587	252

2.4.2 相关分析

首先对4个变量进行相关性分析，目的是初步分析两两变量之间相关性，分析结果如表2-12所示。双变量的相关系数 $p<0.01$，说明两两变量之间密切相关，由表2-12可知：高校资源与网络资源之间，相关系数 $r=0.684$，$p=0.000<0.01$；企业资源与网络资源之间，$r=0.563$，$p=0.000<0.01$；企业资源与高校资源之间 $r=0.692$，$p=0.000<0.01$；政府政策与网络资源之间，$r=0.593$，$p=0.000<0.01$；政府政策与高校资源之间，$r=0.613$，$p=0.000<0.01$；政府政策与企业资源之间，$r=0.617$，$p=0.000<0.01$。

表2-12 研究变量之间的相关关系

		网络资源	高校资源	企业资源	政府政策
网络资源	r	1			
	p				
高校资源	r	0.684**	1		
	p	0.000			
企业资源	r	0.563**	0.692**	1	
	p	0.000	0.000		
政府政策	r	0.593**	0.613**	0.617**	1
	p	0.000	0.000	0.000	

2.4.3 回归分析

为了进一步探寻创客环境与其影响因素之间的因果关系，本研究采用多元线性回归进行分析。分别以高校资源、企业资源和政府政策作为因变量，将不同的影响因素作为自变量进行回归分析，统计分析结果如表2-13所示。

表2-13 研究4个变量的回归分析结果

因变量	进入方程变量	R^2	F	B	β	t	p
高校资源		0.468	220.028				0.000
	网络资源			0.702	0.684	14.833	0.000
企业资源		0.494	121.342				0.000
	网络资源			0.601	0.577	9.327	0.007
	高校资源			0.180	0.168	2.719	0.000
政府政策		0.485	77.869				0.017
	网络资源			0.300	0.272	4.285	0.000
	高校资源			0.218	0.203	2.793	0.006
	企业资源			0.335	0.324	5.059	0.000

由表2-13可知，网络资源对高校资源影响差异性极其显著（$p<0.01$），两者之间存在显著的线性关系，建立的回归方程为：高校资源 =0.684×网络资源；网络资源和高校资源对企业资源影响差异性极其显著（$p<0.01$），表明变量之间存在显著线性关系，建立回归方程为：企业资源 =0.577×网络资源 +0.168×高校资源；网络资源、高校资源和企业资源对政府政策影响显著（$0.01<p<0.05$），表明变量之间存在线性关系，建立回归方程为：政府政策 =0.272×网络资源 +0.203×高校资源 +0.324×企业资源。

2.4.4 结果分析

研究显示，创客环境中网络资源与高校资源共享表现为正向影响，即网络中创新资源越丰富，将越有利于高校之间实现资源流动共享；网络资源和高校资源对企业资源有正向影响，网络资源和不同高校资源的流动、更新、碰撞会影响企业对资源的调整；网络资源、高校资源和企业资源对政府政策产生正向影响，即网络资源、高校资源和企业资源对政府政策的制定有一定的影响。

2.5 研究结论

人工智能、互联网+等智慧化技术引领人类迈入智能时代，虚拟现实和增强现实的日益渗透，虚实结合的现实体验，颠覆了传统教育的结构。作为创客教育主阵地的创客空间，集中反映了当前创客教育遇到的瓶颈问题。本次调研采用问卷调查法和访谈法，对天津市八所大学进行研究，得到的研究结果如下。

（1）创客教育主体主动获取知识的核心动力不足。教师在本领域对新型知识和技术的认知不够深入；学生对于知识的渴求度降低，表现在专注度、毅力等注意品质上；学生思维的系统性、批判性严重缺乏，实际上是知识粒度不系统，泛在学习造成的逻辑性削弱；学习深度严重不足，创客教育弥补知识的广度和专业领域知识深度的问题，在这个问题上，要求教师既要有企业实践知识又要有教学的理论知识。创客教育的主体是推动整个创客教育发展的能量体系和智慧中心，因此从本质上推动创客教育发展，激发创客教育主体的积极性显得尤为重要。

（2）创客教育活动类型单一，内容深度不够、连接性差。创客活动大多以讲座的形式开展，学生的参与度不高；创客教师大多由学校校级团委老师担任，对于创客活动的专业性和认识度严重不足，导致整个活动设计散乱，活动内容和层层推进的过程出现严重的脱节，整个创客团队的管理和活动的举办表现出混乱的状态。创客空间负责的教师和学生，尚处于一种摸索探究阶段；创客活动推进的过程中，学生的积极性逐渐减弱，大多项目都夭折了，并且毕业生项目的交接和转让服务不到位，导致大量项目难以持续推进。

（3）创客教育环境资源体系不完整、服务设计不系统、管理模式不完善。创客空间中基于互联网的创新平台不完善，创客没有一个共同交流的协作平台，解决问题过程中面临层层障碍，没有从根本上开放资源。学生使用创客空间的场地、时间受制于学校的管理，从一定层面上阻碍了创客教育的发展。另外，创客空间的管理模式大多是学校管理，而创客活动一般是一种体制外的商业化的活动模式，学校管理是一种体制内的管理模式，由体制内的主体管理体制外的发展模式，存在思维模式的不对等和沟通障碍等问题。企业与学校的有效合作，需要学校建立健全良好的运营体制，从深层次上推进校企合作。

第 3 章

高校创客教育的智慧学习环境分析

3.1 高校创客教育的智慧学习环境初探

基于知识社会中人工智能、移动互联网、物计算、云计算等智慧化技术的新发展和广泛应用，创新人才的培养离不开新时代中的新理论和新技术所构筑的适切的学习环境，以建立智慧相关联、创新思维相碰撞、个性观点可实现的场景。因此，创客教育的智慧化发展需要智慧学习环境作为支撑，否则将受到羁绊。

在创客教育中，创新人才的培养需要超越传统的学习环境，亟待教育对此重新审视和变革。而这场环境变革需要教育者采纳新的理论和模式，而非传统思维。因此，通过构建创客教育的智慧学习环境，创客教育者可据此变革环境，使低效的活动变为丰富多彩的创意，使静态的资源变为高效智能的生成，使立体的空间变为具身感知的对象，以适应创新人才的需求。

创客教育迫切需要智慧学习环境的变革，然而智慧学习环境的塑造过程是一项艰巨的任务，在此过程中极易忽略新理念、新方法和新技术的融入，造成缺少清晰的实践指导思想和实践参照模型。因此，对于高校创客教育的智慧学习环境的理性分析，将对一系列智慧学习环境的设计及应用具有重要的指导意义。

3.1.1 从智慧学习环境的定义看其发展演进

智慧学习环境早期被称为智能学习环境，被界定为“从建构主义学习理论、混合学习理论、现代教学理论出发，以学生学习为中心，由相匹配的设备、工具、技术、媒体、教材、教师、同学等构成的一个智能型、开放式、集成化的数字虚拟现实学习空间”①。可见，智慧学习环境的构建不是一些智能工具、设备的简单

① 钟国祥，邱玉辉．采用贝叶斯网络建立一种智能学习环境学生代理模型的研究［J］．计算机科学，2006（12）：203－204．

堆砌，而是必须要依据一定的学习理论，并在应用这些学习理论的基础上，紧紧围绕以学习者为中心的教学理念，配之以设备、工具、技术等共同作用所构成的虚实结合的数字化学习空间。进一步分析会发现，早期的智能学习环境其实是一种普通的数字化学习环境。

随着信息技术的快速发展，特别是智能感知技术和大数据技术的发展，智慧学习环境的定义有了一定的改变，开始被界定为是“一种能感知学习情境、识别学习者特征、提供合适的学习资源与便利的互动工具、自动记录学习过程和评测学习结果，以促进学习者有效学习的学习场所或活动空间”①。可见，此时的智慧学习环境比早期智能学习环境更具“智能化”，能智能感知、自动识别、自动记录及评测等，可以说是早期普通的、数字化的智能学习环境的高端形态，也是当前所研究的高校创客教育的智慧学习环境的雏形。但通过定义不难发现，此时的智慧学习环境侧重的仍然是实体的空间环境或物理场所。

随着互联网、云计算和大数据等技术的进一步发展及应用，智慧学习环境的定义有了新的变化。如被界定为“以技术、工具和活动等为支撑，以情景信息或学习生成等为数据，以帮助学习者做出正确决策和提升智慧为目标的环境”②。是“一种对技术依赖更高、更能支持学习者自主学习与个性化学习要求的环境”③。可见，随着信息技术特别是智慧化技术对创客教育越来越大的影响及支撑作用，越来越多地融入教学过程，在当前智慧学习环境中，大数据技术的被依赖性进一步凸显。同时，当前更重视的是智慧学习环境对学习者进行自主学习及获得个性化发展的支持作用，强调做出正确决策及解决问题等智慧成果的生成。

创造性学习是创新发展和智慧获得的基础，也是适应社会大格局变化调整的现实要求。学习环境是学习发生的重要依托，而当下的学习环境尚不能满足创客教育的需要，因此，创客教育中智慧的获得，需要构建面向创客教育的智慧学习环境以提供必要支持，而且，当前的智慧学习环境应该是突破实体物理空间的限制，指向于依托智慧网络实现的线上智慧空间和实体的线下物理场所相融合而共同组成的、相统一的整体环境。

---

① 黄荣怀，杨俊锋，胡永斌. 从数字学习环境到智慧学习环境：学习环境的变革与趋势［J］. 开放教育研究，2012，18（1）：75－84.

② 祝智庭，贺斌. 智慧教育：教育信息化的新境界［J］. 电化教育研究，2012，33（12）：5－13.

③ 王利巧，李姗姗. 智慧学习环境的建设与应用研究：以河南科技大学“智慧教学环境”为例［J］. 中国信息技术教育，2019（7）：109－112.

3.1.2 智慧化时代创客教育的发展演变

2008 年 IBM 在报告《智慧地球：下一代领导议程》中首次提出“智慧地球”这一概念，表达了对感知化、互联化和智慧化环境的向往。随后此概念不断催生出“智慧城市”“智慧教育”等新概念，人们将感知聚焦于无形的创造和智慧，而智慧地球、智慧城市和智慧教育等的落地与持续发展需要重新审视环境的构筑，建设智慧化环境。

智慧学习环境的构建离不开智慧技术的支持。智慧化作为现代科学技术、经济社会、文化教育等众多领域创新发展和变革的重要方法论，是推动各行各业与智慧化技术高度融合的新引擎，是催生新模式、新业态、新产品、新服务甚至新生态的先进信息技术平台。站在智慧化风口上的创客教育，需要乘势而上，充分发挥智慧化技术在创客教育中的重要驱动力量，将智慧化的方法论和智慧深度融合到创客教育中，探索创客教育的新思维，寻找创客教育的新路向，为打造升级版的新兴创客教育提供动力与支撑。开展创客教育活动，既是现代教育对以知识更新加速化、创新分布化为特征的知识社会和“智慧化”浪潮的理性回应，也是学习者对情境性、创造性和智慧性学习活动的现实期待。

创客教育与普通教育形式相比，着重强调动手做和创新创造。“做”作为人类活动的客观实在，也是人类教育的基本形态。在目前的教育活动中，“做”带有明显的工业社会烙印，主要表现为“照着做，仿着做”，培养的是学习者的工业化思维，即标准化、程序化、刻板化的思维。而随着“创客、创业、创新、创造”的“四创社会”的到来，创新创造俨然成为现代社会发展的核心指向和重要标杆的主要彰显，教育作为推动社会发展的重要存在，则理应成为其催化剂和孵化器，助推创新创造的发展，以“创中做，做中创”为基石的创客运动已然映射到教育领域，并产生了创客教育。

初期的创客教育是一种小众性、发烧友性、简单性、低技术性的教育，例如，创客运动兴起的典型标志 Arduino 采用 2 层板结构和 16 MHz 频率的低技术来实现，现在看来，这种类型的创客教育不能培养学习者的技术智慧和创造智慧（以下简称“双重智慧”）。随着“互联网 + 教育”的兴起和数字化技术的迅猛发展，“技术的演进、材料的革新、芯片成本的急剧下降，再加上 DIY 的复兴和多样化，类似现实捕捉、3D 打印等技术又将物理世界和数字世界更紧密地联系到一起”①，使得创客教育逐渐由小众迈向大众化、创新创造化的发展路径，并积极迅速地渗透到教育的各个层面，实现“人人性、开源性、共创性”的创客教育场景，从而促进学习者“双重智慧”的发展，因而需要进一步研究基于互联网及新一代智能技术的创客教育智慧学习环境。

互联网与物联网技术的本质是连接，连接产生大量数据，关于数据收集与处理的智能设备及数字化技术是智慧化实现的关键。智慧化的本质是“网络智慧 + 现实智慧”，也就是说，需要将网络智慧与现实智慧深度融合来创造新事物。因此，创客教育需要学习者擅用新思维、新方法指导新实践，促使自身成为集技术智慧和创造智慧于一体的“双重智慧”型人才。一个具有“双重智慧”的人，应具备超前的思考力、判断力、想象力、连通力和创造力，知道如何使用新思维、新方法、新设备和新技术处理与解决复杂问题。具体来说，能把预感、试验、超常规理解、情境觉知等与大概念、复杂的方法及功能强大的先进数字化工具整合，在各种空间中有效地、创造性地解决问题，找到以前不能解决的问题的方案，并产生新颖独特的实果。

创客教育是以培养具有“双重智慧”的人为目标，持续的、复杂的、嵌入的、共同创造的体验过程。它通过实做、识知、探究、创造和共享的层级结构，逐步促进学习者在多元化、灵活化的学习活动中进行创造性的探索与学习，如图 3 - 1 所示。

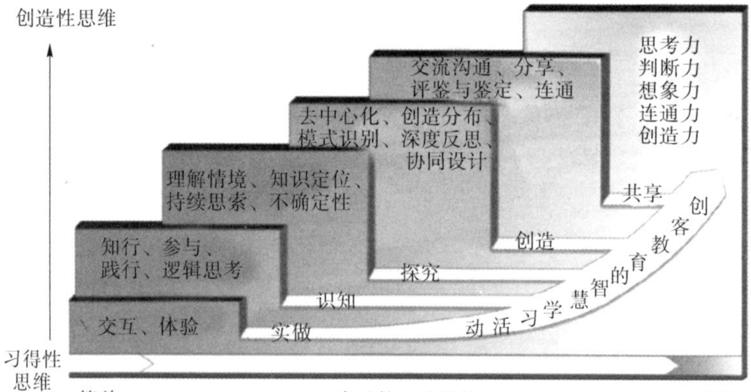

图 3 - 1　面向创客教育的智慧学习活动

① 张路. 安德森 Maker Faire 2015 演讲：创客运动 2.0 即将到来［DB/OL］［2015 - 05 - 18］. http://www.leiphone.com/news/201505/44ly8YZEVx1ykwgY.html.

实做是指在活动中与对象交互，在做中体验的过程。实践出真知，大脑中的简单架构、口头上的直接描述都不能代替踏踏实实地做的体验与意义，做是创客教育的关键特征，也是所有学习者应有的必要基础，我们都知道“千里之行，始于足下”，但当前仍有许多学习者存在眼高手低的问题，因此，强调“实做”是智慧学习活动的前提基础，只有自身真正参与、真正去尝试与练习，才会有后续的一切。

识知是实做与逻辑性思考间的迭代过程，它能够连通长期记忆中已沉淀的知识经验和现在所感知与学习的新知识，在知道要怎么做的基础上，真正参与、切实践行，促进知识在学习者内部学习网络中的实时流动，并且通过持续的、阶段性的逻辑思考，加速新旧知识的融合及保持知识的时代性。

探究是在理解情境的基础上，结合自身实做与识知的过程及经验，对新知识进行知识定位，明晰其与关联知识的内在逻辑，并对不确定性领域展开分析，保持持续性探索，致力于弄懂、弄通及达到真正掌握的程度，此处的真正掌握指向于能适应变化场景、分析实质、迁移应用。

创造强调通过师生协同设计、共同创造，培养学习者情境识别、模式推理和反思升华的能力，创造的实现具有去中心化的特征，每一位学习者及教师都可以被看作是一个端口，端与端之间的互联互通是随时随地可实现的，因此，基于合作的创造就成为可能。

共享作为层级结构的最高一级，则指在组织中分享经验、交流观点、创造群体智慧，强调交流沟通、实时分享、评价与鉴定及互联互通。

创客教育强调创新创造是学习者个体在真实性、整体性和复杂性环境的参与中产生的，“是身体、活动和环境的动态统一体”①。基于这种认识，分析创客教育智慧学习活动中学习者的具身认知和活动体验，不仅有利于创客教育者从学习者本身的认知特点、行为方式和个性需求等方面思考如何发挥他们的主体性，而且，还能促使创客教育者考虑如何构建创客教育的智慧学习环境空间、选择活动主题、设计活动方式、开发活动工具与资源来适应学习者自身的个性特征②。因此，创客教育的智慧学习环境应增强学习者与活动、环境的动态交互设计，凸显整体的融合性和互通性，从而提高学习行为及过程的实效性。

① 王靖，陈卫东．具身认知理论及其对教学设计与技术的应用启示［J］．远程教育杂志，2012，30（3）：88－93．

② 李海峰，王炜．基于具身认知理论的教育游戏设计研究：从EGEC框架构建到“环卫斗士”游戏的开发与应用［J］．中国电化教育，2015（5）：50－57．

3.1.3 高校创客教育智慧学习环境的设计原则

虽然关于“智慧学习环境”不同学者提出了不同的界定，但结合当前智慧学习环境的众多研究内容，本书认为高校创客教育智慧学习环境的构建应该蕴含并遵循以下四项基本原则。

（1）高校创客教育的智慧学习环境需要智慧化技术的支持。无论是感知情境信息、获取学习者特征，还是自动记录动态的学习过程以预测学习成果或进行精准化学习资源的智能推送，如此种种都离不开智慧化技术的支持。特别是随着当前互联网与数字化技术的发展与应用，依托于各类量化数据成为“互联网＋教育”的关键特征，因此，智慧化技术的支持是当前智慧学习环境必不可少的支撑。

（2）能够智能感知、识别学习者特征或情绪情感，以便做出智能智慧反馈。与传统学习环境相比，智慧学习环境需要能够智能地感知学习者的学习特征及情绪状态。在传统学习环境中，对于学习者学习特征及情绪状态的分析判断，依赖于教师的直觉或经验，因此，受到教师主观认知的极大影响；但是智慧学习环境凭借智能感知技术、大数据技术等多种新的技术工具及智能设备为改变这种现象提供了可能性。智慧学习环境能够通过智能感知、全程记录等准确获得数字化、科学化的学生的各类数据，从而帮助教师更准确地“认识”每一位学生，为给出精准化的智慧反馈提供依据。

（3）强调提供给学习者适切的工具、资源、任务或活动。该特征主要体现在智能推送和智能决策方面。就像现在人们常用的购物、听音乐、看新闻、订餐等软件一样，每个人的界面推荐会根据用户之前的浏览或使用记录自动生成，即使用户使用一样的关键词，不同用户的推荐界面在推荐内容、价格区间等方面仍表现出差异性。在智慧学习环境中，关于学习资源、任务等的推荐也是一样的。前面两个特征（智慧化技术的支持和智能感知、识别学习者特征或情绪情感）已经具备了精准学习者模型的条件，因此，在准确了解每一位学习者实际学习情况及学习风格的前提下，推荐给学习者适合自身的、差异化的工具、资源及任务等，并针对学习者的参与及完成情况提供智能反馈，是智慧学习环境应具有的又一重要特征。

(4) 强调学习的成效或实果，生成“智慧”。智能感知、数字化技术、智能推荐学习资源及工具等，这些都是辅助手段，学生的学习成果才是智慧学习环境所追求的终极目标。我们常说，所有的教都是为了学，而学是为了用，为了使学习者掌握知识、获得技能、具备明辨是非的能力及解决问题的能力。这是学习的目标，也是创客教育智慧学习环境的作用目标。高校创客教育智慧学习环境的存在是为了帮助学生创客更好地学习与创作，那怎么知道学生学得更好了呢？当然是看学习成果。这个学习成果可能是获得某些知识、解决某个实际问题、创作一个新的物件等，也可以是获得了某方面学习的兴趣、掌握了便捷的方式方法等。总之，创造性产品等智慧的生成是创客教育智慧学习环境致力的终极目标。

3.1.4 高校创客教育智慧学习环境的三层目标

创客教育的智慧学习环境是以培养学习者“技术智慧”和“创造智慧”双重智慧的融合为目的的学习环境，旨在能够增加学习者处理解决复杂问题的能力，在获得满足他们特定需要的理解的基础上，从而获得问题的解决方案。本书将智慧学习环境的目标分为三个层级，即智学、智睿、智造。

智学、智睿、智造作为创客教育智慧学习环境三层次的根本目标，是创客教育环境对学习者从“灵巧学”到“灵巧思”，再到“创意做”三梯度进行的层次划分，对创客教育智慧学习环境的构筑具有重要的导向作用。其中，学习是思考的引擎，思考是创造的加速剂，创造成功又有新的知识生成，从而引发新一轮的学、思、创，而灵巧学、灵巧思和创意做的融合与轮回则是智慧生成的重要体现。

1. 智学

创客教育智慧学习环境能帮助创客等学习者更快、更好地获取资源、工具或信息。

智学是创客教育智慧学习环境的关键基础目标。康有为强调智学是一种境界：一种艰苦卓绝的追求和思索，以及人之生存创造性领会能力①。因而，智学不仅仅是习得知识，更是超越学识、洞悉未知和通晓万理。

智学需要学习者具备未来智慧的视线，在复杂而多变的世界中努力提升好奇心、启发智慧、增进学习的自主性和责任感，积极、广泛、有远见地追寻有意义的学习②。智学是学习活动和演化资源所融合的环境在提升学习者认知知晓和灵巧学习等方面的努力，以提升学习者多维度认知事物、跨领域审视问题和超视距洞悉事态走向的能力，以便达到“灵巧学”的目的。

智学是演化资源与学习活动相促进与相融合的实果。与学习活动关联的演化资源，具备强聚合、多策略和高代入感等特性，为学习者进行智学创造了跨区域观念、拓常规知识、超学科学习、解决复杂性问题的可能性，而这正是学习者灵巧学的重要基石；融入演化资源的学习活动，以多样化方式开展，不仅增加学习资源的生成，而且促使个体在集体中为未知而探讨和学习。

2. 智睿

创客教育智慧学习环境能够促进创客等学习者对复杂情境的理解程度，同时，找到以前不能解决的问题的方案。

智睿是一种快速动态的心智、灵巧的思考力和思想的创造力的融合，是学习者面对灵活多变、兼具未知与已知的世界，在并行处理多来源信息流的基础之上，从不一样或全新的视角、以全新的方式进行的思考，以及对可能发生事件的推测。智睿以智学为基础，它是智学发展到一定阶段的产物，它可以增进学习进度、改变认知进程与思考深度，拓展思维发散力，加快寻求更多新的方式和方法，并生成新颖、科学和可行的策略，从而智慧地处理各种离散的、单调的事物。

智睿是演化资源和智能空间耦合的环境在提升学习者灵巧思考和创新加速等方面努力的集中体现。其中，融入演化资源的智能空间，自然融合了数字影像等数字化信息，为学习者创造了多方感知事物对象、多维挑战大脑与心智的机会，

---

① 吴康．论康有为“智学之复兴”［J］．湖南师范大学社会科学学报，2004（3）：91－96．

② 珀金斯．为未知而教，为未来而学［M］．杨彦捷，译．杭州：浙江人民出版社，2015．

整合学习者的具身参与和高效思索，实现身与心的统一；同时，借助智能体的演化资源，不仅仅使学习者在具体数据生成、可视信息分析和信息关联情境中进行科学思考与决策，而且还能够增强学习者利用智能体、新技术及新方式进行人机交互和灵巧思考，形成思维的智慧性，而这正是面对未知变革的“智”之所在。

3. 智造

智造指创客教育智慧学习环境能够帮助创客等学习者把实现预感、试验、难以理解、情境觉察等通常与强大的概念、流线型术语、注释、复杂的方法和功能强大的数字化工具等一体化。

智造是现代社会人之为人的基本要义，若脱离智造，人将不能面对多重未知变化态势。在工业生产领域，智造就是利用系统化、网络化、智慧化的信息技术如物联通信网络、自动化技术等快速、自适应地生产产品。而在面向创客教育的智慧学习环境中，智造强调的是灵巧行动和创造。智造是学习者个体和集体在创新网络文化中聚集微小创意、敏捷开发产品、定制个性服务、重塑创意行为等的灵巧行为，展现了创客教育的智慧学习活动和智能空间的融合环境在增强学习者灵巧行为与创意实践等方面的交互及协同。依托于智能空间等环境的学习活动，为学习者进行创意探索、科学尝试和创新实践增加了无限的可能性；耦合活动的智能空间，提供了“人－机－物”之间多态性交互的机会与可能性，而这正是灵巧行动、创意做的基础。

最终，通过智学、智睿、智造三层次目标的逐步实现及融合贯通，实现真正智慧的生成。

因此，为了实现智学、智睿、智造三层次目标，对于智慧化发展的创客教育环境的多样性、效能性及创造性的设计必不可少。多样性设计，保证了学习者感知的多渠道和认知的多视角；效能性设计，保证了学习者在高度代入感和情境化环境中的学习效果；创造性设计，则保证了多维度挑战学习者的大脑与心智，激发学习者的学习创新力。然而，面向智慧的创客教育环境的智慧性设计，是在这三大设计有机耦合的基础上进一步升华的成果，也是面向智慧的创客教育环境的核心所在。

3.1.5 高校创客教育智慧学习环境与传统智慧学习环境的比较分析

工业社会诞生的学习环境，即传统的智慧学习环境，具有“封闭创新、效率驱动、产品聚焦、专有组织”① 等局限。它是以层级式管理的团队为创新主体，利用在线学习、虚拟实验室、增强现实、重量级穿戴等科学技术构建的实体智能空间，具有独立的公司、团体、组织，以及界限分明的物理空间。由此可见，传统的智慧学习环境仍是物理实体，而这并不能满足学习者对“空间实时感知、资源自动适配、活动多样开展和工具智能支持”等智慧学习环境的需求，未能满足学习者对“协同创造、智慧交流、分享成果”的殷切期盼。然而，作为传统智慧学习环境的高端创新形态，追求智慧化发展的创客教育开创了大规模协作创新的新模式，而这种智能化关联、透明化运作、协同式参与创新的方式，实现了从想法到服务，再到产品的创生，真正实现了价值最大化。

创客教育的发展催生了追求智慧化发展的创客教育智慧学习环境，以全球爱好者为创新共同体，通过运用智能感知、情感计算、开源硬件、泛在学习、全息环境、3D 打印、社交媒体技术、自适应技术等新科技构建了人人都可以参与创新的新场域。作为信息时代高校创客教育的基本依托，追求创客教育智慧化发展的智慧学习环境，不仅能满足学习者自定“时间、地点、方式和步调”的学习诉求，还可以支持学习者轻松、高效地学习②。

与传统智慧学习环境相比，高校创客教育的智慧学习环境，不仅仅是新科技的呈现与应用，而且是学习者参与创新活动方式变革的体现。

其一，由于开源硬件与开放资源的推行，为富有想法与创造力的学习者提供了参与创新活动的多元路径。开源硬件与开放资源的推行，为无数有想法的学习者提供了创造性实践的机会。不再只有专门的精英群体或高技术研发团队可以参与创新活动，而是人人均可参与；不再是高技术含量的超炫设备才算创新，日常生活中的小创意也同样重要。开放资源的共享，为有想法与创造力的学习者提供

---

① FASNACHT D. Open innovation in the financial services［M］. Berlin：Springer. 2009.

② 2015 中国智慧学习环境白皮书［EB/OL］［2016 - 04 - 25］. http://pan. baidu. com/s/1hsk5O5Q.

了进一步实施的有力供给，也丰富了学习者参与创新活动的多元路径。

其二，学习者不仅可连通实体空间内的人、机、物，也可无缝关联空间外的所有信息源，其学习伙伴也从仅仅是团队中的成员变为项目的全球爱好者。正如前面所提到的，面向创客教育的智慧学习环境以全球爱好者为创新共同体。随着互联网络的普及、数字技术和创新理念深度融合的驱动，利用智能感知、开元硬件、移动计算、物联网、大数据等新兴技术整合而成的数字技术框架，构筑了一个全新的基础技术环境与智慧环境相融合的智慧学习环境。这为全球范围的“志同道合者”提供了交流分享、共同学习创作的机会及实现路径，使得面向创新 1.0 的学习环境中的囿于共同场所、同一实体空间的团队得以突破地理空间的限制，依托线上交流分享，实时无缝联通同一实体空间之外的其他学习“志同道合者”，使之凝聚为实力强大的学习共同体，极大地扩展了参与学习创作的学习者范围。

其三，学习共同体变革活动参与的方式为深度学习与创造学习的方式。创客教育智慧学习环境与传统智慧学习环境相比，在学习交互、学习资源、智能空间、学习工具、活动过程等方面存在较大差异，具体表现为以下几方面。

（1）在学习交互方面，传统的智慧学习环境强调人、机、物的实效性交互，且人与人之间的交互为团队内的高频互动。而面向创客教育的智慧学习空间强调的则是人、机、物之间的多态性交互，同时，由于互联网络和知识的互联互通，共同爱好者的实时互连，人与人之间的交互是在全球范围内的开放多层次互动。

（2）在学习资源方面，传统的智慧学习环境中的学习资源具有聚焦性、层级性和开发门槛高的特征。该环境中的学习者或者说创客，如果想进行创造性研发，通常能得到的资源仅限于自己所在的小团队中，具有极大的聚焦性及层级性，同时创造性产品的设计、开发需要一定的原材料来源和经济基础，开发门槛较高。而面向创客教育的智慧学习环境中的学习资源具有生成性、情境性及内在策略性。随着数字技术、3D 打印等技术的应用，创客教育中的学习者的系列尝试都会被记录下来，并且创造可以基于情境，解决实际问题。

（3）在智能空间方面，传统的智慧学习环境具有精控制、智能性的特征。这主要体现在对技术、工具、设备等的准确控制与使用上。而创客教育智慧学习环境在智能空间方面具有感知性、智慧性和全息性。这主要是随着智能感知技术、大数据技术及云计算技术的发展，智慧学习环境能够智能获取学习者的基本信息，识别学习者的特征模型，自动化推荐学习路径及提供交流与技术工具支持。

（4）在学习工具方面，传统智慧学习环境中的学习工具通常是集中研发的，具有专门性与独立性，因此比较昂贵。而面向创客教育的智慧学习环境中由于开源硬件及开放工具的可使用性，表现出低价化和集成性的特征。

（5）在技术支持方面，技术对传统智慧学习环境的支持主要表现在在线学习、虚拟实验室、增强现实、重量级穿戴等方面。而面向创客教育的智慧学习环境则在情感计算、泛在学习、全息环境、3D 打印、社交媒体技术及自适应技术等方面都有较好的技术支持，面向创客教育的智慧学习环境通过互联网通信技术、智能感知识别技术、大数据技术和可视化学习分析技术等的共同作用，在情感计算、泛在学习等方面为学习者提供强大的支持。

（6）在活动项目方面，传统智慧学习环境中的项目活动通常是为了满足一定的社会需求或团体需求，具有高度聚集化和预设性。而支持创客教育可持续性发展的智慧学习空间中的活动项目是社会需求与学生学习兴趣的融合，这是因为创客团队本身就是由有共同兴趣的学习者组成的，而兴趣是最好的老师，当学习活动中项目的设计与自己的兴趣相契合，学习者会拿出更多的热情，愿意花费更多的时间来参与到项目活动中去，同时因为全球网络的去中心化与互联互通，创客团队也得以显现出去中心化的特征，由于活动项目纯粹是由参与者的兴趣一致所集聚，因此具有非预设性。

（7）在活动过程方面，传统智慧学习环境中的学习活动虽提倡关注活动参与者的体验感，但总体上客观来看，其由于不能获得学习者的实时学习情况，因此学习过程及路径具有明显的预设性，教师只能根据经验对学生们的表现做出简单判断，而且这些学习者的表现可能并不具备学习者群体的代表性，就造成教师不能实时获得学习者真实的、准确的学习反馈，这样教师会不自觉地选择课前预设的学习者的可能接受程度，并按照预设进行后续的教学活动，因此，在这种情况下的学习活动过程具有预设性而不是精准性。而在面向创客教育的智慧学习环境中能通过环境感知技术实现对学习者个人基本信息与所处环境的智能感知和识别功能的支持，并配以对学习活动过程的全程实时记录、自动测评与诊断及智能化推荐，能使学习者具有高度的体验感，因此面向创客教育的智慧学习环境表现出高度体验感、过程动态性及学习个性化等的重要特征。

（8）在学习成果方面，传统智慧学习环境中的学习成果通常表现在个人、班级内小组（团队）层面上，学习成果的分享具有明显的层级特色，通常限于自身团队或班级体层次。而面向创客教育的智慧学习环境中的学习成果，可以是个人智慧创造，也可以是班级内小组创造，还可以是全球范围内有共同兴趣的志同道合者共同创造，同时由于创客活动参与者的多样性，学习成果的分享不再局限于小小的班集体，而是可以在全球范围内共享与传播。

为了更清晰地显示其对比差异，特整理成表格，如表3－1所示。

表3－1　传统智慧学习环境与创客教育的智慧学习环境比较

	传统智慧学习环境	创客教育的智慧学习环境
学习交互	人－机－物实效性交互 团队内高频互动	人－机－物多态性交互 全球连通、开放互动
学习资源	聚焦性、层级性、开发门槛高	生成性、情境性、内在策略性
智能空间	精控制、智能性	感知性、智慧性、全息性
学习工具	集中研发、高昂器材 昂贵性、独立性	开源硬件、开放工具 低价化、集成性
技术支持	在线学习、虚拟实验室 增强现实、重量级穿戴技术	情感计算、泛在学习、全息环境 3D打印、社交媒体技术、自适应技术
活动项目	社会需求性 高度集化、预设性	社会需求＋学习兴趣 去中心化、非预设性
活动过程	活动体验化、路径预设性	高度体验性、过程动态性、学习个性化
学习成果	团队智慧、层级分享	集体智慧、人人创造、全球共享

3.2　高校创客教育的智慧学习环境分类

当今时代，数字技术和创新理念的深度融合正以史无前例的速度快速发展。数字技术及各种智能设备驱动着创新释放出越来越大的智慧力量。根据多种智能技术的具体应用，当代创客教育的智慧学习环境可以说是由增强现实类、物计算类、超组织社会类、智能计算类、泛在网络类和知识全球连通等不同的环境融合而成，具体形态表现为创客空间、智慧课堂、增强情境、实境情境、实训空间、精控实验室、未来空间站、虚拟社区和连通性社会等，如图3－2所示。

在这些环境中，融入面向高校创客教育的智慧学习活动，可以使学习者获得虚拟协作与实体活动的人本化服务与个性化体验的双重支持，从而支持学习者个人的多方面、全方位发展及创新创造活动的勇敢尝试，并在这个过程中培养学习者的新颖思维、发散思维、批判性思维、计算思维、跨文化思维等高阶思维和社会智能、感知素养、虚拟协作及合作创新等高阶能力。

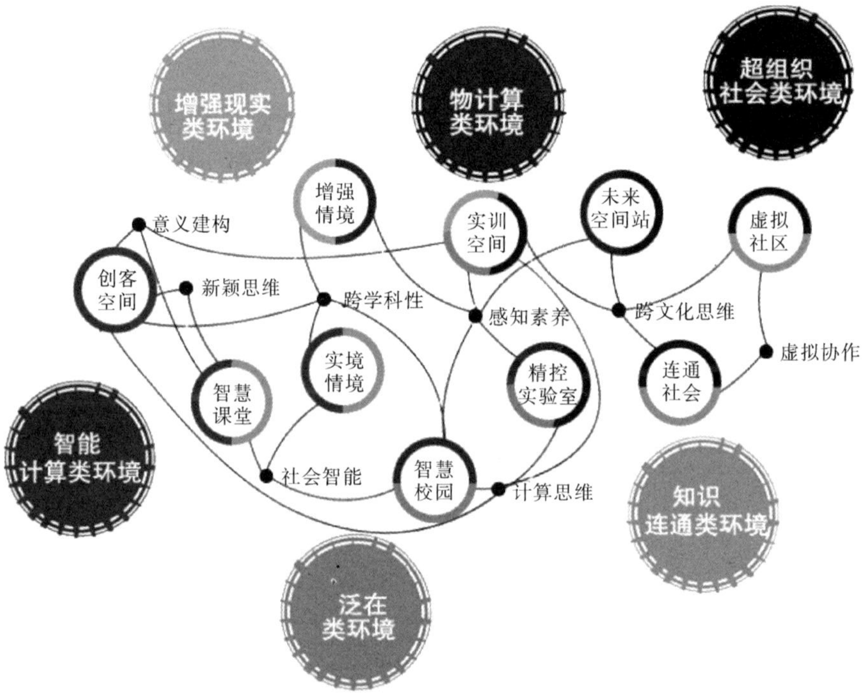

图 3－2　高校创客教育的智慧学习环境分析

3.2.1　增强现实类智慧学习环境

增强现实是指在现实场景中设置数字化信息的虚实融合。它应用实时感知器、跟踪定位与注册、三维模型、信息叠加等技术①，为学习者提供一种超现实的体验，使学习者融入到自然交互、沉浸交互的环境中。增强现实技术可以说是虚拟

① 蔡苏，宋倩，唐瑶. 增强现实学习环境的架构与实践［J］. 中国电化教育，2011（8）：114－119.

现实技术的增强版，它通过实时三维计算机图形学、计算机图像处理、高性能计算与网络通信技术、智能交互技术等将虚拟信息与现实场景信息的叠加，借助可穿戴智能感知设备，不仅能让使用者产生三维立体的视觉及听觉的极强画面感，还能给使用者以真实的触感等众多感官体验，其使用给了使用者一种全新的体验与切实的感受。

增强现实技术的早期典型应用其实并不在教育领域，而是在如头戴式智能眼镜的工业制造及维修领域、虚拟手术模拟的医疗领域、作战指导练习的军事领域等。增强现实技术具有以下 3 个特征：一是虚实结合，增强现实并没有完全取代真正的现实环境，反而更加依赖现实世界，它依靠计算机技术构建图片、视频、三维模型与真实世界中的场景相结合，让真实场景与虚拟对象合为一体；二是三维注册，增强现实技术以实时的跟踪相机的姿态计算出相机影像的位置及虚拟图像在真实场景中的注册位置，以实现虚拟场景与真实空间场景的完全融合；三是实时交互，这是指用户能够通过现实世界获取的信息及时地获取相应的反馈信息，这点通常是通过智能手持设备及可穿戴技术来实现。①

分析增强现实技术的 3 个基本特征可以发现，无论是虚实结合还是实时交互，对于创客学习活动的开展都具有积极意义。其中，基于虚拟现实、增强现实技术的教育通过为学习者提供沉浸式及强交互的学习体验，在对学习者的学习兴趣和动机培养方面表现突出。虚拟现实应用于教学活动，学习者的学习动机受评价反馈、技术可用性、交互性、沉浸感、构想性等多重因素的影响；评价反馈和技术可用性是影响学习动机的根本因素，沉浸感和构象性直接影响学习动机，交互性通过影响沉浸感间接影响学习动机。

智慧学习环境要求较强的对物理空间的感知、监控和调节能力，这恰恰与虚拟现实及增强现实技术的特点相吻合，增强现实技术作为一种高效的互动工具和其虚实无缝融合的特点，在智慧学习环境的构建中将大有可为。② 因此，增强现实类智慧学习环境的研究极有意义。

基于增强现实技术的特征及学习环境的需求分析，增强现实类的智慧学习环境具有以下特征：一是高沉浸性，增强现实技术虚实结合及三维注册的特征，通过将虚拟场景与显示场景的结合，能给学习者一种较强的身临其境感，因此教师可以借助增强现实设备，营造切实的学习情境，帮助学习者融入学习情境，从而

---

① 侯颖，许威威. 增强现实技术综述［J］. 计算机测量与控制，2017，25（2）：1－7.

② 胡智标. 增强教学效果　拓展学习空间：增强现实技术在教育中的应用研究［J］. 远程教育杂志，2014，32（2）：106－112.

增强传统教育比较难培养的情感升华及习惯养成等；二是高交互性，增强现实技术的实时交互是智慧学习环境的重要依托。智慧学习环境中的实时交互能及时解决众多学生的学习需要。如临床专业的学生在日常学习过程中，需要对人体器官有360°深入的认识及了解，传统的教材只能以二维图片的形式呈现器官的某个侧面，无法帮助学习者深入掌握要点，而增强现实类的智慧学习环境中的学习资源具有多样性，教材也具有交互性，学生只需要在屏幕上轻轻一点就能全方位地观察相应器官等；三是强体验感，增强现实技术在虚拟模拟方面的应用，能为学习者提供无危险的类实物练习，如医学专业学生的模拟手术实验、航空专业学生模拟机舱驾驶练习、物理化学专业学生涉及危险的模拟实验等，增强现实类学习环境能做到最大化的仿真而又不会伤害到学习者，具有重要的实用价值。

增强现实类智慧学习环境的应用主要表现在以下两个方面：一方面，增强现实支持的环境通过技术的应用，实现虚拟与现实世界的连通，以在书籍、动态环境等的基础上叠加虚拟信息为例，不仅有利于学习者对抽象概念与模型的理解，还能够提高参与活动的学习者的知识理解力与连通力。例如，学习者在历史课上学习汉白玉杯，通过使用增强现实软件对书中图片进行扫描，进而构建出虚拟情境，即在空中出现汉白玉杯的3D模型、类别、可视化的发展脉络和工艺制作过程等信息，以增强学习者的深度学习。目前，增强现实的应用有索尼公司的Wonderbook等增强现实电子书，以及应用于生物自然课程中的移动增强现实软件GreenHat等①。此外，虚拟现实与增强现实技术在学校中还被用来模拟历史场景、具有危险性的化学反应现象及物理实验等，这些应用可以突破语言描述的有限性和单维性，调动多感官共同参与，进而帮助学习者形象化地感受与体验语言描述时难以理解和领悟的复杂场景或实验现象等。另一方面，在空间中融入增强现实环境，为学习者学习技术技能提供工具与服务，为学习者参与智慧实训活动提供环境支撑。例如，在微软全息眼镜HoloLens②所构建的空间中，学习者可参照叠加在真实物体之上的物体性能和专家操作示范等信息，理解设备运行原理，进而正确地操作实训设备。因此增强现实类智慧学习环境可以说是来源于真实世界场景与事物，但又表现出超出真实场景既定程度功能的特征，即实现在真实场景的基础上将其增强的效果等。

---

① 王萍．移动增强现实型学习资源研究［J］．电化教育研究，2013，34（12）：60－67.

② Microsoft hololens brings augmented reality and holograms to your fingertip[EB/OL]. http://www.technorms.com/42489/microsoft－hololens－is－all－about－holograms－and－virtual－reality? utm_source＝tuicool,2015－01－27.

3.2.2 物计算类智慧学习环境

物计算技术环境可用于学习空间站、精控实验室和智慧校园等方面，为高校创客教育的智慧学习活动过程中的事物、机器等提供信息的科学感知和数据精准计算的支持服务。物计算环境作为物与物、物与机器之间相互连接所构成的环境，它通过传感器、RFID等设备感知物体信息，对空间内的操作仪器、温度、光、人员密集度等环境进行感知，并将采集到的数据按照传感协议传输到传输层，传输层中互联网按照通信协议传输到应用层中的终端设备，进而到达服务层，为管理者提供可视化的数据分析，实现非物理位置贴近或关联的物体之间的连接，从而达到精确地控制实验室内的物品与环境的目的。基于物计算技术的物与物、物与机器之间的互连一方面能够防止意外事件发生带来的危害，另一方面还能够使各事物之间的日常管理便利化。

如在化工领域，许多化学试剂剂量、化学仪器、操作步骤等的要求非常严格，剂量过多或操作顺序颠倒所产生的反应都有可能对学习者造成身体上的巨大伤害，而如果剂量过少又可能使反应达不到理论上的效果，扰乱学生的准确记忆；再或者因反应发生的环境要求苛刻如温度太高等而不适合实验者近身操作，学习者在操作时必须做到精细、适量、准确，才能实现教材或参考资料中的反应现象，因此，在智慧学习活动中，必须通过物计算对设备运转状况、实验液体参数、环境化学成分等要素进行精确控制，这不仅关系到实验结果的准确度，还关系到实验者的生命安危。物计算类智慧学习环境恰恰能够解决此类问题，它可以通过传感器等智能设备感知信息，可以精准传输并远程操作，保证试验准确度的同时保障实验者的人身安全。

另外，如在生物或农作物的培养领域，细胞的培养基或农作物的培植对于作物环境有较高的要求，无论是温度还是湿度等都有严格的标准，而且每个阶段的要求都不一样，但是在某一个阶段内，通常需要维持某个标准状态。一般情况下，学习者对于极少数培养基或培植作物的培养尚能较好照顾，但是对于大量多种作物的培植，就不太方便处理。在物计算类智慧学习环境中则可以通过对操作仪器、温度、光、水分、空气湿度等环境的智能感知，同步将采集到的数据实时传送给相关管理者，并且结合数据分析及处理技术，为管理者提供可视化的数据分析，方便管理者实时、精准地了解实验场景中的具体环境信息，提高管理效率。

3.2.3 超组织社会类智慧学习环境

在现代社会中，组织是人们按照一定的目的、任务和形式，互相协作结合而形成的集体或团体，运用于社会管理之中。组织不仅是社会的细胞、社会的基本单元，还是社会的基础。超组织与一般的组织较大的不同之处在于，超组织是全球化背景下企业最大限度利用外部资源赢得竞争优势的新的发展模式，是组织在相互间进行知识转移进而促成超组织来实现的。①

超组织理念来源于企业的经营管理。传统的组织通常被看作是单独的封闭个体，其组成或工作环境也是相对稳定的甚至是封闭的，且组织与环境、组织中的不同层级之间的关系也通常是单向的。知识经济的发展，使得企业需要做出改变，因此，超组织的理念应运而生。学习环境刚好与其类似，传统的学习环境通常是封闭的，小到各个班级的学习环境，大到各个学校的学习环境，通常是独立的、封闭的。在传统学习环境中的教学活动也通常表现为教师讲授—学生识记的单向传递过程。随着互联网的普及，社交及学习媒体的广泛使用，传统学习环境的边界逐渐被打破。为了构筑智慧学习环境，特别是关注学生创新创造能力的创客教育的智慧学习环境，也需要超组织的理念支撑。

在超组织的社会类智慧学习环境中，学习者可以突破现有的体制性的阻隔，开展敏捷性学习协作。在传统学习环境中的学习者的学习活动发生于班集体或小组内部，同一传统组织内部的成员在认知广泛度及知识深度等方面都可能存在一定的局限性，而且一般组织还会强调层级性，这对于学习者的即时分享等学习体验形成阻力。而在超组织的社会类智慧学习环境中，打破了这种体制化的阻碍，学习者的学习交流活动少了许多限制。借助于便捷的互联网络及日常的社会交互媒介，方便学习者之间开展敏捷性学习协作，其中“敏捷性”表现在对学习过程中非预期变化的快速应对能力。如创客教育中的学习者在“学”与“创”的过程

① 陈颖．知识转移视角下超组织的形成机理研究［J］．南京师大学报（社会科学版），2012（3）：76－83．

中，往往会遇到预期计划不成功的情况，此时“敏捷性”的应对与协作就变得至关重要。

同时，由于超组织社会类智慧学习环境的开放性、跨组织性等特点，还有利于学习者产生关联性学习体验、协同性知识创新及开放性文化再造，并在关联、协同、开放创新创造的同时，培养学习者的跨文化思维与虚拟协作意识，提升学习者的学习能力和创新创造能力。

超组织社会类智慧环境强调互动媒介的利用性、多态资源的分享性和创新过程的合作性，学习者利用论坛、社会书签、联合推荐、个性推荐、即时沟通交流、云端存储与计算、实时便捷分享、移动智能软件、可视化协作软件 Pearltrees 等社会化媒介提供的超组织服务，突破原有组织的局限性，在更大的学习空间中互动、协作、分享、更新、创新、创造，在项目规划、实施、评估和决策过程中分享先进的思维与理念、创新技术、时代性知识与技能等显性及隐性资源。

超组织社会类环境的形成，“需要把不同的底层组织整合成新兴组织，而是否成功的整合则取决于成员间拥有信息传递的合适技术”①。在这里，合适的技术早期主要以语言为代表，但在当今社会对其赋予了新的含义，主要指语言、肢体动作、社会化媒介和新科技的融合，其中社会化媒介和新科技发挥着前所未有的重要作用，这样才有利于形成一个益于学习者发展的超组织社会类智慧环境。

3.2.4 智能计算类智慧学习环境

智能计算是在通用计算的基础上产生的，它依据生物界特别是人类思维规律的原理来设计求解问题的算法，可以说是一种类似于人的经验化的计算机思考性算法（或程序）。智能计算应具备以下三条关键特征：一是持续进化，即具有自我智能管理与升级的能力；二是环境友好，即与地理位置环境无关的随地部署、无缝连接与高效协同；三是开放生态，以及产业上下游多方均可广泛参与，共创共享智能红利。②

---

① KESEBIR，SELIN. The Superorganism account of human sociality：how and when human groups are like beehives. Personality and Social Psychology Review，2012，16（3）：233－261.

② 智能计算［EB/OL］. http：//baike. baidu. com/item/智能计算/1036529？fr＝aladdin.

智能计算类智慧学习环境主要是依据智能计算技术，在多种智能设备的支持下所形成的智慧学习环境。智能环境是由包括多媒体呈现服务在内的异构分布式传感器执行系统、自动化控制元件、智能物理对象、无线传感器网络节点、移动的个体或共享设备，以及其他的智能系统或实体所构成的环境①，智能计算技术在智能环境的支撑下，结合自身的自我管理、自我优化、自我升级及协同工厂的特点，为学习者的新颖思维与创新观点在面向创客教育的智慧学习活动中得以实现提供了便捷途径。

作为智能系统、智能物体、智能计算和3D打印等新技术催生的产物，智能化环境通过感知人体声音、姿态、动作和所处情境等基本信息，再加上对语言和文本等非语言符号的搜集，进而利用智能设备对此符号进行分析，结合智能计算相关算法，自动完成富含意义的智能化交互动作，非常适用于创客空间和智慧课堂等智慧学习环境的构建。

就面向创客教育的智慧学习环境而言，基于智能计算的智能化环境的创客空间，能为学习者提供建模软件、加工工具、测评环境、智能化推荐等各种基础设施及服务。例如，学习者可以通过使用Rhino3D PRINT 2015和Blender等软件，把最初想到的物体的设计图，通过比例调配等简单计算，构建出物体各部分的三维虚拟模型，然后使用3D打印机打印出真实模型，方便进一步测评应用及推广。再如，基于Waspmote、Plug&Sense、Cooking Hacks等系统构建出来的智能计算类智慧学习环境，能够监视移动智能终端、监控某些化学成分和其他要素、感知物体信息、创建感知网络、连接各个传感器到云端等②，从而实时查看监控到的信息，在此基础上结合基于人类经验化处理规律的智能算法，做出智能化的管理决策，进一步管控环境中的各个部分，为创客教育智慧学习环境中的学习者提供强大的智能技术支撑。

3.2.5 泛在类智慧学习环境

互联网络、移动终端和多种学习支持软件等技术的快速发展与普及应用，为

---

① ROALTER, MOLLER, DIEWALD. Developing intelligent environments: a development tool chain for creation, testing and simmulation of smart and intelligent environment. IEEE Conference Publications, 2011: 214－221.

② libelium［EB/OL］［2015－06－13］. http://www. libelium. com/.

微课、微视频、慕课、SPOC等的发展提供了孵化基地，同时这些也为学习者随时随地地进行任何内容的学习提供了条件，学习者只要有一台移动智能设备加上无线网络，就可以根据自己的学习需要、时间安排进行学习，真正为实现“人人皆学、处处能学、时时可学”的学习型社会提供了实践路径，同时，这使得泛在化学习成为移动互联网时代的一种新型学习方式。

泛在类智慧学习环境是支持泛在化学习行为发生的基本场域，它是指学习者在互联网络、移动终端等多源技术的支持下，在任何时间、任何物理空间、以任何方式进行的任何知识或技能等内容学习的场域，是现实世界和网络世界融合的、隐性知识和显性知识互化的学习活动环境①。泛在类智慧学习环境的最大特征在于其便捷性与可获得性。这与当代众多学习者的现状十分契合。当代社会中的竞争越演越烈，知识更新越来越快，每个人都应该也必须是终身学习者才能更好地进行工作与生活，泛在类智能学习环境为学习者的终身学习及技能培养提供了强大支持。

嵌入感知定位技术与移动智能技术的泛在环境具有境脉感知性②，这对于传统学习环境中学习方式的变革具有革命性作用。例如，它可以通过感知定位技术追踪记录每一位学习者的活动路径，再结合智能感知技术获得学习者的基本信息，从而建立具有专属性的学习者模型，有利于进一步分析出学习者的学习难点等学习需求及其潜在的创造力，进而根据周边实时动态及时为学习者提供适切性活动材料和个性化推荐服务等。

泛在类智慧学习环境中适切性活动材料的提供和个性化学习服务的推荐离不开泛在类演化资源的支持，因此，泛在类演化资源设计与制作是泛在类智慧学习环境构建及发挥作用的必备支持。在泛在类智慧学习环境中，学习者可以基于移动互联网络及资源平台实现与多类型、多维度、多领域的演化资源间的直接联系，这就要求演化资源，特别是数字化演化资源的设计不仅要尽可能丰富、多维，还应该在保证使用质量的前提下使文件存储所需空间尽可能小，方便存储与网上传输，进而方便学习者随时随地根据自身需要即时、便捷、迅速地获取资源，从而保证智慧学习环境对泛在化学习的支持服务。

与此同时，泛在类智慧学习环境作为一种便捷化、非正式的学习环境，具有学习时间的碎片化和学习内容的微型化等特点，对于非正式学习具有重要意义。

---

① 赵海兰. 泛在技术环境中体验学习模型建构的理论分析［J］. 远程教育杂志，2010，28（2）：12－18.

② 张洁. 基于境脉感知的泛在学习环境模型构建［J］. 中国电化教育，2010（2）：16－20.

以高校面向创客教育的学习活动为例，创客教育的学习环境是一种非正式的学习环境，创客团体通常是由一群有共同兴趣爱好的不同年级学习者混合而成，大家因为兴趣爱好聚在一起，但本身都有自己的专业，有自己的班级，因此有自己必要的课程安排及班级活动。创客活动对于他们而言是一种非正式的学习形式，泛在化的智慧学习环境能帮助他们更灵活地安排自己的学习时间，能给他们提供更多的实时多态资源，方便他们一旦有了新的想法就能够实时记录、上传、分享交流，便于创新想法的落地实施等。

如上所述，泛在类智能学习环境的最大优势是其便捷性与可获得性，这为学习者进行碎片化的学习提供了条件基础，使知识的获得更加便利，但与此同时，碎片化知识本身系统性的缺乏，再加上学习时间的分散化，结合人的记忆与以往规律，研究发现，碎片化的学习很容易导致学习缺乏系统性和整体性。因此，在泛在类智慧学习环境中，高校面向创客教育的智慧学习环境中的活动设计需要依据“零存整取”的思想①，采用深度融合、创新再造的方式重新构建学习者的知识体系，基于“随时性学习、螺旋式发展”的学习理念，活化学习者的学习体验和智慧活动过程。

通过以上分析我们会发现，泛在类智慧学习环境对教师提出了新的挑战。当学习者可以自主地获取学习资源、可以基于泛在类智慧学习环境根据自身实际获得个性化推荐及个性化支持服务，那还需要教师做些什么呢？教师的知识权威及角色定位再一次受到强大冲击，这对广大教师来说无疑是一次巨大的挑战。因此，在泛在类智慧学习环境的作用下，教师需要充分认识到智慧学习环境的作用特点，再次审视自身的角色定位与职能需要，摆正自身态度，对自身角色进行重构。

不得不承认，泛在类智慧学习环境给学习者带来极大便利的同时也可能带来一定的负面影响，如学习时间的随意性导致不同学习者间的学习进度差距过大，学习时间太分散，学习资源的即时上传与下载的无门槛分享特性造成网络上学习资源过多而存在资源重复、资源杂乱且无序等特征，进而造成学习者面对海量资源需要花费成倍的时间才能找到或始终找不到适切性资源等。而这一切都需要教师考虑到并提供相应的帮辅。

针对泛在类智慧学习环境下教师角色的变化，李贺在研究中分别针对资源泛在、资源无序、学习时间泛在、学习过程泛在和学习方式泛在的特征，提出泛在学习环境中的教师应该成为学习资源的建设者、学生学习的规划者、学生学习活

---

① 王竹立. 零存整取：网络时代的学习策略［J］. 远程教育杂志，2013，31（3）：37－43.

动的组织者、学生学习过程的督促者及学生学习效果的评估者。[①] 因此，泛在类智慧学习环境的存在及应用并不是说不需要教师了，而是对教师的角色有了新的要求。在泛在类智慧学习环境下的教师要充分结合泛在类智慧学习环境的优势及可能存在的问题，有针对性地为学习者提供学习支持服务，帮助其实现更好的学习与发展。

3.2.6 知识连通类智慧学习环境

连通主义是一种描述在网络时代学习是怎样发生的理论。连通主义的原则中有几项特别重要。其一，学习和知识需要多种看法来呈现整体……并允许选择最佳方法；其二，学习是一个连通专门化结点或信息来源的网络形成过程；其三，保持知识的时代性（准确性、最新的知识）是所有连通主义学习活动的目的；其四，决策过程就是学习。通过现实不断变化的透镜，我们可以选择学习什么并理解所得到的信息的意义。由于信息环境的改变影响决策，今天正确的答案，明天就不一定正确了。[②] 连通能促使学习者学得更多、知道的更多，并且在众多知识及信息的作用下，使学习者能找到解决问题的最佳方法，从而做出智慧决策，这对于我们构建当代连通类智慧学习环境有重要的指导意义。

泛在网络的快速发展与广泛使用，知识经济的不断更新，促使各行各业构成一个连通的社会，也促使全世界各个国家构成一个连通的整体大环境。在这个知识连通的整体大环境中，学习者通过参与创客教育的智慧学习活动，能与其他学习个体、专家等多个信息源进行连通，相互交流观点、探讨问题，不同专业领域学习者之间的思维碰撞往往能够产生意想不到的思维火花；多领域、多主体的讨论交流能整合多种视角的观点，帮助所有参与者对主题形成一个全面的、整体化的认识，从而在全面整体化认识的基础上，恰当选择，做出正确决策，促进智慧的生成。

全球连通类环境强调个性化连通的学习网络的生成。这是因为在智慧学习环

---

① 李贺．泛在学习环境下教师的角色重构［J］．教育理论与实践，2019，39（14）：29－31．

② 西蒙斯．网络时代的知识和学习：走向连通［M］．詹青龙，译．上海：华东师范大学出版社，2009：28－30．

境中所形成的巨型学习网络内部，不同的学习结点对于同一知识或问题的关注度不同，也就是说，并非所有的结点都会持续性地保持相关性。作为一个智能网络，为了保持时代性及准确性，学习者的心智模型会不断地被冲击、调整，甚至重塑，不再有价值的结点会被逐渐弱化，弱化可能会以多种方式发生，但其中最明显的是失去网络内部的连通。因此智能网络是时刻在更新、时刻在调整、时刻在生成的。

个性化连通的学习网络包括个性化连通的外部网络与个性化连通的内部网络。其中，外部网络是学习者按需连通外部具有关联性的结点而形成的网络，这些结点可能是个体、团队、网站、著作、数据库或其他信息源；内部网络是学习者根据自己的信念、经验和连通的外部网络而构建的存在于大脑中的网络①。学习网络可以被理解为是我们建立的一种知识结构，建立这种知识结构的目的就是保持知识的时代性，持续性地获得经验，以及创造和连通新的知识。因此，个性化连通的外部与内部网络融合所构成的学习网络，有助于学习者连通新知识并保持知识的时代性，有助于知识在学习网络中流动、技能的迁移与创造，有助于培养学习者的全球文化思维和连通能力。

学习的网络模型把某些知识流的处理和解释功能作为学习网络上的结点，因为并不是网络中的每个人都需要处理和评价每一条信息，而是要创建由人类个体和内容等可信结点构成的技术增强型的个人学习网络。当前的世界十分复杂，各种形势转瞬即变，任何一个个体都不能够也不可能时刻精准地了解情境、领域或主题的整个范围，没有一个个体能独自进行一项复杂的手术、造出一列高铁或架起一座横跨巨大水域的高架桥等，基于网络实现的知识连通是以整体的方式拥有若干个体知识的结构。因此，面向高校创客教育的智慧学习环境必须是连通的，不仅仅是一个学校内部创客教育空间的连通，更应该是一个市、一个省、一个国家甚至全世界范围内的连通。

每一位创客都有自己的特长与不足，不同地区有不同地区之间的区域优势，每一位创客、每一个创客团体、每一所学校都应该基于自身优势，充分发挥自身长处及价值。因此，高校在构建自己的创客教育智慧学习环境的同时，一定要保证基础网络设施等硬件设备的支持，同时与其他高校建立互联及友好合作关系，为学习者跨学科、跨学校、跨区域等跨界交流合作提供基础保障。创客教育智慧

---

① 西蒙斯. 网络时代的知识和学习：走向连通［M］. 詹青龙，译. 上海：华东师范大学出版社，2009：28－30.

学习环境中的学习者应充分利用在线工具和资源来丰富自身网络，而不断丰富自身的网络，能够使学习者持续不断地在迅速发展更新的知识面前保持时代性，从而保证自己的理解、设计、创新、创造都保持时代性及前沿性。

3.3 高校创客教育的智慧学习环境特质

高校创客教育的智慧学习环境，是通过凝集群体智慧并利用新技术和新方法驱动创新的环境，除了具备“虚实环境融合、服务个性化学习、支持校内外学习，以及支持正式与非正式学习”① 的智慧学习环境的一般特征外，还应立足于其新颖特征。因此，需要深入分析面向高校创客教育的智慧学习环境这一复杂系统，在知晓个性特征的前提下，展现智慧圈的内在关联。如图3－3所示。

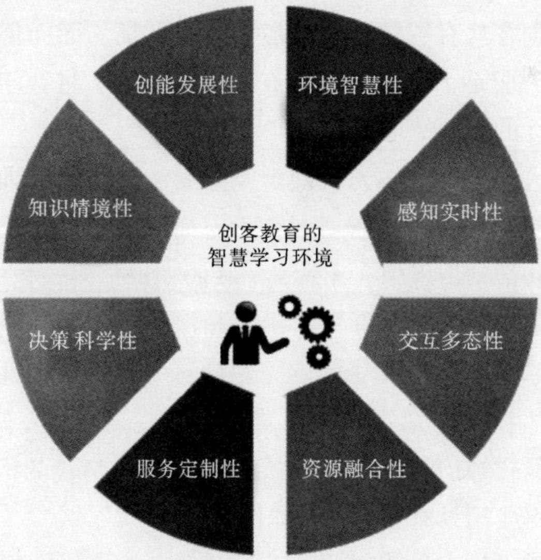

图3－3　高校创客教育的智慧学习环境的特质

① 黄荣怀，杨俊锋，胡永斌. 从数字学习环境到智慧学习环境：学习环境的变革与趋势［J］. 开放教育研究，2012，18（1）：75－84.

在图3－3中，创客教育的智慧学习环境应具有知识情境性、创能发展性、环境智慧性、感知实时性、交互多态性、资源融合性、服务定制性和决策科学性八大特质。八大特质共同支撑形成一个智慧圆环，就像一个智慧圈一样。智慧圈是作为生物圈发展的新阶段而提出来的概念，强调人类智力因素在现代进化中的强大力量。①人类通过运用自身智慧探究新方法、创造新技术、开发新工具、创造新产品，并借助所创造的产物进一步提升群体智力、扩大作用范围和变革学习环境，进化为蕴含发展力和创新力的人类智慧圈。智慧学习环境中形成的智慧圈是智慧学习环境的重要特质，它主要依靠基于技术实现的数据流、信息流、知识流、智慧流的快速流动和高度连通，产生巨大的变革力量，创造关联智慧个体、提高群体智慧、活化参与式创新体验等全新的学习场。

3.3.1 知识情境性

知识情境性是创客教育智慧学习环境的首要特征。面向创客教育的智慧学习环境应以创新创造为驱动力，以Web 4.0技术为基础，将数字技术与创新理念深度融合，建立全局性的知识情境。

知识的情境性表现为对于知识的理解及运用需要情境的辅助与支撑，反过来又受到情境的影响与制约。作为学习者在学习活动中与环境相互作用的实果，知识根植于社会文化和活动情境中，无意义关联的知识是格式化的、僵硬的，“只有植根于情境脉络当中的知识，才是‘活’的知识”②，即具有情境性的知识才是能真正被学习者理解掌握并能运用于实践之中的。无知识情境性的学习环境，无疑等同于“抽出扎根于社会的知识，割裂知识间的联系，孤立知识与体验的关联，浅化学习的层级，简化知识的多维视角与结构”。因此情境的构建对于学习者对知识的理解深度及习得应用具有至关重要的作用。

知识的情境性要求教育过程中应充分认识和发挥情境在促进知识运用和迁移

① 陈之荣. 人类圈·智慧圈·人类世［J］. 第四纪研究，2006（5）：872－878.

② 王靖，刘志文，陈卫东. 未来课堂教学设计特性：具身认知视角［J］. 现代远程教育研究，2014（5）：71－78.

上的作用。[①] 知识的情境性设计与构建来源于生活，又反过来作用于生活，它强调理论化的知识与技能向实际生活中的迁移与应用。歌德曾说："理论是灰色的，生活之树长青。"华盛顿也曾指出："读书若未能加以应用，所读的书等于废纸。"学习本身就是为了应用，脱离情境、脱离生活实际、脱离应用的学习是无意义的行为，因此，智慧学习环境作为培养学习者技术智慧与创造智慧相融合的双重智慧的必要依托，离不开知识情境性的设计构建与实施。

关于知识情境性的构建与实施，首先，应该从认知的情境属性出发，将知识自身包含的单元点之间的联系、包含的应用于实践的方法策略与技术等全面分解展开；知识情境性的一个重要作用是帮助学习者深度理解知识，明白在何时、何地以何种方式应用该知识，因此在知识情境性的设计上，首先应该明确知识的下位知识及应用的可能性，可提前了解其上位知识，为之后的学习展开铺垫。

其次，知识情境性的构建与实施要注意立足生活，采取活动与情境相结合的多样化方式。依托于教材的教学过程在学习者的认识方面具有间接性，即学习者学习的内容是已知的、间接的经验，是前人根据当时的真实情况总结出来的，因此，学习者对于知识的实际应用场景缺乏直接性，缺乏代入感及认同感，故可以通过一个或多个相关联（如递进、并列等）的学习活动的设计，使学生在完成活动的过程中逐步构建知识的应用场景，自己建构知识的情境性，促使学习者解决非良构的复杂问题。如在早期的一个关于认识人民币的元、角、分的优秀教学案例中，任课教师为了帮助学生更好地理解与体会人民币不同面额的意义，基于信息技术设备构建了一个让学习者自己去超市买学习用品的情境，每个学习者面前的计算机屏幕上会显示多种不同价格的文具，同时计算机屏幕的一侧还会显示学习者现有的不同面值人民币的仿真图片，使学习者感觉仿佛真的拿着钱在超市里挑选文具一样。类似这种极具生活感的情境能激发学习者极高的学习兴趣，使学习者有极大的代入感，从而更好地理解知识及知识的应用情境。

最后，知识情境性的构建与实施还应该注意充分利用智能工具。小到动画视频的配合演绎，大到结合虚拟现实、增强现实技术的沉浸性、交互性特征，帮助学生形象化记忆、切身性体验，增强学习者对知识的感知。如通过超链接、思维导图、知识图谱等揭示关联知识点和涉及的隐性知识，展现知识生成的情境与共享知识的脉络；借助手机等移动智能终端，通过在户外真实场景下进行的亲近自然的知识学习，增加学习者的学习体验及应用成就感。在这样的知识情境中学习，

---

① 张琼，胡炳仙. 知识的情境性与情境化课程设计［J］. 课程. 教材. 教法，2016，36（6）：26－32.

可提升学习关联度，降低认知负担，增强学习体验，生成学习智慧。

3.3.2 创能发展性

创造能力是指不依据现有的模式或程序等，独立自主地掌握知识和获得技能，发现新的规律，创造出新的方法的能力。能力的形成与获得是与具体的活动紧密联系在一起的，离开了具体的活动，能力就无法形成和表现；同时能力的形成与获得不是一蹴而就的，而是不断发展变化的。创造能力作为学习者众多能力中的一种重要的高阶能力，具备一般能力形成特征的同时，在创新及发展方面表现出更高的追求。

人的创造能力不可能在初始阶段就处于高水平的自动化状态，而是从低层到高层不断进化、不断发展的，因而重在培养学习者创造能力的创客教育智慧学习环境，需要利用新思维、新方法和新技术促进协同创新，直至使学习者的创新创造能力持续地螺旋式上升并成为新常态，即展现了创能发展性，这既是创客教育人才培养的内在创新要求，也是培养创造型人才的必要路径。

何克抗先生曾指出："创造型人才就是具有创新意识、创新思维和创新能力的新型人才。且其中的创新思维包括发散思维、逻辑思维、形象思维、直觉思维、辩证思维和横纵思维。"① 因此，指向创能发展性的创新型人才的培养应该注意对创新意识、创新思维和创新能力的共同培养，但在这个过程中，由于创新意识解决的是"为什么要创新"的问题，而创新思维和创造能力则是解决"如何创新"的问题，所以，高校面向创客教育的智慧学习环境的创设应在养成学习者创新意识的前提下，侧重于对学习者创新思维和创造能力的持续性培养与提升提供支持。创新思维是创造能力养成与优化提升的必不可少的关键，创造能力则是创新思维发展到一定阶段的产物，因此更准确地说，创新型人才培养的核心应该是创新思维的培养，所以创客教育的智慧学习环境应该为学习者的创新思维即发散思维、逻辑思维、形象思维、直觉思维、辩证思维和横纵思维的培养提供支持。

如发散思维强调多向辐射、同中求异、正向求反，这就需要学习过程中的大环境（或说学习氛围）应该是平等、自主的，因此每个学习者及其想法都应该被

---

① 何克抗，李文光．教育技术学［M］．2 版．北京：北京师范大学出版社，2009.

给予公平公正的对待；直觉思维和形象思维则强调直观观察、积累表象、启发联想，因此在智慧学习环境的构建中就要注意多维、直观、形象化教学资源的供给，给学习者的自主建构提供资源支持；辩证思维侧重于使用对立统一的观点去看问题，凡事看到问题的两面性，因此可以通过运用案例如历史上的小故事等，帮助学习者树立从截然不同的视角看问题的意识，注重辩证思维的培养等。同时，还应该充分发挥现代信息技术及智能设备的价值，如利用基于计算机的图像处理工具、动画及视频的制作工具、建模工具等技术为直觉思维及逻辑思维的培养提供大力支持；利用互联网络、智能学习系统、社交软件等为学习者提供实时交流讨论空间，便于其发散思维、辩证思维的养成。

创新创造能力的培养与获得并不是一个状态的终结，而是一个持续积累的、动态变化的过程。其表现可以体现在两个层面：一是个体浅层感知事物所获得经验的改造或重组，即学习者个人整合自己的已有知识，对其进行重新排列组合、编排改造形成一种新颖的观点或视角；二是汇聚个体思考与顿悟的群体智慧和创新力量，即在个体智慧的基础上，聚合群体智慧并进行思维的碰撞再生，汇聚成新的智慧。因此，创新创能发展性要求引导学习者积极思考、乐于沟通、勇于实践、持续创新。

3.3.3 环境智慧性

蕴含智慧性的学习环境，是创设知识情境与促进创能发展的支撑条件，也是学习者在创客教育的智慧学习环境中进行学习的重要保障。

创客教育智慧学习环境的环境智慧性表现在关注新技术与智慧战略对智慧环境的影响及作用，关注创新者，关注新技术采纳、跨领域议题、学习型组织、活动形式和创新的业务环境。其通过建立创新空间、创新文化的网络化、协同创新智慧模型和创客空间等学习环境，平衡过程创新和创造性，强化创造性文化和跨学科的智慧性解决方案，从而把智慧战略与数字技术整合提升到一个前所未有的水平。

创客教育智慧学习环境紧紧围绕着数字技术，如社会媒体、移动计算、大数据、云计算、传感物联网、因特网和机器智能等，产生聚焦智慧的技术组合，为学习者的学习体验提供更好的情境性和增值性。例如，利用社会媒体网络创造增强性共存，使不在统一物理空间的学习者仍能实时分享交流；利用数据挖掘、学习分析等大数据技术基于学习者全程学习行为的真实数据提供全方位的观察视角，甚至为从独特的、罕见的视角分析提供了可能性及技术支持，从而能够瞄准情境中的具体问题提供相应的解决策略及进行个性化的偏好推荐；利用移动技术创建位置情境服务和感知，智能感知学习者的基本情况数据并同步可视化呈现；利用云计算及云存储扩能资源的访问和服务，方便学习者大型文件的存储及传输，从而提高问题解决速度，减少无效时间，提高做事效率；利用传感器等相关技术创建实时反馈与响应，增加人机交互的实用性；利用机器智能和数据智能获取全方位无间断实时数据，提高教师与学习者的洞察力及决策质量。

基于数字空间的智慧性环境通过新的连接方式整合上述多种数字技术，把各种事物和行动者实时地连接起来，增强数字技术的关联性、实用性及重要性，增强工作过程中的协同，从而获得高增值成果。因此智慧学习环境通过新的方式的结合，驱动个体、组织和社群的多种智慧，建立跨行业和行动者创新的智慧网络，构建新的数字智慧生态系统，产生智慧生成效应。同时，智慧学习环境将因特网带入真实的世界，形成人类联网、物体联网、服务联网，如图 3－4 所示（改编自 Hafkesbrink 等人的研究①）。这种融合将技术、媒体、市场和行动者的配置融合在一起，把因特网演变成更泛在化的 Outernet，利用 Web 4.0 把真实世界的产品、服务和位置的智能应用进行进一步的交联。

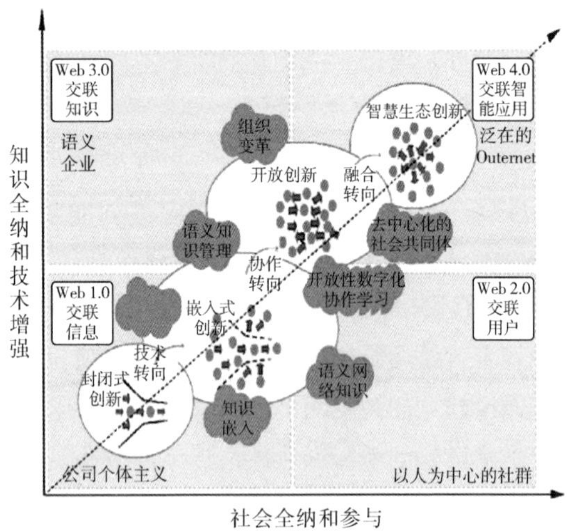

图 3－4　智慧化技术与创新理念的融合演变

① HAFKESBRINK J, SCHROLL M. Innovation 3.0: embedding into community knowledge – collaborative organizational learning beyond open innovation [J]. Journal of Innovation Economics & Management, 2011 (1): 55 – 92.

环境的智慧性，还表现为嵌入到环境中的智能系统具有持续的学习和自我控制能力，即系统自身能够根据具体情况自动调整，持续优化。智能系统通过融入最新的人工智能技术，赋予环境记忆、计算及进行逻辑思考的智能，以便为学习者提供更加智能化的服务。当前大多数关于智能系统的研究主要是智能教学系统、智能导师系统、智能代理、智能机器人等。智能系统的研究是一股不断发展着的力量，它能够通过自我诊断、自我优化、自我增强，促进能量呈现螺旋式聚集的形态。

环境智慧性是智慧学习环境的基本特征，但必须明确的是，判断环境智慧性程度的核心指标不在于智能设备等软硬件技术的增加，而在于智能设备等软硬件技术的加入是否实现了与原有环境的契合，以及技术设备等的融入是否真正地帮助到教师的教与学习者的学，是否致使教与学的方式发生变革，以及该环境下学习者的学是否真正向着以智慧为学习中心的方向迈进。

环境智慧性的创设必须牢固树立以学习者为中心的教学理念，支持教师为主导、学生为主体“主导－主体”相结合的教学模式。智慧学习环境创设的根本目的是为学习者智慧地学掌握智慧提供支持服务，因此，环境智慧性中“智慧”的体现与评判标准必须以学习者是否智慧地学及是否获得智慧为根本遵循和依据。环境智慧性特征强调的是利用多种信息技术来创设一种数字化、信息化的教学环境，这个环境不仅把技术作为辅助教或辅助学的简单辅助工具，而且能支持情境创设、实时信息感知、实时分享与反馈、多态交互、协作创新等多种功能。

3.3.4 感知实时性

感知实时性以环境智慧性为基础，以实时数据感知、实时声音感知、实时位置感知、语音识别、实时翻译、面部识别、情感计算、空间定位等技术为依托，以摄像头、超声波等传感器为硬件支撑。通过姿态、指示、凝视和语音等接口，感知学习者的身份、位置、活动、面部表情和语言情绪；通过 XWand、Phicons 等接口对物体进行跟踪、识别、控制与维护等，同时，利用人与物的类型关系模型智能关联人与对象①，对所感知的人的指令做出相应反馈，并能自动分析学习者的需求，智能推送

① KRUMM，SHAFER，WILSON. How a smart environment can use perception［EB/OL］.［2016－03－11］. https://www.microsoft.com/en－us/research/up－content/uploads/2016/12/perception_for_ubicomp.pdf.

与学习者所处环境相关的学习信息，强调自动化、智能化与时效性。

具有感知实时性特征的智慧学习环境开创了具有高度代入感、沉浸感、真实感的学习实境。在正式学习过程中，学习者的学习数据、学习时间等的实时感知获取，有助于教师及时了解每一位学习者的实际学习情况，结合学生的实际学习情况记录与学生学习结果的对照，精准发现学习过程中存在的问题，从而形成个性化的指导与建议。实时感知的智慧学习环境不仅有利于在正式学习中提高学习者的学业成绩，更有利于在没有教师现场指导情况下学习者的非正式学习。如基于面部识别技术及实时位置感知的电子签到系统，督促学习者正常出勤；再如通过感知学习者的身份等基本信息，自动分析学习者的可能性需求，对学习者的独立学习进行智能辅助等。

基于实时感知所提供的有意义的敏捷反馈、学习社群支持和开放的交流，对增强学习者获得积极的学习体验显得格外重要。例如，可利用具有高度自适应、快速更新和精准识别等特性的 LSTM（long-short term memory）模型进行语音实时感知与智能识别，以增强互动反馈，增加学习者的学习体验；应用于讲座会议现场的讯飞听见，其实时语音识别技术能自动化获取中英文语言信息，同步到大屏幕上的同时还伴有中英转换即实时翻译功能，且中英文的转换精准度极高，方便与会者跨越语言障碍的理解；便于学习者自学英语口语的英语流利说——一个相当成熟的语音实时感知、智能反馈的实用英语口语学习软件，在正式使用之前会通过一个小测试来了解学习者的词汇基础及口语情况，测试结束后不仅能即时给出学习者存在的问题还会对学习者当前的能力等级进行划分，为学习者接下来的学习提供基础依据。同时，它不仅能跟读标准发音，还会将学习者的录音音频与标准音频进行精准匹配，并实时将结果反馈给学习者，如果匹配度较高，即学习者的发音比较精准，可以进入下一句的练习，但如果学习者的发音不准确，与标准音频的匹配度较低，则会提醒学习者再来一次并自动播放一次标准音频，学习者也能够实时听到自己的录音，便于与标准音频进行对比。通过这样一种精准化及时反馈机制，口语练习者能独自进行精细、精准化发音训练，反馈的实时性极大地提升了学习者的情感体验。

另外，实时感知性智慧学习环境有助于教师进行教学管理。在真实的学习场景中，教师通常会因为视觉、知觉的有限性及情绪的主观性等，只能获得部分学习者片面的信息，会漏掉许多相关信息，再加上由于时间等因素的影响，教师对于学生行为的判断通常具有主观性和局限性，这非常不利于公平公正地进行教学管理，而实时感知性的智慧学习环境则完美地解决了这个问题，它能帮助教师全方位地感知学生信息，从而将对学生了解的片面性向全面性转变，有助于教师进行有效的教学管理。

3.3.5 交互多态性

交互多态性是面向创客教育的智慧学习环境的关键特征。交互多态性智慧学习环境通过人、物、机三大主体之间人－物（H2T）、人－机（H2M）、物－机（T2M），以及人－人（H2H）、物－物（T2T）、机－机（M2M）之间的内部交互，为学习者的智慧学习提供更加人本性、个性化的服务，满足学习者对高度互动体验的强烈需求，也为学习者进行高效深度的交流讨论提供技术支撑。

友好的多态性交互，离不开人－物通信装置设计、机器操作物体设计和多模态人机交互设计。多态交互涉及跨学科的不同领域，为人、物、机之间自然、便捷、高效的互动提供支持。因为交互是教学过程中的必要存在，且近年来随着移动终端等通信设备、富媒体资源及智能机器设备的应用逐渐广泛，人机交互的研究明显增多。例如，Catherine Guastavino 建造的多模态交互实验室（multimodal interaction laboratory，MTL），主要涵盖听觉识别与认知、音乐检索与存档、多感官的整合、知识展示、人－机互动五大维度，是交互多态性展现的一方面。① 该实验室不仅涉及人、机、物之间的交互，还包含声音、文字、手势等多模态信息之间的交互转换。

多态性交互的作用不仅仅体现在人、机、物之间的交互，增强学习者的感官刺激上，它还可以极大地提高学习者的学习兴趣，提高学习者能力的同时激发并维持学生的创新意识。如吴萍萍等人利用作为新时代人机交互技术产物的体感交互技术——Kinect体感交互技术，借助 C#研究定义常用人际互动的手势动作，并将其应用于编程语言教学中，极大地改善了学生对编程学习的兴趣，教学效果显著。②

多态性交互的实现离不开技术的支持，如何设计技术支持的多态化交互是交互多态性智慧学习环境构建的迫切需求。陈蓓蕾等提出了由“问卷星支持的即时测评与反馈、问卷星/‘云课堂’支持的基于量规的同伴评价、‘云课堂’支持的写作问题解决、弹幕技术支持的评论与反思、思维导图支持的协同知识建构”的提问、同伴评价、问题解决、写作知识建构等技术支持的教学交互策略，给出了课堂教学的具有操作性的指导性实践建议③，如图 3－5 所示。面向创客教育的智

---

① multimodal interaction laboratory［EB/OL］(2015－02－08). https://www.mcgill.ca/sis/research/labs/mil.

② 吴萍萍. Kinect 体感交互技术在编程教学中的应用［J］. 河北软件职业技术学院学报，2019，21（2）：17－21.

③ 陈蓓蕾，张屹，杨兵，等. 技术支持的教学交互策略促进交互深度研究［J］. 中国电化教育，2019（8）：99－107.

慧学习环境也可以借鉴使用。

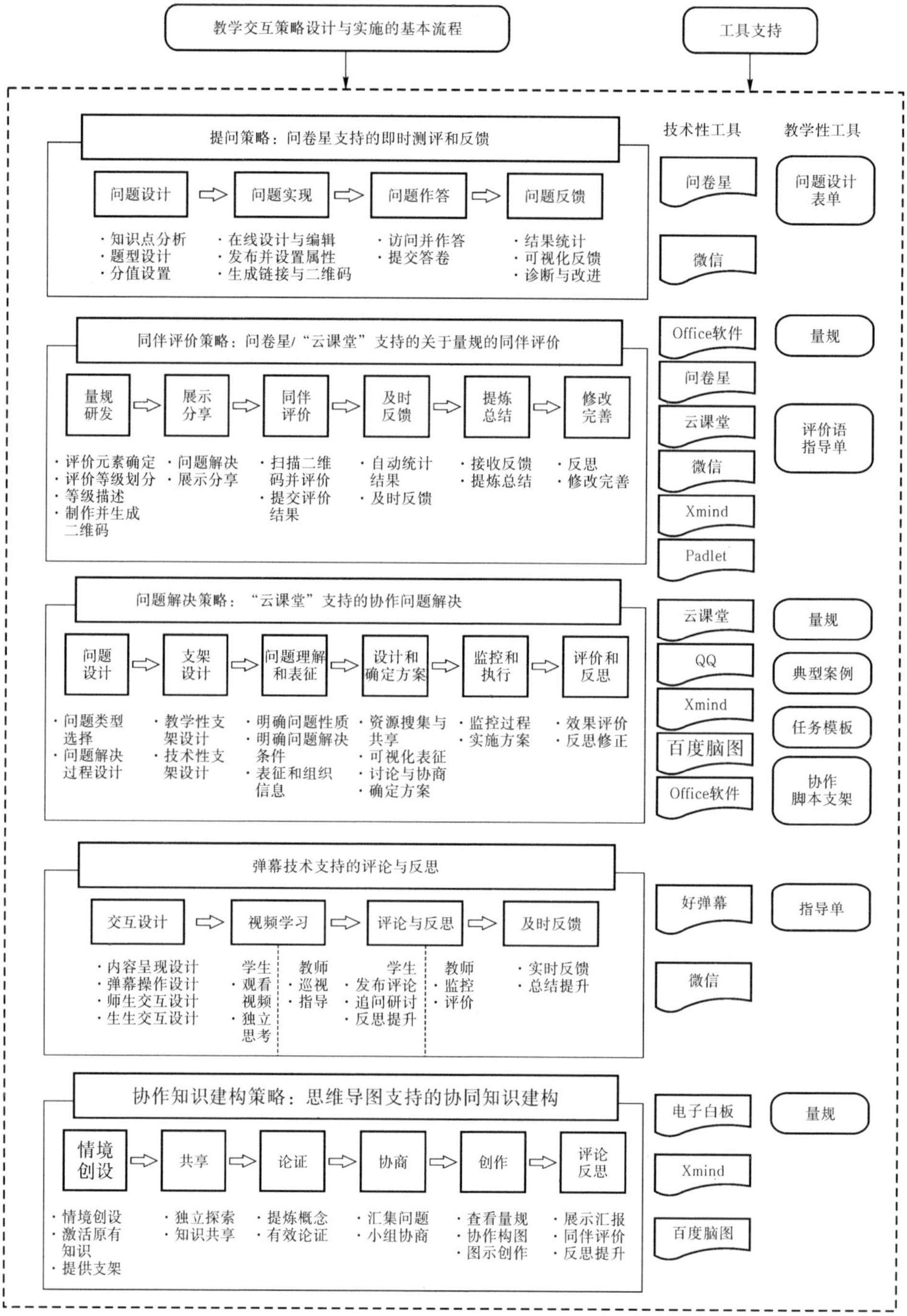

图3-5 技术支持的教学交互策略设计与实施（引自陈蓓蕾等人的研究）

3.3.6 资源融合性

作为在智慧环境中通过实时感知而得到的信息统一体，学习资源具有强度融合性。从不同视角分析，学习资源的融合性可以从以下4个方面来体现。

第一个方面是多模态资源的融合，即不同类型学习资源的融合。随着信息技术快速发展及其与课程教学的整合，支持学习者更好地学习的学习资源的数量越来越多，形式也越来越多样。当前学习资源不再仅限于文本与黑白印刷版图像，而是变成了包含文字、彩色图形图像、音频、动画、视频甚至虚拟场景等多种类型。同时，互联网络的普及发展为学习资源的共享提供了有力平台，基于云的计算与存储技术为学习资源的存储提供了技术支持。因此，智慧学习环境的构建应具有资源融合性的特征，能及时根据不同学习内容与要求使用多模态的融合资源，为智慧学习提供资源基础。

第二个方面是线上、线下的虚拟与实体物体及空间等的融合，如真实的物理校园与数字化校园相结合。随着互联网、数字化及相关技术的发展，每个学校甚至每个学院都有自己的专属网站，这些网站中除了学校（学院）的简介等基本信息之外，还有学校（学院）各个机构的数字化空间及管理部门，与实体校园一一对应，如实体图书馆与网站上的数字图书馆，部门相互对应但具体内容又有所差别，线上、线下具有分别尤其区别于对方的特殊性，也是其存在的意义。线上与线下物体的融合，是资源融合性的又一体现。

第三个方面是真实的物体与叠加在其上虚拟控制信息的语义融合，“支持异构数据库互操作，支持相关数据源的转化”①。例如，实体空间与基于增强现实软硬件无缝连接所展现的虚实融合的信息，是学习者学习的额外资源或拓展资源，同样可成为他们的核心知识来源。增强现实技术在虚拟现实技术的基础上，基于现实场景与虚拟场景的构建，配合智能头戴设备、手柄等硬件设备，虚实结合，能极大地提高学习者的代入感与沉浸感，从而增强其学习体验的切身感，优化学习体验。

---

① JIN Y T, QU F J, WANG H J. Ontology-based research on heterogeneous database semantic integration strategies [J]. Education Technology and computer science, 2010, 3 (4): 477 - 480.

第四个方面是虚拟控制的信息与线上物体的数据融合。线上物体为虚拟控制的信息提供源源不断的数据，而虚拟控制的信息又实时扩充线上数据库，它们的数据融合体现了学习者对知识的核心诉求。这里的线上物体可以有多种，本书以对学习者的智能感知而建立的学习者模型为例，学习者的学习情况会在线上实时全程记录，形成学习者个性化的学习路径，系统可以结合学习者模型及其学习路径给出有针对性的学习指导，还可以自动进行学习偏好推荐，当然，学习者也可以按照自己的想法搜集或上传、分享学习资源，进一步加深资源的融合性。

3.3.7 服务定制性

我国由于人口众多，各学习阶段的适龄学习者也多，因此学校一直采用班级授课制的形式进行教学，且由于班级人数较多，学习科目及内容丰富，基于班级授课制的传统学习很难做到定制化服务，教师没有充足的时间、也没有足够的精力照顾到班级里面的每一位学习者，因此只能以掐头去尾等方式忽略一部分人，而按照大多数人的原有知识基础及接受程度安排教学活动。然而在使用以移动智能终端、泛在网络、智能计算为新常态的学习型社会中，通过耦合先进技术与现代教育理念于智慧学习活动，能够改变“统一定制”的同一化刻板要求，进行“私人订制”的有针对性的教学，从而更好地支持每位学习者的个性化学习，使学习者得到更好的发展。

服务定制性强调以学习者为中心和对每一位学习者不同需求的服务性，关注不同学习者之间认知水平、性格特点和学习基础等的差异性，利用智能感知技术、自适应技术等创建学习者模型，通过构建多层次的知识内容，创设“多维、多模态的学习选择”①，为学习者提供个性化、创新化的学习“私人订制”服务，以满足学习者参与创新的、独特的学习需求。

服务定制性是个性化学习的内在要求。近年来，随着大数据技术、学习分

① Classroom evolutions: the impact, implications, and implementation of personalized learning [EB/OL] (2015-9-15). http://www.hanoverresearch.com/insights/classroom-evolutions-the-benefits-implications-and-implementation-of-personalized-learning/? i=k-12-education.html.

析技术的宣传应用，个性化学习成为研究热点，这其实不难理解，因为无论是数字化技术构建的数字化学习环境还是智慧学习环境，其根本目标都是实现学习者的个性化学习，挖掘学习者独特的潜力，使每一位学习者都能得到充分发展。

而服务的私人订制性是实现个性化学习的必要路径，个性化学习的实现需要有针对性的学习支持服务，就拿学习资源来说，当前的学习资源相当丰富，不仅数量多，种类还多样，如果没有针对性的智能推荐，学习者在搜集选择资源方面会浪费大量的时间，而且超链接知识结点的便捷性很可能使学习者淹没在信息的海洋中。因此，类似于根据学习者需求及偏好进行智能推荐的定制性服务，是真正帮助学习者实现个性化学习的必要依托。

服务定制化的实现离不开环境智慧性、感知实时性、资源融合性等几大特性的支持。例如，以科学知识、活动生成的大数据为基础，以深度学习结构为挖掘方式，结合语言理解与图像识别，智能化输出问题答案、图像信息和动作示范等为学习者定制服务①。因此，服务定制性的实现首先需要记录并采集学习者在不同场景中的大量学习行为数据，基于这些数据构建学习者模型，同时还需要利用学习分析等技术对数据进行实时处理分析，再结合人工智能技术科学预测、智能推荐。

3.3.8 决策科学性

在推进教育治理体系和治理能力现代化的过程中，教育决策科学化的重要性越来越凸显，提高教育决策科学化和民主化的水平，是促进教育健康发展的基本保证②。

无论是在线上还是在线下的学习环境中，评价反馈都对学习者的学习状态具有显著影响，传统学习环境中教师的评价反馈与决策通常是基于学习者的直观表现和自身教学经验所判断的，导致决策存在表面化和主观化的特点，教师

---

① 徐伟. 视觉、语言以及人工智能展望［EB/OL］(2015－11－05). https://wenku.baidu.com/view/b67b54cc1eb91a37f1115cdc.html.

② 袁振国. 教育决策的科学化和民主化是依法治教的关键［J］. 中国教育学刊, 2015 (11): 1－3.

若想了解学习者真实的知识掌握情况需要后续的测试，具有一定的滞后性。而新一代智慧学习环境基于环境感知技术、大数据技术及学习分析技术等多项技术的应用，能够在获得学习者全方位、动态数据信息的基础上构建全面化、精准化的学习者模型，并据此进行关于兴趣爱好及决策建议的智能推荐，因为整个过程是基于学习者的实时动态数据实现的，故具有相对真实性、客观性及科学性等特点。

面向创客教育的智慧学习环境中的决策科学性主要表现在教师的决策科学性和学习者的决策科学性两方面，两者相互影响，彼此作用，共同为学习者智慧学习活动的开展和智慧学习目标的实现提供动力支撑。

教师决策的科学性与否对于全体学习者的学习状态、相处模式及学习结果都具有重要影响。智慧学习环境的构建使教学内容、学习资源、教学评价甚至教与学的方式都向数据化方向转变，为了更好地发挥智慧学习环境的价值，实现教学全过程的智慧化，教师决策需要由之前基于主观直觉和以往经验的经验化决策向基于数据的科学化决策转变。教师的决策主要表现在教学设计决策和教学管理决策两大部分，其中，教学决策主要指与教学活动设计、教学进度安排、教学内容拓展、巩固练习设计等教学设计相关的决策；教学管理决策则主要指为了维持教学环境的秩序，保证教学活动的顺利开展，以及教学目标的实现而进行的关于人员分配、不当行为管理等相关的决策。

学习者做出的学习决策直接影响他们的学习行为表现与学业成绩，因此学习者学习决策的科学性与否势必关系到创客教育的智慧学习环境的效率高低。学习者进行科学化的学习决策不能仅仅依据个人兴趣爱好及一时的冲动，而是需要借助学习分析技术和信息及思维的可视化技术来辅助做出判断与选择。学习分析技术方面的支持表现为：在确定或不确定的信息场景下，通过对学习者自身学习过程中生成的大量数据进行科学分析，优化决策并减少误差，从而发现潜在问题，评估学术进展，预测未来表现，具体的支持工具如 NVIVO、ATLASTI、CATPAC、LIWC、VINCA、UCINET、COORDINATOR 等[①]。另外，借助信息及思维可视化技术的支持表现为：用图表或立体影像展示复杂数据的技术，旨在快速轻松地识别事物的关联与模式[②]。由于学习者自身的知识结构和认知特征，以及思维的局限性，相较于教师决策更具有主观性、暂时性等特征，

---

① 魏顺平．学习分析技术：挖掘大数据时代下教育数据的价值［J］．现代教育技术，2013，23（2）：5－11.

② 2015－nmc－horizon－report－library－EN［EB/OL］（2015－02－08）https://www.ohiolink.edu/sites/ohiolink.edu/files/press/releases/2015/docs/2015－nmc－horizon－report－library－EN.pdf

因此，学习分析技术与信息及思维的可视化技术对于学习者做出客观、科学的教学决策至关重要。

总的来说，科学化决策离不开信息技术的支持，特别是基于数据的采集、处理、分析、可视化等相关技术，在这个过程中，数据可视化模块作为教师和学习者对数据及模型使用的最后环节，且相较于文本信息，人类更优先选择图表、文字云、思维导图等直观的视觉信息。教师和学习者应结合数据可视化技术，充分发挥可视化技术的价值，培养并提升自身的数据素养，力求做出科学化的决策。

第 4 章

高校创客教育的智慧学习环境设计

以智慧性为核心的学习环境研究，具有高度复杂性，需有适切的理论基础支持，遵循认知科学规律。正是智慧学习环境的新突起和高复杂，不仅决定了理论基础中融入新时代认知科学发展成果的重要性，而且决定了从多元理论视角下对环境进行设计的必要性。因此，对创客教育智慧学习环境研究进行精细设计具有重要意义。

设计模型是提出要素、梳理关系和反映机理的实果，是对复杂事物或过程的概括化。智慧学习环境设计模型的构建，抽取出核心要素、梳理要素间关系、反映其本质机理，促使环境紧紧围绕智慧性而表征出多样性、效能性和创造性。因此，智慧学习环境模型的设计，对学习环境研究者开拓环境设计视角、丰富设计模型和指导具体智慧学习环境构建具有关键作用。

4.1 要素分析

创客教育的智慧学习环境以培养学习者“技术智慧”和“创造智慧”这双重智慧的融合为目的，旨在通过给予满足学习者特定需要的理解，获得问题的解决方案，从而培养和提升学习者独立处理复杂问题的能力。

作为知晓知识、参与创新和获得智慧的学习场域，高校创客教育的智慧学习环境，需要紧紧围绕“智慧”，同时以嵌入其中的环境感知、云端服务、工具支持和系统融合为基本支撑，着眼于学习活动、演化资源、智能空间这三大要素，着力于对三大要素相互融合所表征的多样性、效能性和创造性进行设计，致力于实现智慧目标。如图4－1所示。

在图4－1中，学习活动、演化资源、智能空间作为创客教育的智慧学习环境设计与实施的三大核心要素，是创客教育智慧学习环境设计构建的主体。其中，学习活动作为创客教育成果与产品真正落地的必要凭借与依托，是深度化学习与连通性创新的总和；演化资源即进化的进化资源，作为个性化学习和多样化活动开展的必要支持，是自适应学习和泛在化学习的有力臂膀；智能空间作为数字化虚拟场景与实体物理空间自然融合的产物，则是多样化、情境性学习活动顺利开展与丰富性、多态性演化资源得以充分利用的智能化场景依托。

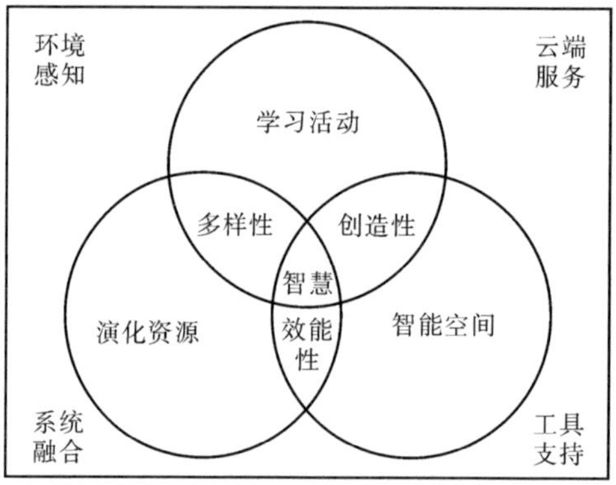

图 4－1　高校创客教育的智慧学习环境的设计

位于学习活动、演化资源、智能空间这三大核心要素四周的环境感知、云端服务、工具支持和系统融合，就像桌子的四条腿一样是智慧学习环境的重要支撑。其中，环境感知是智慧学习环境实时感知性与环境智慧性的重要体现，也是获得环境及学习者基本数据、建立学习者模型的基础；云端服务是资源融合性和服务定制性的重要依托，也是实现资源的快速存储、分享与获得的关键支撑；工具支持是交互多态性和知识情境性的重要凭借，是实现学习者之间观点碰撞、实时分享及切实体验的必要抓手；系统融合就像一个总的操控台，作为以上众多技术的控制中心，是创能发展性和决策科学性的重要支持，也是技术整合，追求智慧生成的必不可少的一环。环境感知、云端服务、工具支持和系统融合共同支撑，助力创客教育智慧学习环境的构建。

在环境感知、云端服务、工具支持及系统融合的大环境及其相关技术的共同支撑下，学习活动、演化资源、智能空间这三大核心要素两两相互融合，分别呈现出智慧学习环境设计的多样性、效用性、创造性表征，这三个目标与第 3 章所提到的智慧生成的三个目标层次：智学（多样性）—智睿（效用性）—智造（创造性）正好一一契合。

其中，多样性设计旨在使创客教育的智慧学习环境能够帮助创客等学习者更快、更好地获取数量更多、类型更丰富、适切性更高的资源、工具或信息，支持其多样化学习活动的开展，多样化演化资源的设计与创造，以及多样化学习活动的设计与开展，不仅能激发并维持学习者的学习兴趣与相应的学习行为，还有助于学习者体会到学习发生的多种可能方式，形成多视角看事物、多方面解决问题的思维习惯，即达到“智学”层次；效能性设计旨在使创客教育的智慧学习环境能够促进创客等学习者对复杂情境的理解程度，同时，在多样性设计的基础上，配合多样性资源、工具、信息及活动，多角度思考，多方面探究，从而找到以前存在困难或不能解决的问题的解决方案，即达到“智睿”层次；创造性设计旨在使创客教育的智慧学习环境能够帮助创客等学习者把预想、假设、试验、难以理解的情境觉察等的实现与强大的概念、流线型术语、注释、复杂的方法和功能强大的数字化工具等的运用达到一体化，即达到“智造”层次。最终，通过多样性、效能性、创造性的设计、逐步实施及融会贯通，实现真正智慧的生成。

总的来说，多样性设计，是学习者感知的多渠道和认知的多视角的重要保证；效能性设计，是学习者在高度代入感和情境化环境中的学习效果的重要保证；创造性设计，则是多维度挑战学习者大脑与心智，激发学习者学习创新力的重要保证。高校创客教育学习环境的智慧性设计，是在这三大设计有机耦合的基础上进一步升华的实果。

因此，多样性、效能性、创造性三大表征的设计，是高校创客教育智慧学习环境设计的核心所在。它关注学生大脑和心智的发展，而不仅仅是知识的习得；关注学生在身体与环境的互动中全面的发展，而不仅仅是概念的抽象建构；关注学生发展、学生学习过程和学习效果，而不仅仅是学生结业考试成绩①。

4.2 多样性设计

多样性设计是高校创客教育的智慧学习环境的智慧性设计的首要组成部分。高校创客教育智慧学习环境的多样性的设计主要包括对学习活动和演化资源这两大核心要素的设计。其中，多样性演化资源是丰富活动内容与学习方式的基础，而多样性学习活动又会增加学习资源的生成，多样性演化资源与多样性活动两者

① “不是知识，而是大脑”：以学生为中心的学习［EB/OL］．［2015－10－23］．http://chuansong.me/n/1837679.

相互依存，彼此促进，共同实现创客教育智慧学习环境的多样性设计目标。

4.2.1 多样性学习活动设计

1. 创客教育智慧学习活动的要素

创客教育的智慧学习活动是一个由多要素共同作用而构成的融合体，通过对活动整体进行深入拆解剖析，明晰活动的六大构成要素——技术、使能（enabling）、方式、过程、给养和成果，进而清楚活动各要素之间的联系，从而为创客教育智慧学习活动的设计提供清晰的逻辑思路，如图4－2所示。

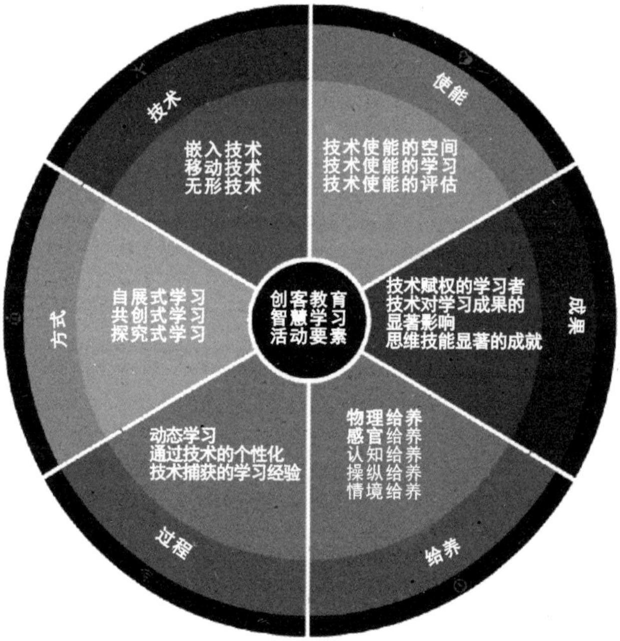

图4－2 创客教育的智慧学习活动

1）技术

技术是学习活动寻求创新的必然选择，也是创客教育智慧学习活动顺利开展的关键要素。在新时代，快速发展成熟的技术不再仅仅是学习活动中授递知识的工具，而是具备感知学习者基本信息、预测学习者学习需求、追踪活动开展路径、统计全过程动态数据、呈现分析报告及可视化功能的中介，具体包括嵌入技术、移动技术和无形技术。

常见的嵌入技术包含 DSP、ARM、单片机、FPGA 等，嵌入技术的核心是嵌入式系统。通常，嵌入式系统是一个控制程序存储在 ROM 中的嵌入式处理器控制板，因为大部分嵌入式系统是针对用户特定任务而定制的，所以有些嵌入式系统还包括操作系统。嵌入式系统在消费电子、电信设备、工业控制、汽车电子、医疗电子等领域广泛应用，在教育领域，由于嵌入式技术强调软硬件的结合，因此在环境建设方面有一定的应用，如基于云桌面的嵌入式技术实验环境建设的研究等①。

移动技术本身具有很广泛的定义与分类，如移动语音服务、无线电广播、蓝牙技术、GPS 等，此处的移动技术主要是指以智能手机、笔记本电脑等智能移动设备为载体，以互联网络为介质，教师能随时随地创建移动多媒体学习空间的移动智能工具。移动技术与互联网的融合为当前的教育带来了极大的变革，也为智慧学习空间的创建开辟了全新的视角。

无形技术也可以称为“软技术”，是与具有实体形态的“有形技术”相对而言的，即指不具有实体形态的技术，如虚拟场景中的数据、信息等技术，管理技术及组织活动的方法与手段等。智慧学习活动的成功开展，离不开有形技术与无形技术的共同作用，两者相辅相成，共同发展。因此，在研究、开发及引进有形的硬件设备等技术的同时，应注意相应的无形技术的研究与开发，让有形技术与无形技术两条腿共同走路，这样才能在更好地发挥其自身价值的基础上，产生一加一大于二的效果。

关于技术对学习的重要支撑作用，乔纳森等人也强调技术不应该仅仅作为传递的工具，而应该作为学习者思考和知识建构的促进者和帮助者，并将技术应用于学习的方式分为以下五种：一是技术作为智能知识建构的工具，用以表征学习者的观点、理解和信仰，以及帮助学习者智造结构化的多媒体知识库；二是技术作为探索知识的信息工具支撑学习者在建构中学习，用以访取需要的信息及比较观点、信仰和世界观；三是技术作为背景支撑做中学，用以描述、模拟有意义的

① 姚睿，崔江，周翟和，等．云桌面下嵌入式技术课程实验环境建设与教学模式探索［J］．实验技术与管理，2019，36（7）：50－53.

真实世界的问题与情境，出现他人的信仰、观点、意见和故事，以及定义一个安全的、可控的问题空间给学生思考；四是技术作为社会中介支撑在对话中的学习，用以与他人合作，在共同体的成员中讨论、辩论并达成一致意见，以及支撑知识构建共同体之间的对话；五是技术作为智能伙伴支撑在反思中学习，即帮助学习者清楚地表达并呈现他们所知道的，反思他们学会的及他们是怎样学会的，支撑学习者对意义的个人表述，以及支撑用心的思考。①

乔纳森等人关于技术对学习的作用的分析在智慧学习活动的设计与实施过程中具有重要的参考意义，教师可以依据活动内容及实际具备的技术基础与硬件设备基础，结合实际需要进行适当的选择与应用。

2）使能

使能是技术发挥作用的具体体现。创客教育智慧学习活动中的使能体现在技术使能的空间、技术使能的学习和技术使能的评估等各方面，主要表现为紧密耦合前沿技术到创客教育的智慧学习活动中，通过搭建技术赋能、使能的学习空间，使学习者利用技术进行扩展或增强自身能力的技术使能的学习，并基于合适技术进行技术使能的评估，以此来充分发挥技术的使能作用，从而帮助学习者将其创意想法逐渐实现“由不能变成可能，由小能变成大能”②。

首先，技术使能的空间是指以技术融合为支持的实体物理环境与虚拟环境的总和，智慧课堂、实境情境、未来空间站、学习讨论群及论坛等都属于技术使能的空间，其能够为学习者在活动中捕获新颖思维提供给养。其次，技术使能的学习是指学习者在技术使能的空间中通过使用合适技术、参与各种学习活动而获得的思维、经验、策略和行为的总和。另外，技术使能的评估是指对学习者参与的活动过程进行全方位的监控、数据的采集处理及评估，其结果是智慧学习活动过程中进行精准化的学习分析和科学化的教学决策必不可少的支持与依据。例如，通过数字徽章（digital badges）评估机制来追踪、捕获和可视化学习活动，在正式或非正式学习中全面考察学习者的学习能力，以做到科学评估③。

---

① 乔纳森，豪兰，摩尔，等. 学会用技术解决问题：一个建构主义者的视角. [M]. 2 版. 任友群，李妍，施彬飞，译. 北京：教育科学出版社，2017.

② 祝智庭，孙妍妍. 创客教育：信息技术使能的创新教育实践场 [J]. 中国电化教育，2015 (1)：14 - 21.

③ The NMC Horizon Report：2015 K - 12 Edition [EB/OL]. [2015 - 08 - 02]. http：//www. nmc. org.

3）方式

活动方式作为创客教育智慧学习活动的核心要素，直接关系到整个教育活动的方案设计，更影响学习者创造能力的生成。在技术使能的学习空间的支撑下，此处将创客教育智慧学习环境中的活动方式分为自主式、路演式、共创式和探究式四种。

自主式是指学习者以“终身学习和创造性学习”为目标，以技术使能的空间为外部条件，根据自己的兴趣爱好及需求，自发性地开展学习活动，主要表现为学习者积极主动地去实现自定目标，并在实现自定目标的同时实现个人学习的自我发展，从而提高自身的创新思维与反思能力。

路演式是指学习者通过 QQ、微信、视频、音频、白板等线上群享工具或线下公共活动区间进行项目宣讲、产品演示、想法理念推介等手段展开学习。路演式学习活动注重介绍分享，但分享介绍的前提是讲演者自身十分精通，同时，无论是线上还是线下，都需要一定的社交媒体等宣传平台。

共创式是指从“学习即社会建构”的视角出发，以学习者为中心，强调学习活动的互动性和实践性，以团队或小组为单位来解决生活中的实际问题，团队或小组成员共同参与问题的解决过程，共同创造解决问题的新思路。共创式的学习活动能够满足学习者合作互动的需求，促进学习者积极参与活动，同时提高学习成就感。共创式强调团队成员的集体努力，术业有专攻，通过头脑风暴等集思广益，大家提出各自的问题，一起分析交流，一起寻找解决方案，并在这个过程中逐渐建立起学习上和精神上的双重联系，在获得知识技能的同时，养成强烈的团队意识。

探究式是指学习者结合技术工具，在连通早前捕获的学习经验与当前感知的信息时，对不确定领域进行持续性探索的活动方式。探究式学习活动通常是围绕一个既定问题，先吸引学习者的兴趣，然后结合角色扮演等给不同学习者分配不同的身份，增强学习者的代入感和责任感，在保持探究热情的情况下，达到掌握知识、培养能力等目的。

不同方式的创客活动适合不同主题及内容的学习，但创客教育的智慧学习活动并不是单一方式的运用，而是“多元化、信息化和个性化”① 方式的整合，如复杂性“实境任务设计项目”② 等，通过多种活动方式的自由组合，有利于个体进行深度学习和创造性学习，从而促进学习者的全面发展。

---

① 李本友，李红恩，余宏亮．学生学习方式转变的影响因素、途径与发展趋势［J］．教育研究，2012，33（2）：122 –128.

② 黄林凯，钟志贤，高燕，等．技术的教育运用：促进教学方法与学习评价创新：谈国际知名教育技术学者 Thomas C. Reeves 教授［J］．中国电化教育，2015（6）：1 –6.

4）过程

过程是对学习活动整体概念的表述，在技术使能的创新教育智慧学习环境中，学习活动是一个动态变化的、个性化的学习过程，表现出技术的支持性、方式的多元性、思维的高阶性和过程的灵活性等特征。

首先，动态变化的学习过程是指整个活动过程不是预设的，不是完全按照预先的计划一成不变地执行的，而是在预先设计的基础上，根据活动过程中学习者的即时反应，针对学习者需求及技术使能的评估结果，实时动态调整、改变活动策略，把控学习行为指向，直到目标的成功实现。

其次，个性化的学习过程是指在智能技术的支持下，学习系统依据学习者模型中学习者的学习状态、学习层次的分布等信息，为每个学习者智能推送个性化资源，如智能信息、工程项目、问题、案例、虚拟仿真动画等，以满足学习者个性化的学习需求，从而达到个性化学习的目标；同时，技术捕获的学习经验则是指学习者在参与任务模拟训练、竞争益智、问题传递、问题抢答、拍摄反馈、合作探究等学习活动的过程中，通过运用移动智能终端、3D 打印机和增强现实工具等技术设备，获得技术捕获的知识、方法、策略和技能的综合体。

5）给养

给养（affordance）是指学习环境中的实体所具备的支持学习者特定类型的感知和行为可能性的属性，它揭示了有机体和环境之间的交互决定方式。① 给养可以分为物理给养、感官给养、认知给养、操纵给养和情境给养②五种，为学习者在智慧与创造的学习活动中进行灵活化、情境化学习提供必要支持。

其中，物理给养是指在使用工具时用以支持学习者的身体动作；感官给养是指通过文字、语音、图片、视频等交互方式支持学习者眼、耳、舌、肌肤等感官；认知给养是指通过设计工具以帮助学习者对物体进行认知，以及理解事物组织方式；操纵给养指通过设计工具内部执行结构以支持学习者对工具的操控；情境给养则指依据体验学习理念设计出更加人本化工具，使用这些工具为学习者提供知识学习的情境，便于学习者形成知识学习网络。

---

① 李彤彤，武法提．网络学习环境的给养分析与具体化描述［J］．现代远程教育研究，2016（5）：39－49.

② 贺斌，祝智庭．学习环境给养设计研究透视［J］．电化教育研究，2012，33（11）：30－38.

总的来说，不同活动目的的实现需要不同给养的提供，因此，在创客教育的智慧学习活动中，要根据具体活动的要求，学习者的实际需要，利用知识即时共享、数据可视化呈现技术，智能导学、实时反馈及反思系统，思维导图、知识图谱等认知工具，以及多样化技术工具为学习者提供适切性给养。

6）成果

成果是创客教育的智慧学习活动目标最终达成的状态，是技术、使能、方式、过程和给养五要素适切配合与深度融合的结果。成果是创客教育的关键组成部分，根据学习成果的分类，可将创客教育分为三个不同尺度：以可视化的作品为学习成果的广义创客教育，以微创新的可视化作品为学习成果的中义创客教育，以微创新的物化数字作品的狭义创客教育。①

在创客教育的智慧学习环境中，学习者在技术搭建的空间中主动参与活动，灵活地转变思维方式，拓展学习机会，支持个人学习计划，访问全球连通的学习资源，改变行为模式，获得技术捕获的经验，成为技术赋权的学习主体。同时，无意识的技术应用，能够促进信息的流动与知识的转移，促使学习者进行全新的学习体验，提高学习者的学习能力，对学习成果方面具有显著影响。显然，在这个技术融合的世界中，学习者被赋予了创造性发挥新思维、新想法的权利，能够在创客教育的智慧学习活动中逐渐成为具有智慧的人，知道如何用新思维、新方法和新技术解决新问题。

创客教育活动的开展通常是以项目为基本依托的，注重创造产品的过程与方法，比较侧重于学习者通过软硬件技术的运用，将自己的创意想法付诸实践，从而产生可视化的学习成果，可视化的学习成果常被看作创客教育是否成功的关键。

2. 学习活动的多样性设计

面对数据超额生成、信息量过载的当代社会，如何变革学习者学习与认知的

① 钟柏昌. 创客教育究竟是什么：从政策文本、学术观点到狭义创客教育定义［J］. 电化教育研究，2019，40（5）：5－11.

方式以适应学习环境的变化，最终落脚点在于对学习成效有直接影响的学习活动上，因而学习活动的设计是决定创客教育智慧学习环境设计成败的核心要素，活动设计的得当与否直接关乎智慧学习环境构筑的成效。

诚如前文提到的，智慧学习活动具有技术、使能、方式、过程、给养、成果六大要素，六大要素彼此相关，互为支撑。因此，创客教育智慧学习活动的多样性设计应紧紧围绕这六大要素，特别是技术、使能、方式与给养，通过多种技术、多种资源的使用，实现并丰富学习活动的多样性设计。

创客教育的智慧学习环境所蕴含的学习活动，以智慧性为核心，以感知学习需求和连通外在信息源为前提条件，以培养学习者复杂思维与智慧为非预设性目标，以多元化、可视化、智能化的学习评价为支撑，是学习者利用情境泛在的活动内容，采用多样化的深度学习活动的总和。

创客教育智慧学习环境中的学习活动应该是深度学习活动，即指通过运用创新方式将丰富的核心内容“传递”（不是指学习者被动地接受知识，而是指教师对学习者学习的指导与启迪）给学生，激发学生学习的主动性，促使学习者应用所学知识与技能解决真实问题的活动，以获得“批判思维、沟通交流、内容知识、学会如何学习”（Hewlett Foundation）①，主要包括基于项目的学习、基于问题的学习、基于探究的学习、基于主题的学习等积极参与式的学习活动②。

基于项目的学习活动强调通过实践获得真知，美国巴克教育研究所认为“基于项目的学习是指让学生通过对复杂、真实问题的探究过程，通过精心设计项目作品、规划和实施项目任务，掌握所需知识和技能的一整套系统的教学方法”③，这里的项目是指复杂的且具有挑战性的任务，通常是学科内容与真实工作等的连接，便于学习者通过项目完成过程来熟悉真实的工作程序并完成工作目标。创客教育、STEAM 教育等通常会设计并采用基于项目的活动，通过学习者切身参与到一个项目完成的完整过程，拉近理论学习与生活实际之间的距离，为完成项目而不断经历思考与尝试，从而在项目完成的过程中培养与发展学习者的发散思维、批判性思维和创新创造能力。

---

① VANDER，SCHNEIDER C. What information should show up day one with students ［EB/OL］（2012－09－02）. http://gettingsmart. com/2012/09/what－information－should－show－up－day－one－with－students/.

② The NMC Horizon Report：2015 K－12 Edition ［EB/OL］. ［2015－08－02］. http：//www. nmc. org/.

③ 薛红霞. PBL 下数学项目化实验教材的编写与实践［J］. 教育理论与实践，2016，36（8）：42－44.

基于问题的学习活动主要用于非良构问题的解决，早期是美国的医学教授结合真实病人遇到的情况，形成一个诊断问题给学生，然后在教授的指导下，学生对诊断问题提出假设，再通过进一步检测搜集病人相关数据来验证假设。① 该学习活动旨在让学生在真实问题情境中思考解决办法，此处的问题通常是由教师提出的非良构性问题。

基于探究的学习活动主要分为自主探究学习和合作探究学习两种，探究性学习是指学生通过类似于科学家探究活动的方式获取科学知识，并在该过程中，学会科学的方法、技能和思维方式，形成科学观点和科学精神。我们常说的探究性学习是教师通过探究活动的开展，让学习者在实际发现、分析及解决问题的过程中掌握知识和提升各方面的能力的过程。探究性学习更加重视学生发现问题、分析问题和解决问题的能力。

基于主题的学习活动强调学习的内在逻辑性，其中“主题”通常是指依据知识的内在逻辑和生活逻辑整合起来的话题，基于主题的学习活动变现为基于话题或问题，以学生的已有经验与生活实际为基础，内容通常是整合式的，涉及之前学习内容与现在学习内容的重组，有助于学生知识系统的形成。

这四种类型的学习活动都是以学习者为中心，都遵从“学生主体－教师主导”的教学模式，主张学习者主动性的发挥、主体性的体现，其中基于项目的学习和基于问题的学习应用更广泛。相比较而言，基于问题的学习大多运用于医学、法律、经济和心理学等社会学科，而基于项目的学习则多用于计算机科学和工程学等学科，近年来盛行的关于STEM/STEAM/创客教育等的研究中，也大多数是以基于项目的学习形式来开展活动。②

基于创客教育智慧学习环境下要开展多样化的深度学习活动。首先，最初的问题来源于真实生活之中，每位学习者的生活方式不同，因而对统一问题每个人会有不同的视角，会形成不同的认识和看法，大家各抒己见，这就有利于学习者彼此批判性地看待问题，在社交媒体等交互设备的支持下，高效地与同伴沟通；其次，来源于真实情境中的问题通常是跨学科的问题，因此这有利于学习者在掌

---

① BARROWS H S，TAMBLYN R M. The portable patient problem pack：a problem-based learning unit［J］. Journal of medical education，1977，52（12）.

② 董艳，孙巍. 促进跨学科学习的产生式学习（DoPBL）模式研究：基于问题式PBL和项目式PBL的整合视角［J］. 远程教育杂志，2019，37（2）：81－89.

握专业核心知识的同时了解与之相关联的其他跨学科领域的知识与发展情况，以及掌握多种学习的方法与技术；最后，学习者将所学、所知、所思、所想与真实问题联系起来，并用以解决问题，这有利于学习者养成发现问题、思考问题、解决问题的意识，以及更为灵活地运用知识，敏捷地迁移技能，科学地创新事物。

4.2.2 多样性演化资源设计

在创客教育智慧学习环境的活动中，无论是活动内容的智慧性学习，还是活动方式的多样化开展，都需要丰富学习资源的支持。而演化资源作为学习资源的高端形态，是进化的进化资源，因此，明晰演化资源的具体进化形态，并依其设计多样化的丰富资源，对活化学习体验及开展智慧活动至关重要。

1. 演化资源进化形态

演化资源，是指进化的进化资源，是在连通和泛在的环境中处于动态和不断演化的学习资源，从静态的材料数字型、自展型、媒体微型的基础的学习资源，不断演化为信息立体化、自创+共创、任务关联化、情境自适应，以及持续进化的创客教育的学习资源。该资源可以划分为三个层级——初级资源、次生资源和创生资源。其中，非技术性的投入越少，人与群体的智力投入越多，则演化资源层级越高。

初级资源是次生资源与创生资源的基础，主要是指未经过处理、未经关联的、原始的数据信息。初级资源通常是通过仪器记录、智能设备跟踪、个体观察等方式获得的能够表征事物变化，真实地反映客观实在现象的资源，具有低关联、多碎片、弱聚焦的特征。随着云计算、互联网络和大数据技术的快速发展及传感器、自动感知设备、移动终端等硬件设备的支持，对学习者动态的学习全过程的数据采集得以实现，特别是在互联网技术和移动智能设备等的强大作用下，可以突破时空的限制，时刻获得学习者的各类数据，这在极大程度上丰富了初级资源。当然，除了对学习者基本学习行为等非结构化数据的采集，随着虚拟现实技术、增强现实技术的发展，虚拟场景的构建、虚拟物体的建模等也产生了大量的多样化资源，例如，立体仿真资源、实时感知数据等。

次生资源是对初级资源的处理、剖析、关联、思考、解释与协调整合，其强调对于事物内在发展规律的揭示，以及数据信息的可视化呈现，通常以形象化、关联性的可视化形式存在。次生资源主要是对初级资源的直接精简、重新组合、可视化呈现等，主要表现为借助各类处理分析工具，对初级资源进行加工处理，通过剖析其内在联系，连通断裂的相关数据，结合生成数据所暗藏的原理与模型、追寻其所蕴含的意义或文化，达到可视化展示初级资源的内在关联及预测事物发展的目的。

创生资源则是对次生资源的升华与再创，是资源开发者经过顿悟而创新的实果，也是方法与策略的集合，更是个人经验与集体智慧的融合。它是次生资源的升华，同时又可利用相应策略来指导初级资源的生成和次生资源的整合。演化资源层级如图 4 – 3 所示。

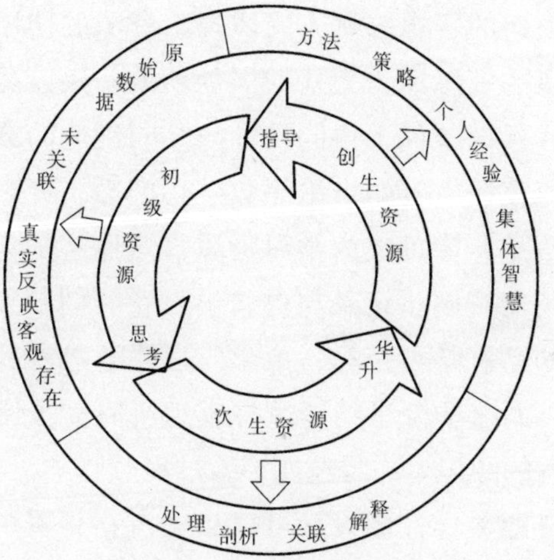

图 4 – 3　演化资源层级

2. 演化资源多样性设计

创客教育的智慧学习环境，是一个动态的学习场景，是一个为学习者提供创新可能、多样化选择的智能场域。与此同时，智慧学习环境的变革进程应是一个不断进化的、递归发展的多线程过程。在进化及递归发展的过程中需要融入新元素，注入新动力，如“变化发生方式的变化”的新技术元素①。这些新技术元素将催生创客教

① 凯利．技术元素［M］．张行舟，余倩，等译．北京：电子工业出版社，2012．

育时代新的学习方式，发展出发挥个人与集体智慧的创新形态的新导向。

演化资源的多样性主要通过以下两个方面来实现：一方面是在资源创造和再创造的过程中展示其自然性与去中心化。在新的创新时代，互联网络及开源软件的普及应用使任何使用者都可以对资源不断进行整合、重组与再创造，这就意味着人人都可以成为资源使用者的同时，也都可以成为资源的创造者与提供者。学习者可借助移动智能终端，将活动经验等隐性知识转化为文本、图片、视频等显性资源，将自然发生状态下操作的现象、工作流程、活动过程等图像化或视频化的实用资源传播于社会网络上，这些都表现了演化资源的自然性特征；同时，学习者也可以根据自己的实际需求，随时随地地搜寻自己所需的各类资源，如果觉得这些资源不太好，也可以自己再重新设计制作并上传分享，这表现出了演化资源的去中心化特征。全新的资源分享方式体现出资源的使用与创造已突破时空与阶级的界限，越来越多的资源成为大众共同创新的实果。另一方面，演化资源的多样性，是学习者在非预设条件下协同设计与共同创造的成果。学习者针对课题的在线研讨、项目的探究、内容的辩论等数字化内容，针对主题的协同写作、概念的共同完善等在线信息，皆可成为学习资源，而且这是集体智慧的结晶。各类智慧教学系统等的应用支持同步记录与更新学习者的创新想法及假设，系统支持学习者一键保存自己的已有学习及思考成果，只要学习者具备高价值的知识或技能，皆可分享与传播，而这些分享的智慧将成为所需资源使用者的各种支架式信息，帮助相应的使用者的知识生成与技能训练过程。

综上，对于演化资源多样性的设计可以从“泛在、智辩、分形、递归”四个维度展开，如图 4－4 所示。

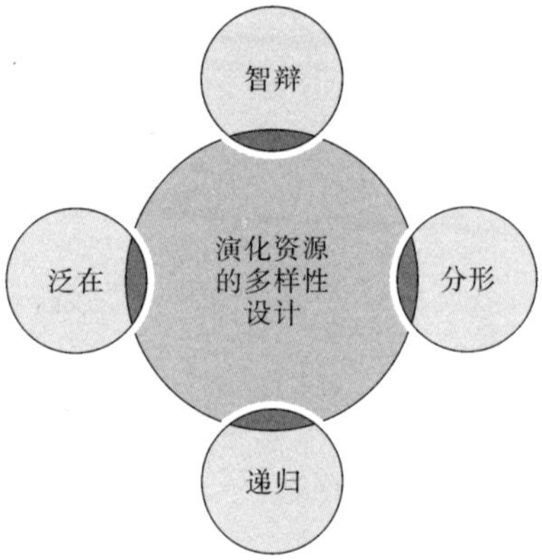

图 4－4　演化资源的多样性设计

1）泛在

无处不在的多样化资源，既是演化资源的内在特征，也是学习者对智慧学习环境的强烈要求。随着终身学习、碎片化学习理念的推广，大家希望也需要随时随地获得各类知识、资源，因此，泛在维度的演化资源的设计是对当前资源的关键设计，泛在的实现不仅需要云计算及云存储技术的支持，保障众多演化资源的存储，而且需要互联网技术的支持，保障分散演化资源的共享。此外，由于泛在演化资源的存储及共享都是基于云及互联网络进行存储和传输的，因此考虑到存储及传输的便捷性，多样化的演化资源的设计应尽量精简，在保证质量的前提下尽可能缩小其所需存储空间。同时，设计泛在的资源应依托群体，展现集体智慧，创造共建共享的知识。

2）智辩

智辩是指通过提供极具思考性与挑战性的问题，为学习者创造“越辩越明”的多样化资源。只有身处智辩的多样化资源中，才能为学习者智慧的生成、创造力的发挥提供可能。智辩演化资源的设计需要从不同角度、不同视角出发，因此需要跨学科人才的参与，这为学习者全面地、多角度地看待问题提供了支持，只有对问题的不同方面都明晰了，才能够辩证地看待问题，从而形成客观的认识与观点，这也是“越辩越明”的必要支撑。

3）分形

分形是指事物并非仅仅处于二维或三维的空间中，而是处于一种更为复杂的、非线性的状态，并且这才是一种真实的自然状态。根据分形理论，演化资源的设计应该考虑到使演化资源尽可能自然地表征真实的、复杂的各类问题，促使学习者感知事物的自然存在，而非人为抽象出来的模型。分形演化资源的设计应尽可能在日常生活经验的基础上演化提升，抽象概括，但同时应保持其与自然生活的关联性，帮助学习者快速地建立与生活的联系，而不再是孤立的二维或三维存在。

4）递归

明晰演化资源从初级到次生，再到创生阶段的演化过程，初级资源为次生资源提供思考依据及必要支持，次生资源是初级资源的加工进化形态，又为创生资源的产生提供必要支持，创生资源是次生资源的升华与再创，同时又为初级资源的搜集提供指导，间接影响次生资源的设计与开发，三个层次资源的相互影响、递归发展，说明了资源只有处于不断流通的、动态的、智慧共建共享的递归式的进化过程中，才能使知识不断增值，才能使知识成为持续的、活的知识。

4.3 效能性设计

多样性智慧学习环境为教师及学习者提供更多的选择，但仅仅具有多样性是不够的，智慧学习环境的存在就是为了能给学习者提供智能支撑，通过给学生提供丰富的学习资源及简单友好易用的技术工具，帮助学习者更好地进行学习与创新创造，因此智慧学习环境是否能真正地给学习者提供其所需要的支持，即智慧学习环境是否具有实际效用性，是高校创客教育智慧学习环境设计的关键所在。

智慧学习环境效能性的设计需要在明晰学习者的基本信息的基础上，结合一定的教育学、心理学等相关知识，特别是学习科学的相关研究，关注学习者认知过程的发展及学习风格的形成等，从而结合其特征给予适当的学习资源，设计适切性的学习活动，在智能空间及技术工具的支持下，帮助学习者更好地学习。其中，学习科学是国际上近30年发展起来的一个跨学科的研究领域，涉及教育学、信息科学、认知科学、脑科学、生物科学等重要学科。学习科学研究的目标，首先是为了更好地理解认知过程和社会化过程，以产生最有效的学习，其次便是为了用学习科学的知识来重新设计课堂和其他学习环境及用到的认知工具，从而使学习者能够更有效和更深入地进行学习，简单地说，学习科学就是专门研究“人究竟是怎么学习的，怎样才能促进有效地学习”这一根本问题的。[①] 可以看出，学习科学的研究目标，正是智慧学习环境发挥作用及实现价值的重要考量，因此，

① 尚俊杰，庄绍勇，陈高伟. 学习科学：推动教育的深层变革［J］. 中国电化教育，2015（1）：6－13.

结合学习科学相关研究作为智慧学习环境的效用性设计的支撑，是十分有道理且十分必要的。

实际上，当前学习科学对于智慧学习环境效用性特征的实现具有强大的支撑作用。因为学习科学在自身发展的过程中，在研究内容上，从只关注个体内部认知结构的心理状态，逐步拓展为结合真实情境的认知研究，如开始研究真实情境等环境因素对学习的影响等；同时，在研究方法上，从关注宏观的、可见的行为表现，如通过视频分析、语音分析等研究学生的行为学习情况，逐步拓展到微观的、肉眼不可见的行为变化，如应用大脑成像、眼动追踪、心率等技术测量大脑的真实生理变化。因此，学习科学的相关研究使教师、学习者及教育相关研究者能够从生理学与心理学双重角度分析学习者的真实学习表现，这也为我们当前智能空间中的众多智能分析、智能推荐等提供了理论依据。

创客教育智慧学习环境效能性的设计主要包括对高效能的演化资源的设计、高效能的智能空间的设计及高效能的学习活动的设计三大部分。其中，高效能的演化资源，既是智能空间自然融合数字影像信息和实体空间的基础，又是智慧学习活动开展的必备支持，也是高校创客教育智慧学习环境的内在要求；而智能空间的效能性设计又为演化资源的升级及更好地支持学习变革提供关联化的情境依托，为智慧学习活动的开展提供全新的活动场域；最后，智慧学习活动作为实现教学目标的必要凭借，其效能性的实现离不开高效能的演化资源和高效能的智能空间的共同作用，同时，经过验证的高效能学习活动的成功开展，为演化资源和智能空间的进一步改善及优化提供事实依据。因此，效能性设计是学习环境智慧性设计的关键部分。

4. 3. 1 高效能演化资源设计

1. 高效能演化资源的特征

创客教育智慧学习环境中演化资源的高效能特征可以从两个方面来体现：一是情境性与高度代入感；二是高度聚合与支持性学习策略的获得。

首先，情境性与高度代入感是智慧学习环境高效能演化资源的一方面体现。其中，情境性意味着空间中的演化资源能自动地去匹配、适应学习者的位置移动、学习路径、学习偏好和动态活动，并结合学习科学的研究及技术的支持，为学习者提供适切性资源、情境性帮助和及时反馈，这对于正式学习与非正式学习都极为关键。

由于知晓知识的过程就是理解知识在不同情境中的表现与运用，因而作为学习知识的物质基础的演化资源，同样应支持知识获得的过程，这就要求应该根据学习者的特征及实际情况，对动态变化的学习者需求提供情境化与高效能的资源。其实真实情境化学习的典型表现大家应该都不陌生，在移动设备及互联网络普及应用之前，校园中的树木等大型植物上通常挂有一个小小的牌子，上面写着该植物的名称等关于该植物的基本信息，不过信息量很少；随着移动设备及互联网络的普及，小牌子上面逐渐多了二维码，大家通过扫一扫该二维码就可以立即获得关于该植物的详细网页信息，如文本、图片甚至相似植物的照片对比等；而现在，随着图像识别技术的发展成熟，我们不再需要二维码之类的辅助，直接通过对该植物叶子等的拍照识图功能就能够查到绝大多数植物的详细信息。因此，智慧学习环境也随之突破课堂教学环境的局限性，由狭窄的教室拓展到广阔的户外。

真实情境化学习环境固然有利于学习者的感受与学习，但许多知识的真实情境化环境并不容易获得，因此，随着虚拟现实技术与增强现实技术的发展，使得智慧学习环境由线下拓展到线上、线下相结合，越来越多虚拟场景的构建，为情境化学习提供了巨大的资源支持，主要表现为学习者可利用智能手机、穿戴设备、透视显示器等移动智能装置，利用融入增强现实技术而展现的叠加在真实物体上的影像信息，以加深学习者对事物的理解①。例如，学习者可利用“移动性透明显示屏”在户外探究性学习植物的类型、特征和品种，针对感兴趣的植被只需要扫描一下，显示屏上则展现立体的植物生长过程、可视化养分分析、图像化的植被特征对比等信息。

具有高度代入感的演化资源，能使学习者随着资源脉络、场景及内容情节的发展走向产生相应的情绪、情感变化，使学习者能够身临其境般感知内容，从而使学习者产生高度认同感，并生成积极的活动体验，这使得促进学习者对知识的深度理解和灵活运用及提升学习效果具有强大的积极意义。

---

① See - through display [EB/OL] (2015 - 09 - 28). https://en. wikipedia. org/wiki/See - through_display. html.

说起高度代入感，就不得不提游戏的设计与开发，虚拟现实、增强现实技术重要的应用之一就是游戏。当前，许多游戏中场景、任务、道具、交互等的设计越来越精细，使许多游戏玩家沉迷其中，甚至玩得根本停不下来。如果教育界也能通过教育游戏或虚实结合情境化学习资源的设计使学习者产生“学得停不下来”的感觉，那才是虚拟现实与增强现实在教育界充分发挥价值的表现。

结合当前虚拟现实技术和增强现实技术的应用现状，学习者通过佩戴特殊的眼镜、耳机甚至穿戴相应的衣服、手套等智能感知设备，能在视觉、听觉、触觉等多种感官体验的基础上实现与虚拟场景之间的多种交互，而且，佩戴上此类设备之后学习者更容易沉浸在其学习世界中，也会减少与其他学习者之间不必要的交谈，这在某种程度上不仅能够提高学习者的学习兴趣与积极性，而且可以提升学习者的活动参与度与体验感。

其次，高度聚合与支持学习策略的获得是高效能演化资源的另一方面展现。演化资源并不是一个个孤立的知识单元，而是具有高度关联的知识整体系统，以促进学习者学习为目的，为学习者提供优质资源。不得不说，随着互联网技术的快速发展，在当前知识经济时代，超链接等相关技术的实现，使人们将以往单一的线性思维转化为广泛互联的网状思维，因此，从某种意义上来说，新的技术形态不仅改变了人们的生产生活方式，也改变了人们的思考及学习方式。人们不再强求把一切知识刻录一般地复制转存到自己的大脑中，相较而言，“知道在哪里”找到知识、“知道怎样改变”“知道成为”比知道知识本身更重要[①]。因此，演化资源应根据本体而关联一切可关联的、有价值的信息源，如专家、学者、研究实果、图像视频、网站网址等，方便潜在使用者的一键获取。

同时，相关资源的设计与开发者及使用者都应该结合自身需要，在初级资源及次生资源的基础上，通过感知情境、理解主题和意义建构而主动进行资源聚合，形成动态树状或网状的组织资源，为再次使用者更快更方便地使用提供实际便利，从而实现支持富有策略的学习，并以此来降低资源使用者的认知负荷，提升资源使用者的认知建构系统性，进而提高学习效率。例如，可利用图 4 – 5 所示的 InstaGrok[②] 等网站，动态关联资源。

---

① 西蒙斯. 网络时代的知识和学习：走向连通［M］. 詹青龙，译. 上海：华东师范大学出版社，2009.

② 黄荣怀，杨俊锋，胡永斌. 从数字学习环境到智慧学习环境：学习环境的变革与趋势［J］. 开放教育研究，2012，18（1）：75 – 84.

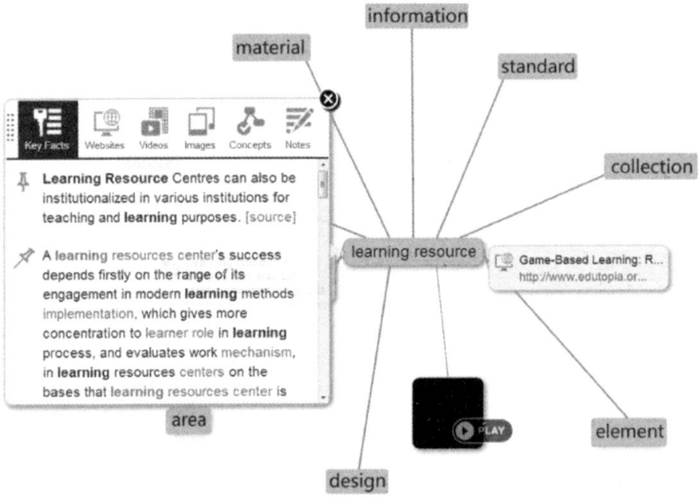

图 4－5　在 InstaGrok 网站搜索学习资源

2. 高效能演化资源的设计

首先，情境性与高度代入感的演化资源的设计与开发离不开虚拟现实、增强现实等技术及硬件设备的支持。虚拟场景及虚实结合环境的构建，基本表现为结合实际场景中的相关基本信息，通过 3DS Max 等软件创建虚拟场景及环境中的相应模型，然后结合 Unity 等功能软件在虚拟场景中添加适当交互设计，最终，学习者通过 3D 眼镜、头戴式设备等加以应用。情境性得以实现的同时，高度代入感的演化资源的设计还需要从学生的视角出发，结合学习者的实际生活圈、可能的兴趣范围、期待的新鲜经历等，便于学习者对情境产生认同感，从而假设自己真的置身于该情境，进而产生高度代入感。

其次，高度聚合与支持学习策略获得的演化资源的设计与开发“知识网络”离不开超链接技术的支持与思维导图等认知工具的应用。互联网思维使我们将以往单一的线性思维转化为广泛互联的网状思维，这在给我们的搜索带来极大便捷的同时，也改变了我们的思考与学习方式，通过网状化知识网络的形成与应用，我们不必再按照由简单到复杂的单一线性化顺序进行学习，而是可以结合某个知识点的相关知识网络，一次性将相关联的知识一网打尽，而且在相关知识网络的学习过程中，极有可能会与之前已有知识经验建立起连接，这又会使两方面知识得到再一次深化。

此外，在互联网技术及移动智能终端急速发展的今天，作为演化资源的使用主体，绝大多数的学习者会利用零散时间进行碎片化的泛在学习，因此，作为快速获得所需要知识的重要资源之一——碎片化学习资源，其设计与管理也必须引起足够的关注。碎片化学习资源的四大主要使用场景分别为移动与泛在学习、社交化学习、情境化学习和创作中学习。① 根据其应用场景及基本特征，碎片化学习资源在具有易于快速获取优势的同时，还存在资源琐碎零散、关联性差等突出问题，因此在碎片化资源的设计过程中，一定要将碎片化的知识与系统化思维结合起来，尽可能地提高碎片化资源的系统性。在碎片化资源的管理方面，魏雪峰等研究者也提出了“化零为整，重塑个人知识体系；随身而行，建立可移动的个人知识库；提高效率，强化碎片化时间管理能力”的碎片化资源管理体系。同时，碎片化学习的普及，给资源设计者带来的一大挑战是需要一瞬间吸引学习者的眼球，抓住学习者的兴趣点，这就要求资源设计者充分应用可视化技术，将资源以可视化的方式呈现，节省学习者时间的同时尽可能完整化地呈现。

4.3.2 高效能智能空间设计

作为数字化信息与实体物理空间自然融合的产物，智能空间已不仅仅是将学习者带入一个已经构建良好的增强现实空间，而是将传感器、RFID、超微计算机等智能系统嵌入到学习者生活与学习的实体空间中。同时，在泛在网络覆盖下，通过与演化资源的整合，以实时感知、自动识别等智能设备和移动互动终端等为中介，为学习者呈现立体化数字信息或图像，打造高效适切的学习创造空间，凸显创客教育可持续发展的智慧学习环境的效能性。

智能空间是“以基础设施或环境为对象，通过嵌入传感系统、微型计算机、通信工具等系统，构建允许人们通过手势、声音、行为与空间设施进行高度互动的学习空间”②。它经历了“独立的智能空间、开放的智能空间、智能社区（smart

---

① 魏雪峰，杨现民，张玉梅. 移动互联时代碎片化学习资源的适用场景与高效管理［J］. 中国电化教育，2017（5）：117－122.

② Intelligent environment［EB/OL］（2015－8－29）. http://wikipedia.org/wiki/Intelligent environment.html.

community，SC）”[①] 三个发展阶段，从最初孤立空间内的智能化研究到移动智能设备的融合研究，再到目前由单个空间互连而构筑成的智能社区，打破了对学习者的层级划分，成为了人人皆可参与的、互通的、创造性的、全方位的学习空间，提高演化资源的利用效能，保障了学习者的学习质量。

智能空间通过视觉感知技术、声音感知技术和各项参数精细感知技术等，实时监控空间内人与物的位置与活动，并为学习者提供视觉、音频和场景的反馈，有利于将智能设备通过监测和感知收集到的数据在可视化分析后展现出来，以做出科学决策；有利于学习者通过使用关系概念图、网络地图等方式高效地展示创新想法，便于交流学习；有利于与连通的学者、教师、校外专家、项目爱好者等一起进行创造性学习。空间中的智能设备嵌入到学习者生活与学习实体空间中，与学习空间进行自然融合。在这种实时感知与高度互动的学习空间中，学习者不仅仅是通过大脑学习概念，更是在身体与物体互动的过程中增强对知识与技能的高效能学习，如图4－6所示。

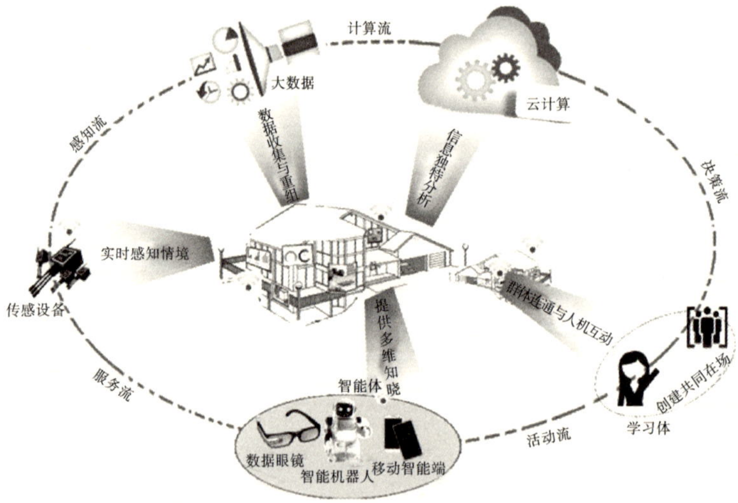

图4－6　创客教育的智能空间

① 薛英花．智能空间中基于多模式信息获取的物品定位与物品管理［D］．济南：山东大学，2011.

4.3.3 高效能学习活动设计

作为智慧学习环境智慧性得以体现的必要介质，学习活动的效能性设计必不可少。创客教育的智慧学习环境所蕴含的学习活动，以智慧为核心，以感知学习需求和连通外在信息源为前提条件，以多元化、可视化、智能化的学习评价为支撑，是学习者利用情境泛在的活动内容，采用多样化的深度学习活动和创造性学习活动的总和。高效能的智慧学习活动应该包含以下三个方面的设计：一是贴近生活；二是增强交互；三是注重反思。三者相互影响，互为补充，共同促进。

首先，贴近生活的学习活动与情境化的演化资源是相辅相成的。贴近生活的学习活动，在情境化学习资源及智能空间的支撑下，能够最大化地吸引学习者参与活动的兴趣，同时，生活化的学习活动能使学习者认识到学习并不是与生活割裂的，也不是许多莫名知识点的简单堆砌，而是与日常生活息息相关、在真实生活中有实际用途的。生活化学习活动的设计，有助于学习者深入理解知识的来源与内涵，并灵活运用。

其次，增强交互的学习活动是提升学习者学习体验的关键。学习者都希望自己能够被别人关注，无论是其他学习者还是教师，而增强交互是满足学习者基本的被关注的需求得到满足。特别是在智慧学习环境中，分布式存在的学习者，大部分并不在同一物理空间，此时，不同学习者点对点的连接就变得十分必要，一旦某位学习者感觉不到足够的交互，自己的提问、交谈等未得到快速的回复，这会在很大程度上降低学习者继续参与活动的积极性。因此，实时交互的增强，有助于维持学习者参与学习活动的积极性，从而提升学习者参与活动的积极体验。

最后，注重反思的智慧学习是高效能活动必不可少的特征。由于学习的动态生成性，学习过程通常不会跟教师课前预设的完全一样，因此教师及学习者对学习过程的反思就显得极为重要。每次学习后大家都根据自己对学习过程的感受进行反思，教师及时整合汇总学习者反思中的问题，并与自身的反思进行对比，分别从学习者和教师的视角进行分析，有助于教师客观地看待教学过程与效果，同时不同学习者与教师共同反思能比较全方位、多角度地显示课堂过程中可能存在的问题，从而为之后学习活动的开展提供指导借鉴，因此注重并认真做好反思工作是学习活动有效性设计的必要一环。

4.4 创造性设计

创造性是人类思维的高级形态，是人类智力能力的集中体现。林崇德将创造性定义为“根据一定的目的，运用一切已知信息，产生出某种新颖、独特、有社会意义或个人价值的产品的智力品质。”① 关于创造性的定义，我们通常意义上所理解的是百度百科所定义的“指个体产生新奇独特的、有社会价值的产品的能力或特性”，本书认为，创造性表征的关键词是“新”，即前所未有的。这个“新”既可以是新成果，如新产品、新用途、新形式、新技术等；也可以是新思路、新方法，如以一种更便捷、更有效的方式实现之前的某种良好效果。此外，“新”的产生是在对基础知识高度集中概括的基础上实现的。

着重培养学习者创造性的学习。创造性学习是相对于传统的浇灌式、继承式的学习而言的。传统的浇灌式、继承式的学习强调教师通过直接讲授灌输给学习者多少知识及学习者背或记了多少知识，而创造性学习作为培养学习者创造力、培养创新人才的关键，更强调学习过程的创造性，每个学习者的知识基础及成长经历各异，这为学习者自身的创造性学习提供了基础和前提。而且学习者对于未知的知识世界是充满好奇的，学习者自身具有探索未知世界的求知欲，教师需要做的应该是辅助引导，提供适当帮助以使其求知欲得以满足。同时，不同学习者之间存在既定差异，最适合的学习方式对每位学习者也存在一定的差异，满足每位学习者自身特点的、独创性的学习需要学习者自己去探索，但在这个过程中，需要教师适当的指导与管理，也需要学习环境的支撑。因此，创造性智慧学习环境的设计必不可少。

智慧学习环境的创造性设计，是其智慧性设计的核心部分，直接影响智慧学习环境应用的实际效果，影响学习者对知识与技能的迁移及应用效力，影响学习者创新思维的培养，关乎学习者创新能力培养的成效。而通过创造性的智能空间设计与学习活动设计的有机融合，可以实现并凸显创客教育智慧学习环境的创造性。

---

① 林崇德. 创造性人才·创造性教育·创造性学习［J］. 中国教育学刊，2000（1）：5－8.

4.4.1 创造性智能空间设计

1. 智能空间的创造性表征

智能空间是数字化信息空间与实体物理空间相融合的高端形态。智能空间的融合性表现在两个方面：一是物理世界中的物体将与信息空间中的对象互相关联；二是物理世界中物体状态的变化会引发信息空间中相关联的对象状态的改变，反之亦然。① 因此，智能空间的创造性表征既包含数字化信息空间的创造性构建，也包含实体物理空间中支持创造性的建设。此外，两者之间产生关联的关键在于实时信息的传送与共享。

智能空间的创造性首先体现在对空间的知化。凯文·凯利在《必然》一书中提到"知化就是赋予对象认知能力"，即让一个事物具有认知的能力，如深度学习算法和大数据技术使人工智能具有认知能力，使其可以自动化地解决问题。同理，对空间的知化即通过自动感知、智能识别、自动反馈等智能技术的支撑使空间具有认知的能力。因此，智能空间应该具备自动观察、感知获取信息，对信息进行分析推理，并在此基础上给出相关推荐及进行决策与执行命令的基本功能。在教育领域主要表现为学习空间对于学习者及其学习行为数据的获取，通过对数据信息的分析构建学习者模型，并推理其可能的偏好及问题，在此基础上给出相应的偏好推荐及问题解决策略，从而完成对学习者的智能认知与相关决策。

智能空间的创造性其次体现在对网络的知化。朱志军在接受《通信世界》记者采访时表示"未来的'知化网络'将是集连接、感知、计算和数据服务为一体的网络，将实现超级安全、自主优化、进化更新等三大能力"。同时，魏慧指出，"知化网络"必须经过网络使能阶段、人机协同阶段和机器智能阶段三个阶段。其中，在网络使能阶段，网络进行软硬解耦，物理网络向高维度的软件化发展，实现一个更灵活的网络。此时网络通过 SDN/NFV 等技术，屏蔽底层硬件的差异，实

① 李守林，郭伟亚，王耀球. 基于物联网的智能空间信息共享利益模型研究［J］. 湖北社会科学，2015（2）：93－99.

现网络的扁平化和集中配置，主要能实现标准化的应答服务。人机协同阶段，AR、机器设备等将成为此阶段网络的重要服务对象，通过自动服务、柔性覆盖，网络将向“自动化”发展。通过自动化技术、认知计算等，网络将实现自动化的调度和配置，动态全覆盖，在局部实现自组织、局部决策和组网。网络将面向智能设备，提供千人（物）千面的个性化服务。在机器智能阶段，泛在环境将成为网络的重要服务对象，人工智能的网络将与环境融为一体。网络从模拟生物向泛在智能化发展。网络的形态将去中心化，类似于生物神经系统，能够自愈合、自修复。网络的计算能力也将向着“类脑计算”的方向发展，能够主动学习。面向智能的世界，网络将成为超级入口，实现更人性化的服务。①

作为具备认知能力与深度学习能力的产物，智能空间在与学习者互动的过程中汇聚大数据、优化算法、提高并行计算力，通过不断学习人类智慧以使空间变得更加智能。② 这个持续增强的创造性智能空间，在与学习者交互的过程中，为学习者提供他们所需的可视化数据、未考虑到的信息、深度参与式的情境、互连的共同体等，因此，它更能提升学习者的创造力与智慧。

创造性的智能空间，展现的是一个全新视角下的学习场景，凸显泛在化、轻小化和虚实信息自然叠加的特征。例如，传统穿戴式头盔虽然能帮助人们更“真切”地感知虚拟场景，增强人与虚拟场景间的交互，但长时间使用会令人产生眩晕等不适症状，而 Avegant 公司开发的虚拟现实视网膜眼镜 Glyph，应用虚拟视网膜显示技术（VRD）直接将图像投射到人的视网膜上，改变了传统穿戴头盔依托“实物”显示图像的机理③，这极大地增强了智能空间的泛在化。再如，Magic Leap 公司利用动态数字化光场信号（dynamic digitized lightfield signal）不仅记录光线颜色与强度，而且可持续存储来自场景的光线信息数据，并结合 VRD、硬件、软件、传感器等技术与设备，创造了全新的学习空间与互动体验④⑤。

最后，创造性的智能空间离不开各类技术及资源的支撑。如模拟类的计算机仿真技术、虚拟实验室、远程实验室等；演示类的虚拟现实、增强现实、多屏互动技术等；情境感知类的物联传感、定位、数字标识、面部及手势等自然动作的

---

① 魏慧．数据决定智能　运营商预研“知化网络”［J］．通信世界，2016（12）：19.

② 凯利．必然［M］．周峰，董理，金阳，译．北京：电子工业出版社，2018.

③ 虚拟视网膜显示器：显示技术的新突破［J］．现代兵器，1997（9）：35－36.

④ In simple terms, what is a “dynamic digitized light field signal”? ［EB/OL］（2014－10－23）．https：//www. quora. com/In－simple－terms－what－is－a－dynamic－digitized－light－field－signal.

⑤ http：//www. magicleap. com.

识别技术等；制造类的 3D 扫描、3D 打印技术等；以及学习资源类的微课、慕课、SPOC、语义化学习资源、各类智能题库与基于移动终端的软件平台等。为了实现学习者的创造性学习，满足学习者自主探究、创新创造的积极性思考与实践，创造性智能空间的设计应该为学习者提供更多的选择性支持与功能性服务。

2. 创造性智能空间的特质

通过对智能空间及其创造性表征的分析，创造性智能空间应包含以下三条特质。

1）自组织

自组织的智能空间是学习者在创客教育智慧学习环境中进行学习的重要保障。嵌入到环境中的智能系统，通过深度学习等机器学习算法，具有持续学习、自我控制、自我优化和自我更新的能力，通过融入人工智能技术，赋予环境记忆、计算、逻辑思考和自组织的智慧，以便为学习者提供更加智能化、有序化的学习。如基于学习者当前的问题提供有针对性的练习与建议，有针对性地提升学习者知识范围与能力，通过节省无效练习的时间而极大地缩短了整体学习时间。这是智能空间知化的关键特质。

2）微创新

微创新是一种新的教育思维方式，是教育中的每个个体都能从事的创新，它“不是突破高科技，而是对技术应用的微变革，然而其中却蕴含着巨大发展潜能”[①]。日常创新的小行为同样也是伟大的，人类大多数进步都是由微创新累积产生的重要结果[②]。微创新发生在日常生活与学习中，每个学习者都可以是创新者，都具有微创新的能力，都能参与到产生创新性结果的活动中去。开放性的智能空间，为微创新的实践提供了场景。同时，微创新运动能激发教育的深刻变革，使其成为数字教育变革的核心战略。

---

① 周青，吴云，方刚. 新常态下企业微创新的特征与类型［J］. 科学学研究，2015，33（8）：1232－1239.

② LINKNER J. How’ micro-innovations’ can drive breakaway results［EB/OL］（2016－01－18）. https://www.forbes.com/sites/joshlinkner/2016/01/18/how－micro－innovations－can－drive－breakaway－results/#776aaff1642b.

微创新虽然由一个个学习者或小团队主导，但它与宏观创新具有共同的特质：创造性思维基于不断的行动，并利用再造使每个想法都是新的机会，建立创造性解决方案，带来真正的进步。微创新是局部行动，全局创新，是一种去中心化的、网络化的创新，局部微创新的组合会对全局性的教育结构产生直接影响。微创新不是整体性组织和指导的，因此在这个意义上，创新变成了日常习惯，为任何规模的教育机构提供可持续的创新结果，鼓励新技术、新过程在教育中的扩展。

3）智慧圈

智慧圈是作为生物圈发展的新阶段而提出来的概念。人类通过运用自身智慧探究新方法、创造新技术、开发新工具，并借助所创造的产物进一步提升群体智力、扩大作用范围和变革学习环境，进化为蕴含发展力和创新力的人类智慧圈。开放性智慧学习环境的整体构建就是为了智慧圈的形成，智慧圈是智慧学习环境的重要特质，依靠数据流、信息流、智慧流的快速流通和高度连通，产生巨大的变革力量，创造关联智慧个体、提高群体智慧、活化参与式创新体验等全新的学习场。

3. 创造性智能空间的设计原则

在人人皆可进行个性化创新的环境中，智能空间体现了“用户创新、开放创新、大众创新、协同创新”① 的新理念，更有利于创客教育智慧学习活动的开展。创造性智能空间致力于实现学习者“知、行、创”的统一，因此，在具体的设计上，创造性的智能空间作为多样性演化资源的重要使用媒介和创造性学习活动开展的必备基础支撑，在设计的过程中不能随兴所至，而应该遵循一定的设计原则。

首先，基于虚拟现实和增强现实技术，凸显数字化信息与物理场景的自然融合。创造性智能空间与普通学习空间相比，应该更侧重于学习者创造性学习的开展，注重学习者创造性精神的培养与创造性实践尝试。基于虚拟现实、增强现实技术、语音识别等识别技术、智能操作系统等的结合，学习者能够实现与计算机等各类机器设备之间的自然沟通、交互，便于学习者更好地沉浸于满足自身需求的智能空间中，在自身问题被解决的过程中，逐渐理解知识原理，从而激发创造的元动力。

① 宋刚，邬伦. 创新 2.0 视野下的智慧城市［J］. 北京邮电大学学报（社会科学版），2012，14（4）：1 – 8.

其次，充分利用互联网络与各类智能终端，打造互联互通、共建共享的学习空间，强调智能空间的开放性与连通性。互联网络、智能终端、多功能操作系统的共同作用，为众多有相同兴趣爱好的学习者提供了机会与平台，使得任何富有创意的学习者都可以加入到自己感兴趣的项目之中，并能与外部信息源协作学习或进行学习求助，这体现了创客教育可持续发展的真正内涵。

最后，结合 3D 打印技术，充分发挥 3D 打印技术教育应用的价值。作为一种将设计快速变成实体的神奇技术，3D 打印是蕴含“设计思维”的个性化创造工具，可以塑造可重用的多态教育对象，打造虚实结合的教育应用服务创新平台，促进基于创造的学习。① 因此，有了 3D 技术的加持，能够更好地促进创造性智能空间的建设。同时，智能空间还应提供整合“异构、多样、动态”计算场景的中间件，屏蔽智能设备复杂性，为顶层应用提供服务。②

4.4.2 创造性学习活动设计

1. 创造性学习活动的特征

作为学生创造力培养的重要保证，创造性学习活动是创造性智慧学习环境的重要组成部分，创造性学习活动的设计也是必不可少的。基于智能空间所构筑的活动场域，创造性学习活动是学习者具身参与的一种创新创造的活动，强调发挥学习者的思考力、想象力和创造力。然而单单依赖于沉积在脑海中的知识与技能要点是无法实现创新学习的，创造性学习的发生需要学习者依托创造性活动，在真实地做的过程中体会与思考，在动态过程中追寻升华与创新。因此，创造性学习活动必须具备以下三个基本特征。

首先，创造性学习活动应是以学习者为中心的活动。创造性学习活动作为创造性学习的关键部分，旨在培养学习者的创新创造力，进而培养出能够适应当前

---

① 孙江山，吴永和，任友群. 3D 打印教育创新：创客空间、创新实验室和 STEAM［J］. 现代远程教育研究，2015（4）：96－103.

② 余意，易建强，赵冬斌. 智能空间研究综述［J］. 计算机科学，2008（8）：1－5.

社会的创新型人才，强调以人为本的理念，应紧紧围绕以学习者为中心来开展。因此，创造性学习活动应关注到每位学习者的差异，鼓励并支持学习者积极主动性的发挥，在调动其主观能动性的基础上帮助其结合自身特长进行创造性的学习及创造力的培养。

其次，创造性学习活动不一定非得有创造性的创新产品，也可以是方式方法的创新。“授人以鱼不如授人以渔”，方法的重要性不言而喻。创造性学习应该强调对学习者创新思维的培养，而不能只关注创造性产品的产生。这个创新思维融入学习过程主要表现为学习方法和学习策略的创新性，即要求学习者学会学习而不是学会知识。每位学习者的学习过程，都可以是创造性学习的过程，即学习者是以怎样的方式实现了怎样的结果。因此，创造性学习活动不能仅仅关注结果，而更应该关注学习者学习的过程及方法策略。

最后，面对当前海量数据、信息与技术可供选择使用的现状，创造性学习活动应培养学习者善于借助外力（智能终端、智能工具等），与表征的知识与信息进行交互，与连通的小组外学习共同体进行互动，不仅产生小组内部的学习活动、生成个体的认知活动与组织内部的经验智慧，还能通过人与技术、与外界知识、与关联的境外学习共同体生成集体经验、汇聚成大智慧，而活动中生成的这种人机分布式认知、协同思维和创新能力，是适应社会大格局变革的基础。

当前情景感知、模拟演示、操作制造、智能决策等多种技术的应用及创造性智能空间的建设，为创造性学习活动的开展提供了强大支持。例如，在学习颜色的活动中，学习者不再仅仅通过图片展示来看不同颜色之间的差别，还可以利用全息影像技术用手触碰不同颜色，使学习活动由视觉领域扩展到触觉领域，通过多感官的调用与体验，具身感知不同颜色的特征，同时，还可以通过将自主选择的颜色叠加在虚拟校园中的相应位置上，从而设计自己心目中的、新颖别致的美丽校园。

2. 创造性学习活动的设计原则

侧重于培养学习者创造性学习方式的创造性学习活动，是我们当前追求的、适合现代创新型社会对创新型人才需求的、高水平的活动方式。也正因为学习活动创造性设计的重要性，在设计过程中需要依据相应的创造性教学与学习理论，遵循一定的设计原则。

1）凸显学习活动的多维性

学习活动的多维性体现在项目领域、参与方式、学习路径及活动内容等多个方面。

项目领域的多维性是指创造性学习活动的项目可以是跨领域的、多学科融合式的活动，即项目式学习活动中的项目不一定只包含本学科的学习内容，很可能是以本学科知识内容为连接点，通过项目的逐步展开涉及其他科目或领域，因此，在整个项目的完成过程中，学习者要考虑到项目领域的多维性，不局限于本学科的知识视角，发散自身思维，逐渐养成从不同专业视角、不同领域范围看待问题、寻求解决方案的思维习惯。

参与方式的多维性是指不同学习者可以根据自身实际情况，结合自身地理位置等特征自主决定采用线上还是线下、个人还是小组及组队方式等。学习路径的多维性是指在丰富的演化资源及友好的智能空间的支持下，可供学习者选择的知识资源及技术工具具有多维性，同时，每位学习者的知识基础、个人学习风格、学习兴趣及特长等是存在实际差异的，因此每位学习者选择的学习资源、学习工具甚至学习时间等都不尽相同，这直接形成了学习路径的多维性。

活动内容的多维性是指创造性学习活动的开展通常涉及多个不同领域、不同方面的知识内容且通常是以项目的形式进行的，因此整个项目活动的完成需要大家分工合作，每位学习者根据自身兴趣或特长负责其中的某个部分，因此不同学习者之间在学习内容方面也具有多维性。

2）支持学习者创造性思维的培养

创造性思维作为 21 世纪创新型人才培养的核心，同样也是创造性学习活动设计应该关注的核心。学习者创造性思维的培养可以通过将创意想法视觉化、活动过程中实时援助、可视化的即时反馈、活动策略的支持等加以体现。

将创意想法视觉化是在发散思维的基础上，利用可支持的多种直观化、视觉化技术工具来实现的，创意想法的视觉化呈现是将创意观点进行分享的前提。活动过程中的实时援助是指在学习者活动进行的过程中，对于超越其领域范围等问题提供及时帮助，以使活动能够顺利进行的行为，这种实时援助行为可以来自教师、也可以来自活动中的其他参与者。

可视化的即时反馈是学习活动中学习交互的必要支持，学习活动过程中的每一个选择都可能产生完全不同的活动结果，一个问题难点的滞留可能严重影响整个活动的开展进度，可视化的即时反馈能在给学习者提供知识应答的基础上，对学习者的操作实践或阶段性结果给出及时的反馈，从而保证学习活动的顺利进行。

活动策略的支持通常是基于即时反馈的交互系统和个性化智能推荐来实现的，智能空间中的智能系统，结合自动感知、建模、大数据、可视化显示等技术，针对每位学习者给出适切性的活动策略推荐及相应的服务支持。通过以上三个方面的共同作用，在活动过程中培养学习者的创造性思维。

3）强调内部心理

创造性学习活动的设计应该强调内部心理（思维、动机等）与外部体验即动作、操作、环境感知等的双向转化①，兼顾面向物理情境、社会情境这双重情境和注重与活动结果相关联的学习活动方式的学习轨迹②。创造性学习的活动设计需要依托于外在的技术环境的支撑，但不能只关注外在技术环境的支撑设计，而应该结合学习者特点及物理与社会情境特征，紧紧围绕学习者的思维特征和潜在学习动机，设计并选择相应的技术环境，给学习者的学、思、创提供足够的支持服务，从而创设学习者能拥有较好学习体验的学习活动。

4）注重创造活动的趣味性、参与的便捷性和活动的开放性

学习者创造性思维作用的发挥离不开其细致入微的观察与积极主动的思考，而细致的观察与积极的思考是以真正感兴趣且能够做些成绩为前提的，因此，创造性学习活动内容和形式的趣味性、开放性及参与活动的便捷性，在影响学习者了解活动的兴致和积极性的同时，直接影响其参与活动的行动表现和最终结果。

综上，在遵循活动设计原则下，积极的、互动的和参与的学习活动，契合于“小组讨论、实践和教其他同伴的参与式的学习活动，即大多数人所掌握的知识与技能的获取途径”③ 的观点，这样的活动更能够激发学习者的学习动机，拓展其知识范围的同时加深其学习深度，优化学习过程，从而使智慧环境的创造性得以发挥。

---

① MEJIAS. Effects of introducing an interactive teaching and learning activity（TLA）in the engineering classroom. Camputer Science & Education（ICCSE），2012：1520 –1525.

② 詹青龙. 活动理论视域的移动学习活动设计［J］. 电化教育研究，2010（2）：58 –62.

③ ESTHER T，HYO-JEONG S. Rethinking the impact of activity design on a mobile learning trail：the missing dimension of the physical affordances. IEEE Transactions on Learning Technologies，2015，8（1）：98 –110.

4.5 支撑性设计

环境感知、云端服务、工具支持、系统融合是高校创客教育智慧学习环境的四大必要支撑。为了体现学习环境的智慧性，作为创客教育智慧学习环境构建三大要素的学习活动、演化资源和智能空间作用的发挥需要基于环境感知敏捷地适应学习者的学习行为，利用云端技术为学习活动提供人本化服务，使用智能工具创造并共享智慧与经验，通过系统融合为学习者构筑自然无缝的、全方位的智慧性环境。

包含环境感知、云端服务、工具支持、系统融合的支撑层是创客教育智慧学习环境构建的必要基础，也是智慧学习环境充分发挥其智慧价值的有力抓手。在智能设备、云计算、大数据技术等快速发展的今天，四个方面的设计与建设应该共同推进，缺一不可。

4.5.1 环境感知

现在一提起环境感知，首先映入人们脑海的估计就是无人驾驶汽车。无人驾驶汽车、自动泊车等智能车辆的使用是环境感知技术的一大应用领域。除此之外，环境感知在军事作战、森林防护、移动商务、智能图书馆、家居及教学机器人等方面也发挥着重要作用。环境感知在教育领域的应用是随着物联网、虚拟现实、增强现实、大数据及数据处理等技术的应用而逐渐发展起来的，主要表现为对学习空间环境的感知和对学习者个人基本信息及学习行为与情绪状态的感知，环境感知是根据实时情况提供进一步发展的参考与依据，也是为学习者提供个性化、精准化、适切性支持服务的基石与前提。

环境感知是智慧学习环境智慧性得以体现的关键特征。环境智能感知在智慧学习环境中的应用主要是通过运用 RFID、HRS、QRCode、传感器、嵌入式设备等技术，对学习者的学习、活动场域进行“物理感知、情景感知和社会感知”①，收集与学习者相关的信息数据，进而提高人－机－物的交互质量②。特别是在与物联网技术的融合下，环境感知技术能够实现“人－物”“物－物”之间的智能识别、精准定位、实时跟踪、全程监控及支持后台的多管齐下的智能化管理。常见应用如“智慧校园服务平台利用物联网和环境感知技术可以实现实时采集各种数据，全面感知师生的活动状态、仪器设备的运行状态、学习与生活环境的互动状态等”。③

环境感知作用的充分发挥需要多维传感器与智能感知技术的共同作用。以智慧课堂或智慧校园环境为例，车辆进入校门时通过车牌的自动识别开关智能门，学习者进入时需要借助人脸识别技术自动化感知并决策是否准许进入，进入学习环境后，能根据环境中的温度、湿度感应器及烟雾等安全感应器状态进行适当调整。同时，由于智能学习环境的开放性，还需要多源感知技术的辅助，以实现对该学习环境下多位学习者的智能感知。

环境感知离不开多类传感器的使用，但又与基本的传感器存在明显的区别。一般传感器是对某一类型状态、场景的数据收集与简单呈现，环境感知则是在综合各类传感器基本作用的基础上，实时整合相关数据，并以此来了解学习者的学习、生活等各方面情况以达到系统认识，从而构建学习者独特的数字化模型，判断其行为动机，以及推测其下一步的可能行为和提供支持性学习服务。

在环境感知过程中，视觉、听觉、触觉等各类传感器就像人类的眼睛、耳朵、皮肤等感官一样，灵活地获取实时信息及模拟表征，通过模数、数模转换等实现模拟信息与数字化信息之间的实时转换，因此，各类传感器是环境感知的重要组成部分。通过集成硬件和软件传感器，环境感知设备将预测用户需求，为用户提供建议，并引导用户在日常生活中使用。④ 在泛在网络中，通过对互动终端、创新学习体、加工工具、移动终端、智能空间、加工场景、学习活动、RFID、传感器、学习书籍、关联资源等进行智能感知，能实时收集与学习者相关的多维语境信息，如图4－7所示。

---

① 赵秋锦，杨现民，王帆．智慧教育环境的系统模型设计［J］．现代教育技术，2014，24（10）：12－18.

② ROSSLIN，TAI-HOON KIM. Review：context aware tools for smart home development［J］. International Journal of Smart Home，2010，4（1）：1－11.

③ 王凌云，龙虎．大数据时代下智慧校园信息化建设探究［J］．凯里学院学报，2016，34（6）：93－95.

④ 苏培华．基于环境感知技术的VR实验系统应用研究［J］．工业加热，2018，47（2）：66－68.

图4－7　环境感知

此外，基于学习者的语言、面部表情、手势姿态等的捕获与感知，还可以了解学习者的情绪、心理状态等个体隐性信息，通过聚集分析创新学习团体在通信交流中所反映的关系信息，汇聚实体空间中相关设备与实用工具等的属性、位置等数据信息，可以更精准地为学习者提供学习支持服务。

然而，由于学习过程的动态性，动态实时数据的搜集免不了因为信息的时间瞬时性与空间碎片化现象，导致所收集的大量数据存在异构性，并且关联度极低；此外，多种环境感知设备及智能感知系统的共存，导致所搜集到的数据信息比较分散，不易整合。因而需要在收集数据的基础上，结合大数据技术及数据分析处理技术对多维的多终端实时数据进行智能解析，分析挖掘出其中富有价值的信息，发挥数据智能作用。鉴于学习者的学习兴趣与活动偏好，提升学习者对智慧学习环境的适应性、自主解决学习困难、增强学习、活动体验等至关重要。

4.5.2　云端服务

环境感知所汇聚的大量数据，离不开云端所提供的承载与计算服务。所谓“云端服务”，其实指的就是网络服务。也就是说，所有运用网络来连接、沟通多台手机、计算机等智能终端的运算工作，或者是通过网络连接在客户端或平台等获取由远程主机提供的服务支持等，都可以称为“云端服务”。

云端服务的实现需要互联网、物联网、云计算等技术的支持。其中，互联网又称因特网，指的是网络与网络之间通过 TCP/IP 等网络协议相互连通所形成的庞大网络。物联网是指通过各种信息传感器、射频识别技术、全球定位技术、红外感应器、激光扫描器等各种装置与技术，实时采集任何需要监控、连接、互动的物体或过程，采集其声、光、电等信息，通过割裂可能的网络接入，实现物与物、人与物之间的泛在连接，实现对物品和过程的智能化感知、识别和管理。① 简单来说，物联网就是基于互联网及传统网络，实现人与物、物与物之间连通的网络。云计算作为分布式计算的一种，在当前大数据时代具有革命性意义。云计算作为一种高扩展、高弹性、虚拟化的计算模式，为大数据挖掘的存储能力及处理速度提供了动力支撑，其核心技术包括分布式存储及分布式并行计算。② 分布式计算的特征极大地提高了计算速度及效率；分布式存储能够存储结构化、半结构化及非结构化的数据，这极大地拓宽了数据存储的范围，也解决了传统数据存储的难题。

随着互联网、物联网、数据挖掘等技术的大规模应用与推广，数据信息的爆炸式增长，云端服务在当今社会具有越来越重要的影响与作用。在智慧学习环境方面主要表现为：第一，随着环境感知技术的应用，动态变化的学习过程中会产生越来越多的数据，对这些数据的分析处理与保存离不开云计算及云存储；第二，随着各类技术工具的使用，为了给学习者提供更丰富、更合适的学习支持，越来越多的演化资源被创造出来，在当前的网络带宽下，涉及资源分享过程中的上传、下载与存储等问题时，如果没有分布式云计算及存储技术，不仅更消耗时间，还会大大影响资源的使用率。而通过依托于云计算及存储技术的云端服务，可以直接通过链接的形式将可能需要的资源保存到网盘（云端），真正要使用时再下载到本地，也可以通过链接的形式快速分享资源给他人，这种资源共享方式极大地节省了彼此的时间，也间接地提高了资源的使用率。

云端支持大规模资源共享，对设备具有较低要求，并且具有相对高的安全性与高可扩展性，而云计算所拥有的特质是高校创客教育的智慧学习环境必不可少的现实需求：高效共享（可通过生成网址而将指定资源广泛共享于学习社群）、按需访问资源（组织无需自建平台，可按需求访问公共资源库）、自治性（资源自动分配与调度，用户无需技术支撑）、低成本高扩展（对设备的低要求、云服务的低

---

① https://baike.baidu.com/item/物联网.

② 邓仲华，刘伟伟，陆颖隽．基于云计算的大数据挖掘内涵及解决方案研究［J］．情报理论与实践，2015，38（7）：103－108.

价格、资源的动态创建与上传)①。例如，Compuware Gomez、CA Nimsoft Monitor、ManageEngine、New Relic、Aternity 等提供监测用户体验、监控应用程序等云监控服务②。另外，基于云的应用服务如雨后春笋般涌现，如远程虚拟实验室iLabCentral③，地图协同制作与共享平台 ArcGIS Online，班级管理云平台 Learn Boost 等。这些应用在不同层面上对学习者的个性化及创造性学习提供了一定的支持，具有较好的效用。

云计算技术支持服务能极大地满足不同学习者的个性化需求与服务，但学习者个性化需求得以满足的同时也存在一定的安全问题，这是因为个性化需求与服务获得满足的实现方式决定了使用者（学习者）的数据信息会存储到公用数据中心，这样一来数据信息的获取就完全依赖于网络的传输了。不过当前已有许多专门指向云计算安全的研究，如林闯等人几年前就从云计算安全架构、机制及模型评价三方面展开详细研究④，该问题可以得到很好的预防与控制。

4.5.3 工具支持

各类智能工具的支持是部分智慧学习活动开展及演化资源应用与分享的必要凭借，也是智能空间及整体智慧学习环境的重要组成。智能工具，在创客教育的智慧学习环境中并不仅仅是教师知识授递的媒体，还是众多跨地域学习者自主学习、交流合作及经验共享过程中的中介依托与辅助认知工具，也是学习者及众多“志同道合者”发挥个体智慧、建立群体智慧的主渠道。

根据不同的用途，可以将基于智能终端的常见的智能工具分为教程设计型、协同学习型、效能学习型、学习研究型和课程评价型五大类，具体分类及每个分类下所属的常见工具如图 4－8 所示。

---

① HASSAN Q. Demystifying cloud computing［J］. The Journal of Defense Software Engineering，2011（1）：16－21.

② 20 cloud monitoring and management tools：which are best?［EB/OL］（2012－11－11）. https://www.channelfutures.com/leadership/20－cloud－monitoring－and－management－tools－which－are－the－best.

③ iLab central［EB/OL］（2015－01－20）. https://ilabcentral.sesp.northwestern.edu/.

④ 林闯，苏文博，孟坤，等. 云计算安全：架构、机制与模型评价［J］. 计算机学报，2013，36（9）：1765－1784.

图 4－8　智能工具

教程设计型工具是指对教学设计过程与系统性学习过程具有支持作用的工具，比较常用的如思维导图、WPS 等，以及新时代下图片、视频等多维演化资源的设计工具如美拍、绘图 ArtFlow 等。此外，随着数据挖掘及学习分析技术的应用，量化数据以可视化的方式呈现已成为教学设计的一大要务，顾小清研究者团队深刻认识到可视化的教学设计及学习分析是教师需要的两个非常有威力的工具，故依托电子课本学习平台开发了“学习地图”这一可视化教学设计工具，并提出了分别满足学习标准化与个性化的“遵从机制”和“定制机制”两种机制①，这可以说是在新的信息技术环境下，教程设计型工具的一大进步。

协同学习型工具是指帮助学习者与教师、其他学习者或其他感兴趣的人之间及与手机、计算机等智能机器间的交互，从而实现协同发展的技术工具，包括人与人沟通的 QQ、微信、微博等社交媒体类软件及英语流利说等基于人工智能技术的人机交互工具等。此处的“协同”指向于人－人协同和人－机协同两种类型，其中，人－人协同既包括学习者与学习者之间、学习者与教师之间协同共创形成学习共同体，又包括教师与教师之间协同合作形成科研共同体，双共同体一起发挥作用，进一步构筑协同学习的浓郁氛围，推进协同机制的稳定发展。

效能学习型工具主要有两个部分，第一是指在教师的教学与学生的学习过程

① 顾小清，舒杭，白雪梅. 智能时代的教师工具：唤醒学习设计工具的数据智能［J］. 开放教育研究，2018（10）：64－72.

中通过简洁操作或相对便宜的方式即可解决难题，从而达到提升学习效率目的的技术工具，如为知笔记、蜡笔同步、一键投影、交互式电子白板等。以交互式电子白板为例，它不仅能实现教师机与白板之间的材料同步，白板自身还可以对屏幕局部进行放缩、进行笔触及颜色切换，以及对笔记的一键存储或清除等，比黑板、粉笔更方便快捷。第二是指工具自身的设计是基于人脑的认知特点，通过对学习者的认知结构加以调整，帮助学习者快速进行知识理解与架构，同时结合人的遗忘规律，有规律地、有针对性地进行系统学习与巩固，减少无意义的无效时间，从而提升学习效能。如英语单词学习工具百词斩、扇贝单词、Anki 等，学习者可以结合自己对单词的熟悉程度，决定多久复习一次，如图 4 - 9 所示，节省时间的同时又能保证学习效率。

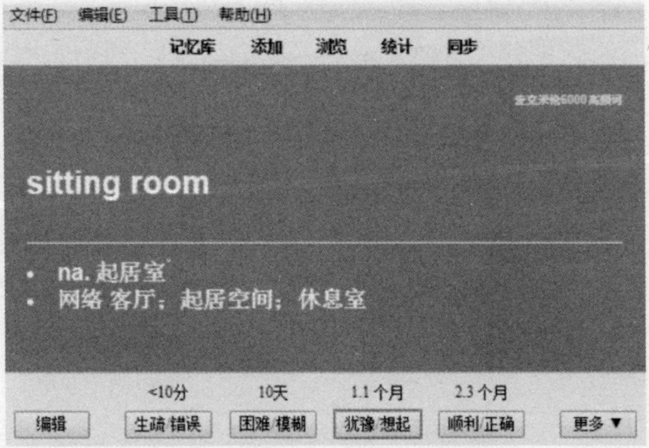

图 4 - 9　Anki 背单词工作界面

学习研究型工具是指支持学习者自主进行知识学习、活动探究等研究性学习的技术工具。它包括多种视频学习平台如网易公开课、滴滴课堂等客户端及综合性学习平台如超星图书馆、幕课网等，也包括支持学习者研究性学习的翻译软件如网易有道、百度翻译等及各类专业化学习库如 MBA 智库等。众多的学习研究型工具通过视频、语音、文档等丰富的多维资源和实时反馈等智能技术的支持，为学习者个性化的自主学习提供综合性与专业化兼备的有力支撑。而且许多学习研究型工具都具备打卡、交流讨论及相关推荐等功能，支持线上学习者之间的学习交流。

课程评价型工具是指帮助教师及学习者对课程进行评价及能够提升课程评价的技术工具。如增进反思评价的新浪博客和能够提升课程评价的录音宝、汇声绘影工具性软件等。

当然，各类智能工具的分类方法并不是一成不变的，根据其具体的使用特点及分类标准可以有不同划分，一些工具软件如思维导图、概念图等可视化工具既能支持教师的教程设计，又有助于学习者的效能型学习，还便于不同学习者之间的协同学习等，既可以将其称为教程设计型，也可以称其为效能学习型或协同学习型。

各类智能工具的应用打破了传统工具“整齐化、同一化、预设化和顺序化”① 的使用特点与局限，并结合自身优势形成了“关联化、智能化、共享化”的新特征。

关联化一方面表现在不同工具创作的产品可以在多个工具平台之间建立联系，方便使用，如 Word 文档中的超链接可以实现本文档与其他文档、其他文件、网页之间的关联，一键进入其链接的工作界面；另一方面则表现在工具内部知识与功能设计的关联性，以相似性知识与功能推荐等充分发挥关联优势。

智能化主要表现在数据智能与机器智能的共同作用，如智能语音输入与转化工具能根据自身需要精准化地实现语音、文字及文本之间的实时自主切换；人脸识别技术能快速进行人的面部特征信息的提取并进行对比判断等。

共享化则主要表现为依托于互联网与物联网技术的数据、信息、技术软件等资源的实时共享。

4.5.4 系统融合

可持续性发展的创客教育的智慧学习环境，需要多系统的高度融合。人 - 机 - 物的物理融合系统（cyber physical system，CPS）耦合网络、多模复杂计算等物理环境，通过计算、通信和控制技术的深度融合，实现高度自治、高效协作、移动控制、动态适应和人本服务②。如何根据自身需要实现满足实际需求、稳定性高的融合系统，并通过关联各个系统设备，实现多个系统间的融合联动，是系统融合真正得以实现的关键。

所谓“系统融合”，其实表达的是一种不同系统、不同硬件及软件之间的集成性追求，强调的是将各个专项化的系统由分散的单独作用走向集成耦合与共创共享。创客教育的智慧学习环境中的系统融合主要体现在智能感知系统、智能教学

---

① 潘振宇，钟绍春，钟永江，等. 个性化学习工具设计及应用研究［J］. 中国电化教育，2015（6）：86－91.

② 黎作鹏，张天驰，张菁. 信息物理融合系统（CPS）研究综述［J］. 计算机科学，2011，38（9）：25－31.

系统、智能管理系统、智能演化资源库及监控系统之间的融合。其中智能感知系统主要是通过自动感知智能学习空间的基本物理信息及学习者的个人基本数据，感知并预测学习者的需求及感兴趣领域，并据此构建学习者模型，为教师的智慧化教学提供参考依据；智能教学系统是教师精准化的教和学生有针对性地学的主要支撑，智能教学系统能完整记录学习者的动态学习过程（主要是学习者的线上学习行为），明晰其学习轨迹，方便教师掌握学习者的具体学习情况，从而有针对性地提供精准化的教学内容，此外，智能教学系统还为教师与学习者、学习者与学习者之间的实时交互及资源共享提供强有力的支持；教学管理作为教学活动顺利开展和教学目标有效达成的保障，在整个教学过程中起着关键作用，因此智能教学管理系统也是完整教学系统必不可少的组成部分；丰富的智能演化资源库的构建与融合有利于学习者更便捷地获取不同类型、不同来源的资源；监控系统主要是负责同步检测实体物理空间环境中的学习者的情况，与智能感知系统、智能教学系统及智能管理系统共同作用，从而方便教师全方位地掌握学习者信息。

系统融合其实是一种简化，不仅能实现单独系统的功能，还能够将不同系统搜集到的多维结构化及非结构化数据进行关联，建立一定程度的联系，实现由数据分散向数据集成的重要转变，提高数据之间关联性的同时，增强数据的利用率及信息的获取度。同时，系统融合还能够最大限度地降低系统内外部的部署时间及系统运维成本，为系统的设计、算法及功能创新提供更多时间及成本，从而提高其实现的可能性。

系统融合的本质其实是数据融合。无论是智能感知系统、智能教学系统，还是智能管理系统等，搜集与存储的都是数据。随着数据挖掘、学习分析等大数据技术的快速发展，教育领域越来越注重量化数据的搜集处理与使用，但是许多系统搜集来的数据都只能在本系统使用，各个系统之间是割裂的，也因此直接导致各系统成为“信息孤岛”，这样一来，不仅不能使其搜集到的数据得到充分利用，还会因为各系统数据的重复搜集造成大量冗余，占用不必要的数据空间，因此，系统融合的实现，不仅能保证分系统的功能，还可以提高数据资源的利用率。

系统融合不仅变革了人与机器、物体的互动方式，生成新方法，而且将各个独立物体或其子系统关联成统一体，创造了新融合。它强调物体间的通信，如通过精密计算各数据参量，科学控制物体运动，以利于学习者在创新创造活动中科学感知物体、知晓规律、获得智慧。

第 5 章

高校创客教育的智慧学习活动

纵观全球，当今教育面临的最大挑战是提升教育质量。理想的教育需要“增强人类好奇心和创造性，鼓励承担风险，培养全球化情境的创业精神”①，创客教育正是传统教育向理想的教育迈进的重要举措。因此，教育质量提升的关键在于，改善学生学习成效，以便学生获得新时代所需的技能。这些技能包括品格养成、公民意识、批判性思维和复杂性问题解决、交流、协作、创造力和想象力。获得这些技能需要发展更丰富的个性化学习，而不仅仅是获得基础知识，因此教育需要从习得性学习转换到智慧性学习。

5.1 高校创客教育的深度学习

深度学习斩获人类探究、创造的独特威力，发展面向未来学习、创造和真做的心向，释放教师、学生的动能和激情，建立师生学习伙伴关系，发现、激活、发展深度学习的潜能②。数字技术改变了教育的基本面，而且它作为深度学习服务的推动者和工具，开创了深度学习的条件，能把学生投入到深度学习体验中，促进有意义学习和概念转变③，实现学习、创新、创业、创意和全球协作等新的目标。

5.1.1 迈克尔·富兰的新教育观

迈克尔·富兰认为，新教育就是在师生之间、学生之间建立触发内在动机的

① ZHAO, Y. World class learners: educating creative and entrepreneurial students [M]. Ventura: Corwin Press, 2012.

② FULLAN, M. The new pedagogy: students and teachers as learning partners [J]. Learning Landscapes, 2013, 6 (2): 23-29.

③ 段金菊. e-Learning 环境下促进深度学习的策略研究 [J]. 中国电化教育, 2012 (5): 38-43.

学习伙伴关系，导向深度学习目标的新模式，并利用泛在数字技术而成为可能①。在富兰看来，深度学习的目标是使学生通过学习成为一个健康全面的人，创造和贡献于世界。这种学习很大程度上依赖于行动和问题解决的现实世界。高校创客教育不仅仅包括教学策略，还包括强大的教学和学习模型，它通过智慧化技术创新和普遍的智慧化工具及资源使能，并产生深度学习任务和成果。这些智慧化工具和资源驻留在学习环境中，在各级教育系统测量和支持深度学习等方面发挥着重要作用。

富兰认为，他在新教育中所提出的大多数教学要素虽不是“新”的，如知识建构、真实世界的问题解决、反馈和元认知策略，但教师主动与学生建立学习伙伴关系是新的。尽管20世纪杜威、皮亚杰、蒙台梭利和维果茨基等提出了类似的主张和教学策略，却影响甚微，也缺乏蓬勃发展的条件。如今，有迹象表明这种状况正在改变。至关重要的是，与过去相比，高校创客教育在精准度、特异性、清晰度、学习动力等方面具有更大的潜力，并开始在正规学校特别是在相当传统的公共教育体系中占据主导地位。高校创客教育的涌现，一方面是学生和教师异化的自然结果，另一方面是越来越多地接入数字技术。这些发展对课程、学习设计和评估会产生深远的影响。

高校创客教育正促使教学发生转换，从关注覆盖所需的内容到注重学习过程，培养学生引领自己学习的能力，围绕他们自己的学习展开行动。教师与学生在深度学习任务中结成合作伙伴关系，其任务具有探索性、连通性、广泛性和现实世界的目的性等特征。

高校创客教育下的深度学习与主导大半个世纪的教育有着显著的差别，如图5－1所示。首先，这种教育是新的，它旨在实现涉及在现实世界中创造和运用新知识的深度学习目标。其次，这种模式旨在彰显师生之间出现的新的学习伙伴关系，特别是学习过程的焦点变成了相互发现、创造和利用知识。另外，高校创客教育回应和使能校内外数字技术接入。

1. 高校创客教育中的教师和学生

富兰认为，在传统教育中，教师的素质主要从提供专业领域内容的能力来评

① FULLAN M., LANGWORTHY M. A rich seam: how new pedagogies find deep learning [J]. Leadership and policy in schools, 2016, 15 (2): 231－233.

估，而教学能力则位居其次。在大多数情况下，教学策略意味着直接指导，技术被层叠在内容递送的顶部，支持学生掌握所需课程的内容。

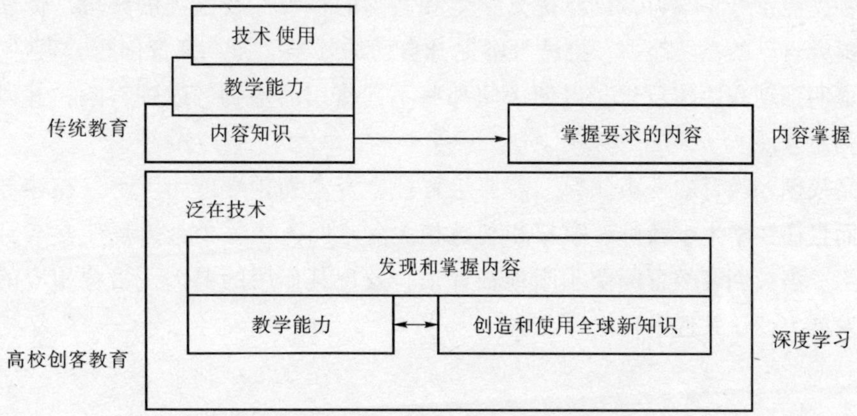

图5-1　高校创客教育与传统教育的比较

在高校创客教育中，教师素质的基础是教学能力，他们对教学策略和学习过程的掌控，旨在形成与学生的伙伴关系的能力。在高校创客教育中，技术是泛在的，主要被师生用来发现和创造内容知识，以便能够达成创造并在全球使用新知识的深度学习目标。因此，教师需要复杂的教学能力，具备跨越不同的教学策略和持续评价学生学习进展的专业知识。

在高校创客教育中，每个人都成为教师，每个人都成为学生。身份的互化和即时的个人学习反馈与鼓励可以让学习者建立信心，产生更多的期望和需求。高校创客教育在智慧化技术的帮助下，能更具吸引力和更多地连接现实生活，更好地培养学生适应未来世界的生活和工作，让学生具有面向未来的学习能力。

2. 高校创客教育中的变革领导

高校创客教育的变革领导基于内在变化的新理论，这种变化在适切环境下会更加有机地迅速采纳。富兰认为，新教育中的变革领导，融合了自上而下、自下而上和横向力量，从而更快、更容易地发生变革。新的变革领导表现新的“内部变革”模式：本质上有意义，并产生对他人有价值的成果。新的变革领导有助于激励、回应和指向“愿景定向、放手尝试新事物和掌控所学动态”的循环过程，从而产生和检验新想法。

高校创客教育的变革领导，需要教师、学生和领导合作实施，分享经验和成效，并分析这些学习实践的累积性影响。在高校创客教育过程中，领导者需要积极引领，注重分享学习，创建提升学生和教师的积极性及潜力的环境，促使学生努力提升自己的学习能力，推动教师提升自己的教学能力。高校创客教育的传播，需要透明推动和协作反思，以便了解那些不起作用的事物，鼓励冒险，并以新的方式测量进展。

高校创客教育的变革领导，需要培育社会资本和领导能力。不仅在领导者之间，而且还在学生、教师、家长和利益相关者之间，让每个个体都能参与到新的学习中。高校创客教育需要不断地被评估，发现其作用的要因，培育相应的文化力和发展力，让其近乎自然地发生。

3. 高校创客教育中的系统经济

高校创客教育中的系统经济主要依据新制度经济学，它强调以低成本高收益的方式提供新的成果。新制度经济学不仅使强大的学习工具和资源更实惠，而且能加速高校创客教育的发展，并能以比较经济的方式传递。高校创客教育的经济性，表现为同等规模的投资能翻倍地传递学习。究其原委，当人们自然地学习时，就不必花费投资来推广资源和工具。这样，投资收益率就会大幅提高，因为人们自愿花更多的时间有目的地学习，从而为社会投资教育提供更大的整体价值。

5.1.2 深度学习的三大核心要素

高校创客教育的采纳可强化深度学习。在高校创客教育时代，深度学习的三大核心要素是：师生之间新的学习伙伴关系；导向知识创造和目的性使用的、重构学习过程的深度学习任务；使能并加快深度学习过程的智慧化工具和资源。

1. 建立师生伙伴关系

一切教育的起点在于师生关系，以及如何发挥各自正在发生变革的作用。今天的学生渴望积极参与，渴望确定自己的学习路径，规划自己的学习旅程。技术工具已经改变了他们与周遭世界互动的方式，并且改变了他们在课堂中互动的方式。

学生作为数字原住民，不愿意成为学习的被动接受者，他们能通过数字化技术获得大量信息和观点。在这种环境中，学生对预包装的、非人性化的学习体验不为所动。但与此同时，教师不能作为单纯的促进者，完全由学生掌控学习，这样会导致学习目标含糊不清或不能成功。而采用说教方式提供内容知识，则学生过于被动。因此，处在连续统一体两端的功能会失调。如果学生之间、师生之间产生合作伙伴关系，则教学效果最好。

有效的伙伴关系遵循平等、透明、问责、互惠互利等原则。教师与学生一起积极学习，学生在学习过程中贡献自己的想法、经验和专业知识。通过这样的伙伴关系，教师不仅使自己成为学生，也开始通过他们的“同学”看到学习状况。如果教师不断挑战学生达到下一步，如果他们能清楚地看到教学和学习策略是否达到其预期的目标，这种“可见度”是必不可少的。显然，在深度学习中，学习合作伙伴关系是强大的教学策略，它不同于现在许多课堂中教师和学生的角色，如表5-1所示。

表5-1　高校创客教育下深度学习中教师和学生的角色

教师	学生
与学生、同事建立信任关系；寻求好的指导者	与教师、同学建立信任关系；寻求好的指导者
通过深度学习任务，帮助学生找到兴趣点，并建立期望	在学习目标和任务中，探查自己的兴趣和愿望
需要挑战学习目标、任务和成功的标准，即自我和学生需要创造、使用新知识	发展定义学习目标、任务和成功标准的能力，在学习过程中结成伙伴
建立教学策略库；使用不同策略激发学习	与同伴、教师之间的互惠性教学和学习
提供高质量的反馈和鼓励，特别是学生在学习中遇到挑战时	培养反思的能力和面对挑战的毅力；给他人提供高质量的反馈和鼓励
与其他教师和领导协作研究不同教学策略对学生的影响，如使用探究循环	给教师和同伴提供在自己学习中起作用的要因；建立对学习过程和自我进展的掌控
示范面向学习的前摄性心向，创造新知识，并对这种新知识采取行动	建立智力和态度心向，导向在真实世界中创造和使用新知识
持续地发现和创建学习工具和资源，用于探索新的内容、概念、信息和思想；挑战学生去创造新知识；超越课堂连接学生、同事和专家；加速学生驱动自己学习过程的能力；评估和分享学生的学习能力和心向等信息	持续地发现和创建学习工具与资源来探索新内容、概念、信息和思想；使用这些工具创造新知识，连接世界各地的同伴和专家；在真实世界中使用新知识

1）关系

在深度学习中，学生之间、师生之间的关系不再局限于课前或课后几分钟，而是深植于整个学习体验中。这些关系不仅存在于师生间、学生之间、学生和他们的家庭之间，而且连接那些类似学习兴趣和志向的社会网络。在深度学习中，利用这些关系作为学习型组织的一部分，能在根本上使学习产生更多的对话。在深度学习中，教师必须与学生构成协同学习者，而专家则通过问询大型开放式问题和建模来回答这些问题所需的学习过程。教师在这些合作中的作用，远远超出了为学生介绍和解释内容或主题。

关系始于建立信任的基本能力，双方需要努力建立信任。在教师层面，它涉及重视超越眼前的认知成就。在学生方面，这种信任能建立良好的伙伴学习方式，阐明和追求自己的兴趣，并把需求和愿望作为学习周期的一部分。学生在学习过程中更积极主动地、创造性地配合，在决策过程中发出自己有效的、合法的声音，引导自己的学习。

2）学习者愿望

在深度学习中，教师的核心作用是帮助学生发现并挑选最适合他们的体验。正如罗宾逊所说，教师的主要角色是一个充满爱心的导师，能帮助学生找到并促使他们朝着自己的愿望发展。连接学习到学生的现实生活和理想中，往往能使学生参与深度学习。学校的传统方式是学习过去。在深度学习中，他们希望的学习方式是连接到未来。当教师和学生连接到学习时，学生不再感觉到自己像机器的齿轮，而学习的知识更自然地、本能地嵌入到他们的头脑与世界中。

3）反馈

获取正确的反馈是必不可少的，不仅是为了促进学生的学习进步，而且有助于学生处理难题等基本技能的发展。越来越多的研究表明，非学术技能如坚韧的毅力和个人克服挑战的能力，将与成功建立长期的牢固关系。

在深度学习中，教师和学生必须制定达成共识的学习进度，并积极参与评估进展，调整和完善自己进行的工作。这种模式很像以知识为基础的组织，个人或团队想出了最初产品或方案的工作实践，然后在细化和改善它们的基础上展开测试与反馈。在深度学习中，师生之间的反馈体现为学习目标之间、各种深度学习任务和深度学习成果之间的重要关系。

在深度学习中，使用证据和数据来支持反馈消息，帮助学生更清楚地了解与自己工作有关的学习目标是至关重要的。可使用学习分析技术做出基于学生成绩的数据反馈，进而呈现出与挑战相适应的内容，并通过实时反馈，帮助学生调整策略和方法来适应学习过程，改进最终成果的工作或绩效。另外，学生还可以作为同伴的丰富反馈源。

4）学会学习与同侪指导

学会学习，让学生成为自己和他人学习过程的元认知观察者，是深度学习的基本目标。学生不仅要掌握知识内容，还要掌握学习过程。学会学习，要求学生定义自己的学习目标和成功标准，监控自己的学习，严格审视自己的工作，整合同伴、老师、家长等人的反馈。由于学生在掌握学习过程方面的不断发展，教师需要逐渐转换角色，逐渐减少明确的学习任务结构，导向提供反馈和激活高一级的学习挑战，不断发展学习环境。在发展学习环境中，教师必须找到结构和独立性之间的平衡，如主题、任务的复杂性、内容的熟悉程度。

同侪指导，指学生教他们的同龄人。在同侪指导中，教师帮助学生建立和掌握学习过程的意识。同侪指导要求学生参与制定学习目标、提供评估标准等过程。在同侪指导中，项目必须持续足够长的时间如多周，就像工作在现实世界的复杂项目，以便学生能策划和发展自己的工作，有机会根据反馈来改进自己的工作，培养长时间掌控学习过程的能力。

2. 深度学习任务

深度学习任务是把学生投入到涉及实践的深度学习过程中去。学生通过发现和掌握已有的知识，然后创建并在全球使用新知识。在深度学习任务中，学生有望成为自己学习的领导者，能够去定义和达成自己的学习目标，并使用资源、工具和连接数字访问。

在深度学习任务中，教师和学生共同的目标是努力获得一些难度较大的成果。深度学习任务有较大的潜能影响学习，能同时发展教师的教学能力和学生的学习能力。深度学习任务给教师提供设计、实施、监测和评估多样化的教学与学习策略的机会，给学生提供实践学习过程的机会，逐步发展他们的能力去领导和监督自己的学习，创造和利用新的知识。为了有效地做到这些，深度学习任务的结构和设计至关重要。

深度学习任务应定义明确的学习目标。最理想的具有挑战性的学习目标是那些落在学生的认知临近发展区内的（他们适当地推进学习进度）、教师和学生之间通过协商能接受的、允许学习任务与学生的个人兴趣或愿望整合的目标。此外，深度学习任务必须有相应的成功指标和衡量进展的方法，从而给学习进度带来更大的透明度，帮助学生掌握学习过程。

1）重构学习

对于深度学习任务来说，学习活动的重构需要超越“碎片化的知识、信息等构件”①，需要从单纯地注重内容掌握到明确培养学生的学习能力，积极创造和实施他们的学习。在最有效的情况下，深度学习的任务是：①明确具有适切挑战性的学习目标，并且目标和课程内容与学生兴趣相结合；②具体的、精准的成功标准，帮助教师和学生知道如何很好地实现目标；③把反馈和形成性评价循环结合到学习与做的过程中去，树立学生的自信心和积极的心态。

在深度学习任务中，学生也经常与教师在设计任务的结构或过程中形成合作伙伴关系。这种任务的关键因素是给学生真实的选择，包括学什么和如何实施学习。在高校创客教育中，通过深度学习任务，学生可获得以下经验：发展自己的愿望，采取主动学习方法，通过严峻的挑战持之以恒地学习，并从事真正的知识工作。总之，这些任务建立了学习和做之间的实践桥梁。

2）知识建构

深度学习任务涉及知识建构。知识建构是指学生创造自己的新知识，而不是复制或应用现有的知识。在传统过程中，教师的工作原则是使用标准教科书提供的内容材料和评估，教师和学生分别再现现有的知识内容。在深度学习任务中，目标是建立新的知识，即把思想、信息和观念与先前知识整合到一个全新的产品、理念、解决方案或内容中。在良好的深度学习任务中，学生也创造新知识和利用世界上的新知识。在这个意义上，深度学习任务有建构主义取向，关注新知识在实际环境中的应用。

---

① 顾小清，冯园园，胡思畅. 超越碎片化学习：语义图示与深度学习［J］. 中国电化教育，2015（3）：39－48.

3. 智慧化工具和资源

技术能使学生发现、创造和在现实世界中运用知识，能更快、更便宜和作为真正的受众。在过去，大多数教育工作者的术语“应用知识”的意思是通过工作任务或解决问题来证明概念的掌握。但是，解决方案仍然局限在教材、教室和学校内。数字接入使学生有机会把他们的解决方案应用到真实世界的问题中，真正的受众大大超越了学校的边界。这是技术影响学习的真正潜力，不是以促进知识的传递和消费，而是让学生在现实世界中应用所学的知识。

技术作为智力工具包，使学习者建构更有意义的关于世界的个人解释和表征[①]。在深度学习中，学习伙伴利用技术来建构知识，调查和解决实际问题，给对方反馈和评估彼此的工作，超越课堂和学校的边界来开展合作，与同伴、专家和其他世界各地的人进行交流。技术的这些用途不仅仅是增加到课程目标的顶部，相反，技术在具有成功标准的深度学习目标中使用。如何动态地使用技术，是由学生和教师共同决定的。正统的学校教育已真正开始与学校以外的世界工作的方式相连接。但是，简单地使用技术并不能保证深度学习的发生，而需要侧重于学生的深度学习目标来开展精准教学，利用技术实现和加快高标准的学习。

1）发现新内容

大量的教师和学生瞄准了混合学习与翻转课堂，并利用它们来解决公共资源的短缺问题。世界各地的大多数学校系统的师生，一直受到课程规定的、最正式的评估重点所“覆盖内容”的约束。但是，智慧化学习工具和资源泛在的接入，能在任何时间提供给学习者几乎所有的知识内容，扩大了优秀学习资源覆盖的范围，不只是为了必修课程。这意味着：首先，教师不必再亲自传递广泛的知识内容；其次，学校教育不一定需要传递给学生那么多理论上可能需要的内容。尽管知识内容的广度对学生来说是非常重要的，但教师和学校不应该提供这一切。教师应更加专注于帮助学生掌握学习过程，帮助学生发现和掌握使用新的内容知识本身，帮助学生利用智慧化工具和资源。这种做法虽然减少了需要教师直接传送的内容，但增加了许多方便的、人性化的、质量非常高的数字化学习资源的需求。

---

① 张静，陈佑清．学习科学视域中面向深度学习的信息化教学方式变革［J］．中国电化教育，2013（4）：20－24．

2）协作性、连通性学习

智慧化工具和资源的泛在访问使深度学习成为可能。它通过拓展时间和空间，使学生与教师、同侪和其他人就想法的产生、反馈、专业知识与进展等进行评估。这在本质上使学习过程更具社会性，它连接了关于人是如何学习的现代研究和理论。利用正规学校学时之外的数字工具进行协作的能力，也扩大了追求学习连接到个人兴趣和愿望的机会。因此，在线学习资源不仅成为积极进取的学生独立学习的工具，而且智慧化学习工具更具包容性，适合所有学生的社会性连接学习。

3）创造新知识

威尔·理查森认为，采用数字化工具和资源连接的创造性势在必行：技术能使我们跨越智力，创造真正美丽的事物、意义和价值，而不是只使用它进行沟通和管理学生学习计划及提供超越时空约束的课堂传递式学习①。在注重知识生产、价值创造、全球经济的21世纪，生产力要能创造新理念、新产品、新解决方案和新内容的个体。

同样，深度学习作为一种主动的、探究式的、理解性的学习②，需要超越内容掌握，需要在世界上创造和运用新知识。当然，很多知识不利用技术也可以创建，但智慧化工具和资源使学生的创造过程更加可行，能显著降低成本。无论是视频、多媒体演示文稿、量化分析的视觉显示，甚至是精心研究，最多只是整合全球的数据和专业知识。当学生使用智慧化工具和资源，实践知识建构过程，他们将有望以未来的工作方式实践。

4）使用新知识

在真实世界中使用新知识，就是要求学生使用超出学校的、由学生创建的新知识，促进学生全面发展和建立自己主动“做”的心向。在当今世界，人们做事的主要方式之一是使用智慧化工具和资源。学生需要有使用这种方式工作的经验，需要使用智慧化工具和资源支持、加速价值创造。因此，现在是把这些资源带入学校的时候了，使学生可以利用它们做事情。主要表现在四个方面：一是创造新知识产品，并与教师或其他同学分享；二是把这些知识用在外面的世界来解

① RICHARDSON，W. Students first，not stuff [J]. Educational Leadership，2013，70（6）：10－14.
② 张浩，吴秀娟，王静. 深度学习的目标与评价体系构建［J］. 中国电化教育，2014（7）：51－55.

决实际问题；三是学生通过做有目的的事情，运用世界上的差异来建立态度和信心；四是通过学习改善来了解世界，在世界上实践这些事物，从而为公民生活做准备。

在学习过程中，技术使用的方式会对提供给学生的各种智慧化工具和资源产生影响。值得强调的是，与其说通过技术使能个性化学习（其中固有的目的是掌握的内容），倒不如说应该强调每一位学生利用智慧化工具和资源来探索、创建和使用新知识。

5）加速学习者自治

深度学习的最终目标是让学生成为独立的学习者，能够有效地为自己设计和管理学习过程。师生之间的伙伴关系及产生的深度学习任务，应该与智慧化资源和工具的使用及管理整合，才能更好地实现学习者自治。例如，智慧化工具可以有力地支持新的学习伙伴关系，加快学习伙伴关系的建立。

5.1.3 深度学习的 6C 技能

有学者指出，深度学习的 6C 技能类似于“21 世纪技能”[①]。但富兰认为，这两者是不同的，具体表现为：① 21 世纪的学习技能出现自 20 世纪 90 年代，已经比较陈旧；② 该术语作为一个大概念并没有在实践中执行；③“21 世纪技能”过于学术或认知，缺少品格养成和公民意识两个重要部分。6C 关键技能确立了深度学习任务的明确性或本质性发展，这对今天的学生至关重要。6C 关键技能对教育领导发展也很关键，教育领导者应该接纳和示范深度学习技能，并期望其组织内每个人都去实践而提高能力。

1. 品格养成（character）

具备坚韧、执着和灵活等基本特征，并能够使品格养成成为学习、生活中不

① BORRIS. Books，blogs，and ideas：Interview with Michael Fullan［DB/OL］（2017－01－15）. http://www.scholastic.com/browse/article.jsp？id＝3758379.

可或缺的一部分。

2. 公民意识（citizenship）

具备全球性知识，尊重其他文化，积极参与解决人类和环境可持续发展问题。例如，在全球公民视野的基础上，基于对不同的价值观和世界观的深刻理解来考虑全球性问题，并有真正的兴趣和能力解决影响人类和环境可持续性的、模糊的和复杂的现实问题。

3. 交流（communication）

有效地使用口头、书面和各种数字化工具来交流，具备较强的聆听技能。

4. 批判性思维（critical thinking）和复杂问题解决

深度学习任务往往涉及学生工作于复杂性问题（远远超出内容掌握目标），影响或关联世界复杂的问题。批判地设计、管理项目和解决问题，使用各种智慧化工具和资源做出有效的决策，并使用适当的、多样化的工具达成项目的解决方案。能够利用测试的方法和过程来分析一个复杂的问题，以确定其相关部分或维度，并考虑可能的方法。必须能认清事实，评估新信息的可靠性和有效性，分析证据，并从多个来源和视角来整合想法，看到模式和联系，构建有意义的知识，并在真实世界应用。

5. 协作（collaboration）

在深度学习中，协作“可促进读、写、科学概念发展、数学问题解决和更高层次的思维与推理”①，还可发展学习的社会性。在学习中，协作看起来很容易，但很难在实践中做得很好。学生和教师需要做出最复杂的转变是：从个人展示自

① 2015 horizon report［DB/OL］(2015 - 2 - 11). https://library. educause. edu/resources/2015/2/2015 - horizon - report.

己的学习为中心的教学转变到以群体展示他们的学习为中心的教学。因为在现代工作场所，成功经常取决于大家的共同努力，需要具备把复杂部件和想法整合成一个连贯的产品、解决方案、政策或方案的能力。这需要个人分担他们的工作责任，做出实质性的、协商性的共同决定。

6. 创造力（creativity）和想象力

具备经济性、社会性的“创业眼”和创业精神，提出合适的探究性问题，产生新奇的想法，并将其转化为行动，发展像企业家一样的领导能力和创新素质。

5.1.4 深度学习的效能

深度学习旨在改善从内容掌握到深度参与学习等多方面的成果，因而需要一个共同的、综合性的评价体系来测量这些元素。新的评价体系包括深度学习方法、学习环境和深度学习成果，如角色和关系、学校氛围、学习任务设计、形成性反馈的水准、教师和学生的参与、教师专业学习、导向具体学习目标的学习速度、学校领导、系统资源和政策调整，并最终让学生自身掌握学习过程。图5－2给出了深度学习的连续统一体效能模型，效能指标如表5－2所示。

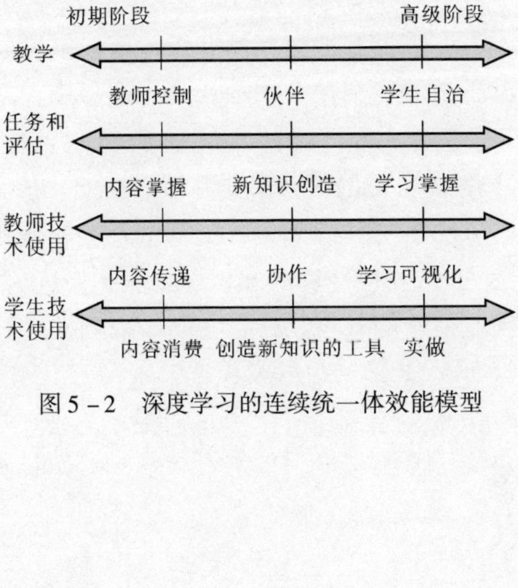

图5－2　深度学习的连续统一体效能模型

表 5-2 深度学习效能的关键指标

有效的深度学习	无效的深度学习
师生建立协同学习关系	学生自主权太大
长期的深度学习任务，跨课程，复杂性和互依性任务	一堂课或一个单元的短期任务
深度学习任务具有明确的学习目标和测量成功的标准	不明细的目标或测量成功的方法
给予学生控制和选择适合他们的等级，逐渐建立学生管理学习过程的能力	在学生有效组织他们自己的学习前给予太多控制权和选择权
持续的、有效的反馈；导向学习目标的形成性评估	无效的反馈或仅在任务结束时给予总结性反馈
识别和使用智慧化工具与资源支持深度学习任务并帮助学生掌握学习过程。分析进展数据告知教学和学习策略上做出改变	使用智慧化工具和资源仅用于传递内容和跟踪进展，而不能告知教学和学习策略的改变

5.1.5 高校创客教育的深度学习建议

“未来不是我们要去的地方，而是我们需要创造的地方”。目前的教育正面临知识的碎片化、思维的怠惰化、理解的表层化、学习进程的机械化等问题，高校创客教育时代的深度学习正是摆脱这种窠臼的良方。深度学习者主动地变革学习，主动地参与学习过程，与内容批判地交互而获得理解，掌握学习内容不同部分之间的结构和关系，整合所学内容到关系图示或理论框架中，发展和运用个人知识框架①。

深度学习发展学习者21世纪的核心素养和核心技能。核心素养是适应终身发展和社会发展需要的必备品格与关键能力，是每个人发展自我、融入社会及胜任工作所必需的②。它是由一系列可迁移的知识、技能和态度所构成的功能性整体，是终身学习的支点和创业精神的基点。核心技能以批判性思维、复杂性问题解决

① 詹青龙，顾小清．信息技术教师培训的新思维［J］．中国电化教育，2007（7）：13-17.

② 裴新宁，刘新阳．为21世纪重建教育：欧盟“核心素养”框架的确立［J］．全球教育展望，2013，42（12）：89-102.

和新知识的创造为着力点，充分利用智慧化工具和资源再造教学流程，重建学习场景，把学科知识迁移到新的境脉中，知道为何、何时、如何运用这些知识来解决问题。

新观念、新行为、新技能和新意义的获得，取决于师生伙伴关系的耦合程度。高校创客教育时代的深度学习正改变着师生关系，不仅存在前喻学习，而且在技术的催化下后喻学习也快速涌现，学生掌握了新的知识和技能而传递给教师，教师的“教学舒适区”（以讲为主）正受到冲击。在深度学习中，教师与学习者、学习者与学习者、学习者与课程、人类知识与学习者经验、知识习得与能力培养、学科知识学习与品格养成和情感需要，不再二元对立，而是一个有机的统一体，而深度学习则是与整合的、有意义的学生个体生命休戚相关的活动①。

5.2 高校创客教育的智慧课堂学习

5.2.1 智慧课堂

高校创客教育的智慧课堂是在学科课程之上，通过学科拓展学习活动，打破学科间的壁垒，对学生潜能进行开发，抓住各科课堂学习活动重点，以激发学生的创造力、创新思维能力为主，从而挖掘学科的深度与广度。

在个性化教学的诉求下，智慧课堂是信息化时代教育发展的高阶形态。刘邦奇等认为智慧课堂是新一代信息技术支持下的智能、高效的课堂②。其观点主要强调在智能技术支持下课堂效率的提升，更强调技术，忽略教学理念与方法和教学要素。祝智庭认为智慧课堂是在智慧学习环境下，以学生为本位，实现精准教学、

① 郭华．深度学习及其意义［J］．课程．教材．教法．2016，36（11）：25－32．
② 孙曙辉，刘邦奇．智慧课堂［M］．北京：北京师范大学出版社，2016：10－34．

个性化教学，帮助学习者进行研创型学习，形成高级认知、培养智慧①。其观点强调对教学方法的变革，运用技术来实现智慧课堂，智慧课堂的目标是生成智慧。

智慧课堂是在云计算、大数据等技术和各种智能终端设备支持下，综合运用智慧学习环境中可用的一切教学资源，实现教师的智教、学习者的智学，不仅习得知识，为创新和智慧发展打牢基础，还能启迪智慧，培养品行优良的创新型人才。在智慧教育理念下，以学习者为中心，满足学习者个性化需求为先，支持教师和学习者多元发展。教师和学习者在智慧学习环境中，在各种教学策略下，形成生态化的智慧课堂。在此过程中，教师、学习者和技术形成生态化的智慧课堂。教师的教学智慧与技术共同帮助学习者生成学习智慧。

智慧课堂具有丰富的知识库，为学习者的多元化发展、个性化发展提供充足的认知土壤，根据学生不同的学习情况、学习兴趣结合不同的学习特征，智慧课堂在数字画像、知识图谱等技术的帮助下可以更懂学习者需求，为其推荐更符合其需求的学习资料，利用丰富的软件、硬件工具帮助学习者生成智慧。学习者的主动学习在智慧课堂中尤为重要，学习者能自己引领学习，成为学习的领导者。教师主要负责组织学习、引导与情感激励，提供适当的学习支持，学习者在学习过程中，积极通过记忆、理解、提问、反思和评价以达到深度学习，形成高阶认知。教师在智慧课堂中，对于课堂气氛的营造、教学策略的使用，都要注意引导学习者进行思考，培养批判性思维和高阶创新思维。

在智慧课堂中，课堂交流互动（包括师生交互、生生交互）与提问方式多样，线上线下交流可以延伸到课堂之外的平台。教学评价伴随教学数据的动态生成，运用数据挖掘、分析呈现更客观准确的评价，即时发送到师生手中，便于师生及时调整教学策略，增加课堂灵活度。教师与学习者在智慧课堂中教学相长，在教学过程中，互相帮助发现、掌握知识，在此基础上，运用知识、思维碰撞，还能创造知识。泛在化的技术运用于智慧课堂教学全程，帮助发现知识、内化知识、运用知识，启迪智慧，以期创造新知识。智慧学习借助信息技术，实现各种学习策略、教学模式的综合运用，在教学中培养学习者的分析性思维、创造性思维、综合性思维及发散型思维。

对比传统课堂，面向高校创客教育的智慧课堂具有学习过程可控化、学习路径数字化、学习评价分析可视化、学习目标多元化、学习互动启发性等特征。学

---

① 祝智庭. 智慧教育新发展：从翻转课堂到智慧课堂及智慧学习空间［J］. 开放教育研究，2016，22（1）：18－26.

习过程可控化体现在智慧课堂将教学主动权由教师独有变为师生共享，学习者可以自主决定学习步调，学习者可以自选学习方式，学习过程依据实际教学情况进行调控，呈现自主的课堂。在学习过程中，智能数字云平台与智能学习环境中的感知设备都将把学习者的学习行为记录下来，数字化地呈现出学习路径。在学习路径数字化的前提下，学习评价由教学目标结合各种学习数据生成，学习评价分析得以可视化呈现，学习者能够得知自己的评价及具体原因分析，找准定位，明确不足，进行有针对性的改进。教学目标多元化是指在面向高校创客教育的智慧课堂中，不仅有普适性目标，还有根据不同学习群体特征制定的群体性学习目标、根据不同学习者情况制定的个体性学习目标（情感、技能、知识等）。在智慧课堂中所有交互都应建立在进行情感交流、启发学习者思维的原则上，尽量减少无效互动，实现教学互动启发性。

5.2.2 智慧课堂的智能空间设计

高校创客教育的智慧课堂学习环境空间设计如图5－3所示。该空间就设施层面而言，应用了智能墙、智能地板、智能课桌、移动智能终端等智能感应设备；智能墙可以实现电子白板的功能，不仅可以影像展示，传感器还支持手势感应进行交互，同时智能墙还可以与其他智能教育设备连接，如智能音箱、灯光、课桌等，实现对音量大小的调整、对教室光线明亮程度的调整，甚至调整空气湿度、二氧化碳含量等。就功能层面而言，空间可自动感应物体位置及其属性，感知学习者活动需求；可通过学习数据记录与学习分析，呈现可视化分析结果，帮助教师与学习者适时调整教学步调、教学策略；教师与学习者能通过手势、姿态和声音，控制设备智能搜索信息，为智慧课堂提供多元教学资源，以丰富的教学资源作为智慧教学的土壤，从而促进学习者知识生成与智慧发展。集多功能于一体的智慧空间，为学习共同体的多元性、差异性和开放性提供支持，为学习者在智慧课堂活动中连通信息源、优化探究方案等方面提供认知给养，以构建“个性协同化、智能跟踪化、工具丰富化、活动智慧化”[①] 的智慧课堂。

---

① 唐烨伟，庞敬文，钟绍春，等. 信息技术环境下智慧课堂构建方法及案例研究［J］. 中国电化教育，2014（11）：23－29.

图 5－3　面向高校创客教育的智慧课堂学习环境空间设计

5.2.3　智慧课堂的学习活动设计

面向高校创客教育的智慧课堂学习活动采用基于项目的深度体验式学习活动方式，旨在培养学习者灵活运用知识解决生活中复杂性问题的能力，能够帮助学习者获得更加积极的学习体验，促进高阶思维的生成。在活动中，教师可通过平板电脑查看每一位学习者的项目完成进度，让完成进度较快的学习者进行进一步的自主学习，拓展其知识深度与广度，并对完成进度慢的学习者给予个别指导；学习者也可通过移动终端实时查看自己的任务学分（assignment credit），自定活动步调。同时，在课堂上学习者可连通境域外工程师，连通做相同项目的其他活动组织，连通与项目相关的信息资源，体现一个无缝互连的智慧课堂。比较典型的实例是“桥梁的设计（design bridge）”①，其活动流程如表 5－3 所示。

---

① Intel－project－bridge 未来教室［EB/OL］（2014－2－19）．http://v. qq. com/boke/page/k/l/z/k01258k1nlz. html.

表5-3 “桥梁的设计”智慧课堂活动

活　动	内　容
创设情境	教师在智能墙上展示与活动相关的信息，通过图像、模型等形式，创设真实生活中的项目情境
展现任务	项目目标：桥梁的设计 具体任务： 1. 进行在线桥梁仿真 2. 采访一位桥梁工程师 3. 创造出一个桥梁设计图稿 4. 构建一个桥梁比例模型 5. 进入桥梁压力测试比赛
自主学习	学习者通过使用移动智能终端搜索关于桥梁设计的多种学习资料（视频、音频、文本、图片等），学习者可根据自己的喜好来选用学习资料，理解和掌握桥梁设计的基础知识与技能，在学习过程中，若对定义、原理等知识有疑问，可以通过组内协作，借助智能设备终端进行线上、线下的互助学习
提供支架	教师把典型的桥梁设计图稿展示在智能墙上，搜索相似设计的真实桥梁，通过对设计原理、设计重（难）点的讲解与提示，由此引发学习者深入思考与再创造
活动测试	对学习者掌握桥梁设计的基础知识、构建等情况进行五分钟的学习测试，通过者继续完成下面的任务，未通过者则需要对未掌握的知识再次学习，直至通过，教师可根据学习者情况，提供适当的学习帮助
合作探究	学习者通过远程采访一位桥梁工程师，交流想法，获得该工程师的指导，分析自己的桥梁设计图稿是否可行，进而建立桥梁在线3D模型，通过虚拟仿真技术增加物体质量，测试桥梁承受压力，进一步确定桥梁设计的合理性与实效性。针对设计的不完善部分进行再设计，之后使用3D打印机打印出一定比例的桥梁模型
作品竞赛	通过对不同组别的桥梁模型加大质量，测试桥梁的承受压力，点评不同设计的优点与合理性
活动评估	师生共同对小组作品进行评价，其结果作为小组得分；在活动过程中通过收集与学习者相关的数据信息，使用学习分析技术，呈现可视化的活动评估结果，即过程性评价结果结合教师评价与学习者互评给出个人得分
反思与总结	学习者总结本次学习的知识，结合作品竞赛与评估中教师与同学的点评，明确作品薄弱点所在，尝试进行优化。教师反思本次教学是否达到预期效果、教学过程中有哪些不足、如何进行改善等

5.3 高校创客教育的智慧实训学习

5.3.1 智慧实训

创意是创新的关键输入，又依赖创新实现价值①。操作是把创意变为创新的基石，实训是把习得的知识用于指导实践、培养实际工作能力的有效途径。高校创客教育的智慧实训是在智能化的实训环境中，提供符合其需求的软件和硬件设施，创设真实的情景，实现实训智慧化，支持开放与多元平台组合，实训教师为其提供指导与支持，为学习者提供实践所学知识的机会，让学习者增强专业技能、实践能力，激发综合性想象力，实现创新。

学而后做，做优则创。在智慧课堂中，学习者能较好地进行理论学习，但要达到知行合一，必须要在学中做，在做中学，智慧实训应运而生。智慧实训并非仅仅提供硬件设施，机械地照本宣科，生搬硬套标准程序，而是通过具有启发性、开放性的实训过程，让学习者习得技能性知识，锻炼学习者的实践能力、创新能力。高校创客教育的智慧实训具有开放性、独立性、启发性，学习者首先通过学习者独立参与探究小问题，小组协作探究大课题，教师引导启发建构群体性知识，发展创造性思维②。智慧实训的虚拟现实等技术打破了有限、乏味的实训空间，为学习者提供了更有吸引力的实训环境，更好地调动学习者参与实训的积极性；同时物联网技术也让智慧实训更好地连接现实世界，让学习者能更好地掌握专业技能，适应未来工作。

智慧实训以有挑战性的项目式学习为基础，可以给出具体的操作建议与成功

① 刘凌艳，杨永忠. 创意到创新转化的价值网分析：基于四川省文化创意和设计服务类企业的案例研究 [J/OL]. 管理评论：1 - 10 [2019 - 08 - 30]. https://doi.org/10.14120/j.cnki.cn11 - 5057/f.20190830.001.

② 赵呈领，赵文君，蒋志辉. 面向 STEM 教育的 5E 探究式教学模式设计 [J]. 现代教育技术，2018，28 (3)：106 - 112.

标准，要最大限度调动学习者参与实训的主动性，让实训参与者明确自己的任务。实训过程要让学习者有自主感，给其足够自由的实训空间，能自行去探索实践、激发创意与创新。学习者能够自行进行评价与学习策略调整，能和实训教师对实训伙伴进行引导，提供帮助，给出精确的评价与建议，在交流中深化知识，共享实训心得，创造新知识。

在高校创客教育的智慧实训中，不仅有丰富的实训资源、工具与平台，实训师资也很丰富，不仅有专职的实训教师，还有大量行业（企业）的专家、管理者等，可以随时响应学习者的求助。实训教师的角色可以由多位不同行业的专家、技术人员联合担任，实验室的实训教师作为组织者、管理者的角色，主要负责授课、指导实训，当多个学习者遇到问题时，实训教师可以为其推荐其所需资源、可咨询的专家；场外专家提供更多的专业指导，为学习者提供个性化的支持，帮助其创意落实到具体实践上来。学习者在智慧实训中，学得知识，提升实践能力。智慧实训有开放的平台，支持多人团队、多平台协同工作，对于不同平台可以进行融合，支持团队创新。智慧实训可以将实训设备最优化的利用，避免闲置与浪费，减少学校设备损耗，优化实训管理与评估过程。从效益上看，智慧实训可以通过虚拟现实等技术，节省时间成本与资源成本，并最优化利用人力资源。

运用技术来增强学习者的理论联系实际的能力，高校创客教育的智慧实训环境要具有足够的开放性，避免限制学习者的认知与创新。面向创客教育的智慧学习环境中多用开源硬件并具有开发工具的可使用性，在实践中丰富学识，增长智慧。智慧实训在学习者学习过程中，可以记录学习者的操作过程，自动生成实验报告①，记录实验数据与结果，确保实验过程真实可靠。智慧实训的评价更注重过程而非结果，在评估中充分考虑学习者的表现、参与度等柔性考核指标，采用多元评价的方法，避免用统一标准固化学习者思维。

基于情境认知学习的研究表明，真实生活的实践应用是知识获得的重要途径②。智慧实训不仅具备真实的工作环境，还有真实的实训工具，呈现逼真的操作结果，通过运用虚拟现实技术、增强现实技术与混合现实技术拓展实训时人的感知边际。智慧实训运用物联网、移动互联网技术来实现实训的多方联动性，提供丰富的实训资源，不仅包括普适性资源，也包括个性化的实训资源。在实训过程

---

① 张晓琪，王旭，尹天浩，等. 科技创新智能实训平台研制［J］. 实验技术与管理，2019，36（3）：128－131.

② 杨梦佳，詹青龙，郭桂英. 移动性学习社区环境构建与活动设计［J］. 天津职业技术师范大学学报，2015，25（2）：54－57.

中，实训教师与学习者可以通过远程视频，求助相关行业专家，获得更多可操作性建议。此外，智慧实训的边界不应只局限于实训室等场所，通过互联网将实训的物理空间与网络空间相结合，拓展实训空间，全方位地为学习者实训提供支持，锻炼学习者的操作能力与创新能力。

高校创客教育的智慧实训不仅关注学校理论知识的实践运用，也通过连接行业，让实训更“接地气”，连接行业能让学习者更了解行业实情，同时发挥其独特的想象力，添加更多的创新创意，将其转换成创造。智慧实训可以与高新技术园区、创意园甚至国际研究团队等进行合作，与企业共同建设产学研合作教学基地，将企业项目作为学校实训教学项目①，保证实训紧跟行业发展趋势，更好地为学习者提供创新实践服务，让智慧实训成为产教研融合促进创新创造的最佳方式。

5.3.2 智慧实训的智能空间设计

面向高校创客教育的智慧实训学习环境，以智慧实训空间为物理载体，以实训项目为活动，以知识情境性与技能发展性为活动设计原则，能够满足学习者对技术技能学习的需求，促使他们灵活性地使用技能和创造性地应用技能。其中，在实训智慧空间，通过无形技术、体感交互技术、超微计算机嵌入、移动增强现实等技术，利用全息眼镜创造全息环境，在真实环境中叠加数字化信息，能够对学习者动作进行自动识别，能够智能控制环境所构建的立体模型，为学习者带来全新的交互体验，如图5－4所示。

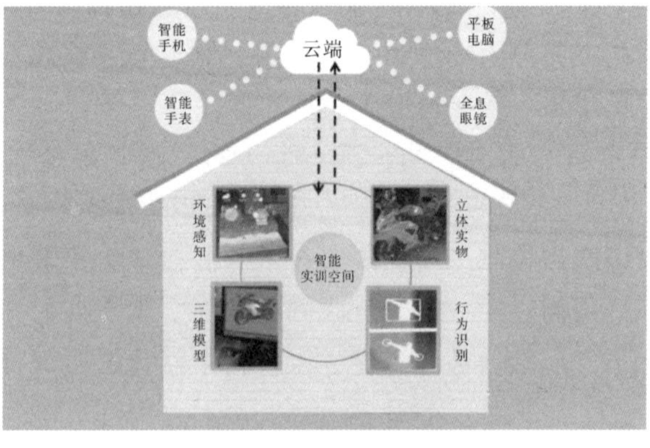

图5－4　智慧实训空间

① 齐亚丽. 基于创新创业教育的高职院校实训基地建设与管理［J］. 教育与职业，2019（16）：84－87.

5.3.3 智慧实训的学习活动设计

以“汽车维修”为例，面向高校创客教育的智慧实训活动流程如表5－4所示。作为虚拟情境式活动方式的应用案例，该活动让学习者沉浸在基于真实汽车维修的虚拟情境中，然而虚拟情境并不代表环境反映的内容是虚拟构造的，它是在对学习者需求感知之后，通过传感器投射出学习者现实生活中真实体验过的情境。同时，在汽车维护修理的环节中可设置活动关卡，融入“闯关”元素，体现了活动的趣味性与游戏性，促使学习者在该生活化的真实学习情境中愉快地掌握技能，创造性地解决问题。

表5－4 “汽车维修”智慧实训活动

活 动	内 容
展开全息环境	智能设备，如微软全息眼镜 HoloLens，把虚拟物体和数字内容叠加到当前环境，构建了一个全息环境
模型构建	通过选择所喜爱的品牌汽车的各个部件，使用 TopMod3d、3DVIA Shape、TrueSpace 等软件，按照一定规则进行组装，构建在线3D模型，同时，在构建的过程中，眼前实时显示立体的汽车构建模型，针对不满意的部分，可实时修改在线模型进行优化
创建情境	在智能墙上显示学习者曾经去过的真实场景，以及刚才所构建的汽车模型，通过智能识别学习者的手势、姿态等动作，汽车做出相应的方向、速度等的调整
维护修理	汽车运行了一定时间后，出现难度由低到高的故障问题，学习者通过提示的操作动作或语音等信息，对汽车进行修理。同时，在修理的过程中，屏幕会出现所需要的修理工具、使用说明书等资源
求助专家	对难以独立解决的汽车故障，可求助专家共同解决，在专家指导的过程中，所需要修理的汽车部位会出现相应的操作提示，如旋转的箭头提示
任务实践	摘下智能眼镜之后，与其他学习者共同完成具有一定难度的真实汽车故障修理
评价反思经验交流	学习者对汽车故障修理要点进行总结，对自己和实训伙伴进行评价，并对自己取得的评价进行反思，交流感悟，查找不足，进行提高

5.4 高校创客教育的智慧创造学习

5.4.1 智慧创造

创新能力作为创客教育培养的关键，离不开技术支持与专业指导。智慧创造是为学习者提供一个设备齐全而开放共享、独立创造又协同创新的创造环境，具有共同兴趣、共同目标的学习者共同讨论决策，共同参与对现实生活中的实际工程项目的实施，共享创意与知识，充分转识为智，转智为创。

创新是创造的基石，创造是创新的终极目标。智慧创造为创新提供了良好的氛围与工具支持来实现从创新到创造的跨越。创新是创意与实际结合碰撞的火花，而创造是创新的进一步的“落地”。智慧创造是对先前的大胆想象、不成熟的创意想法，通过与生活中实际相关项目、课题的实施，经过主动学习、探索，联系实际、不断探究，不断反思迭代，将其变得可操作、更成熟，从而实现智慧创造。它更强调学习者的批判性思维能力与创造能力及团队协作能力。

智慧创造进行平台互联，云端存储，可以在学习者灵感迸发的时候，第一时间通过云平台记录、分享，同时通过物联网、混合现实等技术，尽可能地为其提供足够的创造空间，突破环境和空间的限制，实现随时随地创造；同时将过程翔实记录下来，以便学习者在智慧创造学习环境中与同伴进行后期完善。

通过凝聚更多领域的专家团队，具有共同兴趣、不同特长的学习者共同参与，形成创新共同体，通过头脑风暴，激发创意，将创意产品不断改进升级，进行再创新，达到智慧创造的标准。智慧创造不仅要有足够的技术支持，还要有足够的人力支持，在学习者遭遇创新瓶颈的时候，为其提供专家支持，为创新到创造提供专业发展指导，使智慧创造与行业有更紧密的黏合度。让学习者从企业、科研、政府等不同角度来考虑如何对创新性课题、项目的进一步完善，将创新用于实际生产，让创新走出实验室，实现智慧创造与创业，让创客教育实现价值变现。有条件的高校可以积极探求构建国际化多边合作创造团队，让学习者获得国际化视野，从国际化角度来提升团队创新的高度。

这就要求智慧创造学习环境有别于以教为主的实训课堂，师生之间与学生之间更多地是创造伙伴关系，学习者在智慧创造环境中，更强调学习者的创造，强调学习者的主动性与团队协作能力，由学习者转变为创造者甚至组织者的角色，能自行对项目进行策划、调控；同时教师作为指导者、伙伴的身份，提供建议，进行合作创造。合作创造的基础是大家有共同的创造目标，能够对于项目策划达成共识，分工明确，对于创造过程中遇到的问题、分歧进行有效沟通，共同积极寻求解决方案。在智慧创造环境中形成高效、有质量的创造团队。

创造是一个漫长而复杂的过程，并非一蹴而就的。在智慧创造的学习过程中，除了预设性目标，还充满非预设性目标，没有绝对的成功标准，容许试错与失败，鼓励跨界思维，让学习者具备敏锐的洞察力，综合运用显性知识，更多地习得隐性知识，得以实现创新创造。学习者在创造过程中强化实践能力、团队协作能力，在实践中生成创造智慧。

5.4.2 智慧创造的智能空间设计

作为“具身实践与创新理念的结合体”①，创客空间搭建起了创意实物化的便捷桥梁，而移动创客空间更是集便捷、开放和共享于一体，也称为车轮上的创客空间，不但能通过太阳能板将光能转化为电能而使车辆持续运转，达到任何目的地，拓展了创客活动的物理空间与影响范围；而且车内部有电子和计算机实验室（Arduino、BeagleBoard、树莓派、pcDuino、Edison、LittleBits② 等开源硬件与其他数字化工具）、焊接台、激光切割机、3D 打印机、钻孔机等设备，为学习者构建了一个设备齐全、协作分享和发挥创意的智慧创造环境，如图 5-5 所示③。

---

① 张春兰，李子运．创客空间支持的深度学习设计［J］．现代教育技术，2015，25（1）：25-31.

② 雒亮，祝智庭．开源硬件：撬动创客教育实践的杠杆［J］．中国电化教育，2015（4）：7-14.

③ Mobile makerspace［EB/OL］（2015-8-27）．https://wiki.hackerspaces.org/Mobile_Makerspace.html.

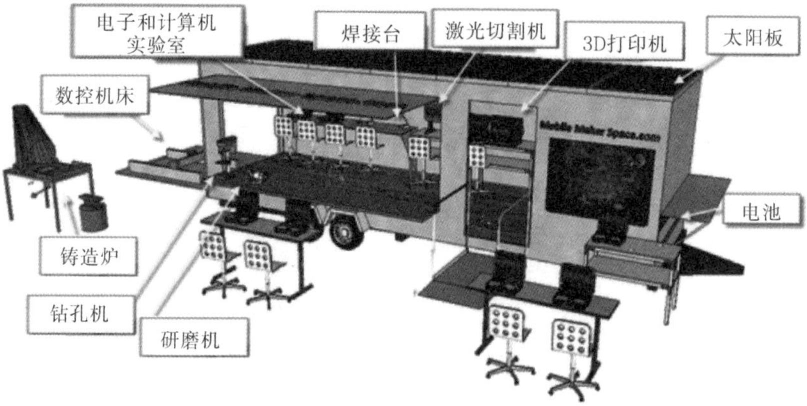

图 5－5　移动创客空间

5.4.3　智慧创造的学习活动设计

基于创客空间的智慧创造活动，旨在培养学习者新颖思维与创新能力，解决扎根于现实生活问题的工程项目。多形态资源的融合应用与复杂结构的工程项目，能够帮助学习者提高解决非良构问题的能力①。下面以“制作一辆 2 轮自平衡小车”② 这个工程项目为例，对面向高校创客教育的智慧创造活动进行详细介绍。

在智慧创造活动中，具有共同兴趣爱好的学习者通过参与决策、创造和共享，完成非预设活动目标，采用适切性方式完成项目，同时，无意识地连通学习网络，保持知识的时代性。制作一辆 2 轮自平衡小车智慧创造活动的流程如图 5－6 所示，活动的非预设目标、异构难关、情境内容、体验方式和科学评估如表 5－5 所示。

首先，学习者依据课题分析结果做出智慧决策。在确定项目之后，学习共同体分析项目完成的难度、所需知识技能、必要环节等信息，从而探究性学习所缺失的知识，之后，对活动的整体安排做出决策。

---

① Hackerspaces and engineering education [EB/OL] (2015－02－17). https://www.researchgate.net/publication/283777084_Hackerspaces_and_engineering_education.

② 南京创客空间，自平衡车 [EB/OL] (2016－09－25). http://www.do－idea.cn/detail.aspx?channel_id=14&category_id=66&id=326.

其次，分工完成采集数据、PID 自动控制，并利用 Rhino3DPRINT 2015 和 TopMod3d 等软件建立小车的各零件的 3D 模型，使用 3D 打印机打印零件，并利用 ARDUINO、热风枪、螺旋仪、电焊台等工具进行加工，完成过后，进行成品组装、测试及其再修改。

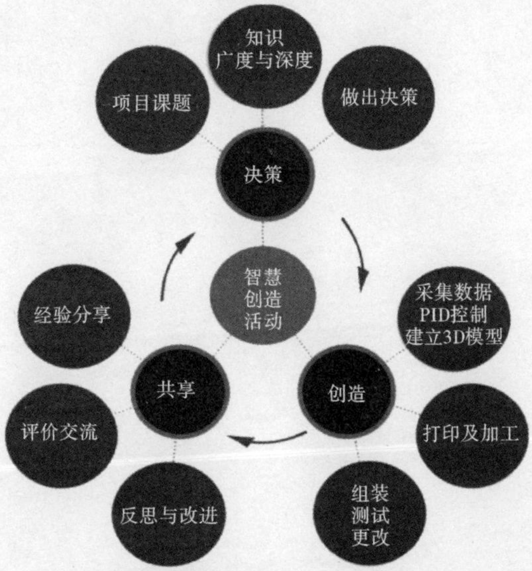

图 5－6　智慧创造活动流程

最后，在反思与改进的过程中完善自平衡小车，并与其他爱好者相互交流，共享经验。

表 5－5　“制作一辆 2 轮自平衡小车”智慧创造活动

活　动	内　容
非预设目标	利用创客空间内工具，设计并制作一辆 2 轮自平衡小车
异构难关	驱动电机，PID 的调整； ARDUINO 的数据采集精度
情境内容	自平衡小车原理分析与设计； 陀螺仪和加速度计采样数据进行转换； PID 自动控制与信号滤波； ARDUINO 协调运行； 成品组装与调试
体验方式	小组合作
科学评估	用户评价、同伴评价、自我评价、智能终端对活动过程数据统计及分析可视化呈现

第 6 章

高校创客教育的智慧化推进机制

6.1 智慧化引发高校创客教育推进机制变革

6.1.1 技术性变革

智慧化时代是信息与知识爆炸的时代，自李克强总理提出“互联网+”这一理念起，基于互联网的智慧化信息技术已经逐渐渗透到社会的每个角落。智慧化信息技术从动力、运行、评价三方面系统化促进高校创客教育的发展，加快了教育行业的变革速度和高校创客教育的推进力度。在创客学习者数字化学习空间中融入支持服务，主要表现为基于增强现实技术和虚拟现实技术创设虚拟现实情境；大数据跟踪技术和分析技术对创客学习者隐性和显性行为分析，挖掘其内在学习风格；通过推送技术为创客学习者提供学习计划、督促学习邮件、提供有效交流平台和学习资源，并结合线上一对一指导服务，促进精准教育决策的制定，推进正式学习和非正式学习的融合，为促使高校创客教育“人性化”和“智慧化”目标的实现提供持续的指导服务。

基于大数据跟踪技术及分析技术等创设的学习环境，实现了创客学习者学习过程的可视化。收集和分析创客学习者学习参与、学习行为表现等学习过程的数据，如对创客学习者创造的作品质量、与伙伴的合作交流情况、其他人对作品的评价、问题回答的正确率及教师或伙伴评价时的面部表情等数据搜集与分析等，便于高校创客教育者制定并提供精准的创新学习计划和学习策略建议。在高校创客教育的数字化学习空间中，需要利用学习分析技术分析学习者的学习情况，从而推荐个性化的学习内容。在这个过程中，海量非结构化的数据需要精准的分析，从整体到局部、从共性到差异、从过去到现在，全方位地为创客学习者提供更为精准的学习支持服务，因材施教，促进高校创客教育的“个性化”，从而弥补创新能力培养精准性不足的问题。

依托于增强现实技术和虚拟现实技术创设的虚拟场景，经过与现实场景的相互匹配、融合，有助于学习者从视觉、听觉、触觉、嗅觉等多感官全面感知知识情境，从而更好地进行情境化学习，增强现实技术和虚拟现实技术有助于深化体验学习的深度，有利于促进创客学习者长时记忆的形成与保持，从而推动高校创客教育理论与实践断层问题的解决。增强现实技术和虚拟现实技术缓解了部分高校因实验危险系数高、实验设备成本高、不易达标等因素而减少甚至不开设实践操作类课程或简化教学目标的局限，依托于技术的发展成熟，虚拟现实、增强现实等技术为构建高还原度的教学情境或实验情境提供了有力支持，学习者可以实现更接近现实情境的体验，并且提供给创客更加广阔的空间去发挥、演练其创新能力。利用虚拟现实技术和增强现实技术进行教学，辅以眼动追踪技术，对创客教学实践过程进行数据的采集和分析，便于日后对高校创客教育进行教学分析，以及考量教学项目设计与学习成效的相关性。

因此，智慧化信息技术与高校创客教育的结合，从技术层面上提高了高校创客教育环境的智慧化程度，激发了高校创客教育为学习者提供全方位智慧化服务的潜力。

6.1.2 平台性变革

基于智慧化信息技术搭建高校创客教育平台，从传播的广度和参与的多向性延展了高校创客教育服务的范围和领域。互联网作为智慧化信息技术“大展拳脚”的一个开放平台，其本质是开放共享，对于高校创客教育而言，它是课堂的延伸，将教学的形式由线下课堂扩展到线上虚拟教室，将教学的范围由一个实体教室扩展到世界范围内，也正是由于其横向传播的跨度优势及开放共享特性，使得更多元的学习者参与到高校创客教育中来，改变了创客的质量结构，为创新型人才的成长构筑了坚实的基础。

高校创客教育平台具有极大的开放性和包容性。它能接纳更多元化的人才，无论是合作共享的跨学科人才、兴趣各异的学习者，还是想法看似天马行空的幻想者等都能成为创客教育的参与者，人才跨度从本科生、研究生到博士，从本校到其他高校，无关成绩高低、学历水平如何、性别或种族的差异。开放、包容的创客教育智慧学习环境有助于促进创客学习者进行发明创造，在舒适的环境中创客学习者处于放松状态，他们的思维更活跃、更容易建立新旧事物之间的联系。高校创客教育的开放性和包容性，从横向上拓展了服务的范围，利于多元人才跨界合作。互联网将企业中各行业人才引入平台，渗透了开放的管理理念和先进的技术，促进了学校的智慧化发展，从深度上激发了高校创客教育发展的活力。

此外，智慧化信息技术的日渐成熟，使得不同区域间的合作成为可能，互联网将分散的高校创客教育资源汇聚、共享、重组甚至创新创造，避免资源冗余造成浪费，促使资源的设计更加精致化和系统化，区域化合作有助于高校创客教育合作、共享精神的构建、跨学科知识的融合、多元知识的涌现、创客作品质量结构的螺旋式上升及创新人才的合作能力与创新能力的培养，从专业性和精准度上提升了高校创客教育的服务性能。

6.1.3 虚拟开放性变革

智慧化信息技术的便捷性，降低了高校参与创客教育的门槛，使得高校创客教育更加平民化。高校创客教育的智慧化虚拟开放在吸引人才、创设个性化数字学习空间等方面的优势，有利于高校创客教育的推进，促进高校创客教育的构建趋于多元化和个性化。

首先，虚拟开放使得有兴趣的多元人才可以参与到高校创客教育的发展中，进一步扩大参与人才的横向跨度和深度，感兴趣的多元人才可在高校创客学习社区中申请参与创造。在创客空间中，创客学习者拥有更多的主动权，不必迫于学业、证书、等级等外在要求，可以按照自己的学习风格和意愿自由选择学习主题、材料、伙伴等，进行构思、动手设计、创造、解放天性、打破固化思维，单纯享受兴趣与创造所带来的快乐。高校创客教育是多元化人才向多元创新型人才进阶的有力支柱和跳板，创客学习者也可以在体验与享受中为加速高校创客教育的普及与大众化发展、改善系统整体架构及体系多元化提供更多的优化意见和建构服务。

其次，虚拟开放为创客学习者间的交流搭建无障碍桥梁，其无关性别、年龄和种族等差异，也打破了时间、地域等外在条件的约束。在虚拟开放平台中，每个创客学习者都宛如银河系中的行星，兴趣相投的创客学习者在感知到对方的“同频信号”后驶入相同“轨道”，这样的“同频信号”可能产生在任意地域的创客学习者之间、创客学习者和创客教师之间、创客学习者和专家之间。总之，在频繁的交互中，信息流的不断碰撞和知识的持续涌现，有助于高校创客教育资源的实时流通与更新，从而进一步丰富高校创客教育的内涵。

最后，基于虚拟开放的数字化学习空间，学习者可以构建自己的数字化创客学习空间，在一个数字化的空间中，创客学习者可以构建和享受个性化的服务，同时参与高校创客教育的教育资源建设。数字化学习空间是创客学习者进行学习的私人空间，学习者通过数字学习空间摄取新知识，与伙伴协作交流完成作品和发布；数字化学习空间是跨时空的空间，发布后的作品即时存储在学习空间中，可允许其他“游客”在任意时间访问并进行评论及提供建议，促进作者的改进与优化。

6.2 智慧化支持的高校创客教育推进机制

智慧化信息技术的互联思维推动了高校创客教育的系统性发展，有助于弥补高校创客教育发展断层的问题。依托于智慧化信息技术搭建的开放多元的平台，使参与创客活动的学习者更具多样性。跨学科、跨行业和跨领域的特征，弥补了高校创客教育自身横向发展的局限性，同时智慧化信息技术支持资源的再创性，提升了高校创客教育资源的更新频率，从而有利于消除高校创客教育路径发展过程中的封闭性。

创客教师和创客学习者作为高校创客教育中的核心主体，构成错综复杂的高校创客教育主体的多样化。多样化主体可看作互连网络中的节点，节点之间的连线构成了关系，同时也为系统能量的流动指明了方向，能量可持续流动的动力来源于主体的推动。高校创客教育的智慧化推进需要不断注入动力，因此构建高校创客教育的动力机制是维持高校创客教育智慧化发展的根本。

多元的创客主体相互交织构成了丰富的网状关系，维持关系的良性循环是保证高校创客教育系统有条不紊运行的关键。系统中每条关系都具有可替代性，形成极度丰富的关系形态，如果系统中的一条关系线路突然断裂，系统自身会自觉地更新出新的可流动关系链。这种自组织的修复性，能保证能量流动的多条路线的持续畅通，为高校创客教育系统运行注入新鲜血液，因此高校创客教育运行推进机制是促进系统智慧化线路畅通、增强流动动力和循环的保障。

此外，高校创客教育的评价机制从智慧流的深度、协同流的力度、管理流的速度和服务流的态度四个方面实现全面的监督、衡量和评价，为推动高校创客教育智慧化发展提供新的力量。多元主体和多样关系构成高校创客教育系统，而智慧流、物质流和能量流融合在一起构成衡量高校创客教育系统稳定性的重要指标。其中智慧流是高校创客教育动力机制的关键点，决定高校创客教育的质量水平；物质流是高校创客教育运行机制的着力点，制约高校创客教育的发展速度；能量流是高校创客教育评价机制的核心点，影响高校创客教育系统的动态平衡。

综上，从动力机制、运行机制和评价机制三方面层层深入设计和实施，将有力推动高校创客教育的发展。同时，有快速发展的物联网、人工智能、云计算、大数据等智能技术作为推动高校创客教育智慧化发展的技术支撑，也为创新人才培养提供了良好的环境。因此，高校创客教育智慧化推进机制如图6-1所示。

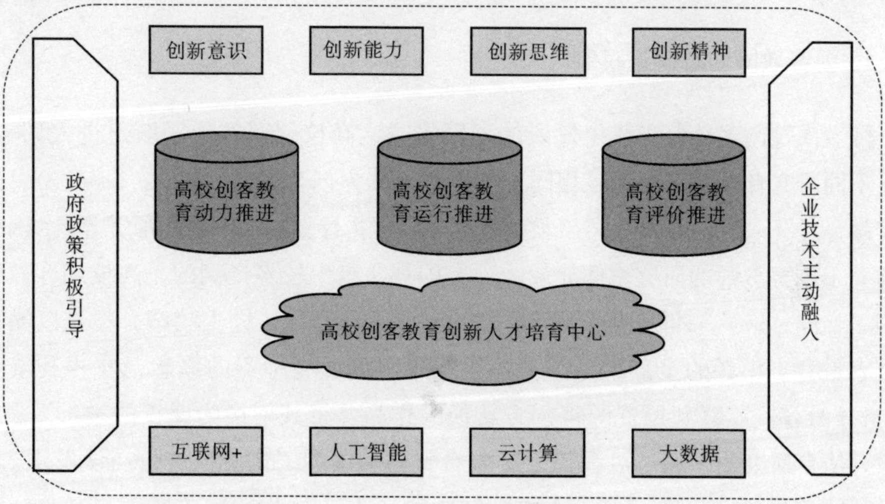

图6-1 高校创客教育智慧化推进机制

6.2.1 动力机制

智慧化能为高校创客教育提供发展动力，互联全球信息，融生动态知识，连通多向思维。借助大数据技术创设个性化数据跟踪分析环境，简单明确诊断创客学习者学习过程中存在的问题；通过人工智能技术智慧精准地为学生提供药方，对症下药消除其学习病痛症状；依托增强现实技术开创魔幻仿真全方位体验，高度模拟学习情境有希望彻底摆脱机械灌输导致的思维固化困扰。大数据、增强现实、人工智能等智慧化信息技术与高校创客教育的融合，有助于挖掘高校创客教育的深层内涵，打通智慧化信息技术与高校创客教育的连接点，从而为培育创新、创造型人才贡献推动力。

高校创客教育的智慧化发展旨在提升学生的审辨思维和创造力，培育创新型人才，而高校创客教育智慧化发展的源泉是创客教师和创客学习者汇聚的智慧流。目前，创客教师是高校创客教育智慧化发展中的重大缺口，普通教师成长为创客教师需要经历一定的发展阶段，本书提倡从推动创客教师的成长过程和提升创客能力方面来提高创客的师资能力，从而进一步提高各高校创客教育智慧化的质量。

1. 创客教师动态演进机制

随着高校创客教育智慧化发展的不断推进，高校创客教师逐渐走进人们视野，不过不同研究者对其定义不尽相同，有研究称其为创客教师（maker teacher）、高校创客教育者（maker educators）、教师创客、创客指导教师、创客型师资等①。国内外目前关于创客教师的研究整体比较少，在国外文献中较多提到的是高校创客教育者（maker educators）一词，甚至认为“教师（teacher）”一词太狭窄，不足以涵盖高校创客教育工作者的全部工作。王怀宇等提出创客型师资的概念，并将其限定为“服务于教育，能够利用资源将创意转换为作品并将其转换为课程的教师”②。美国设计协会研究团队通过对高校创客教育实施前线的工作者们进行访谈发现③，创客教师的角色可以是向导（guides）、鼓励师（cheerleaders）、激励者（motivators）、联结者（connectors）、倡导者（advocates）、模范（models）、学习者（learners）、导师（mentors）、朋友（friends）、评论家（critics）、顾问（consultants）、治疗师（therapists）、协作者（collaborators）、教练（coaches）等。其中最鲜明的两个转变是教师作为学习者（teachers as learners）和教师作为联结者（teachers as connectors）。

---

① 李彤彤，王志军，邹蕊，等．创客教师专业素质结构研究［J］．中国电化教育，2017（6）：80－86.

② 王怀宇，李景丽，闫鹏展．高校创客型师资培养策略初探［J］．中国电化教育，2016（3）：126－130.

③ HACHIGIAN A. Is the word“teacher” too narrow for maker educators?［EB/OL］（2015－05－06）. http：//www. agencybydesign. org//is-the-word-teacher- too-narrow-for-maker-educators.

创客教师作为高校创客教育智慧化发展的重要支撑力量，制约高校创客教育智慧化发展的速度、力度和深度，然而创客教师的成长不是一蹴而就的，同高校创客教育的演进一样，创客教师的动态成长也是循序渐进的过程，如图6-2所示。目前，大多数创客教师处于孕育与萌芽阶段，尚需引导创客教师更快地进入成长和引爆阶段，从而更长久地维持该阶段的动态平衡，进而推动创客教师进入共存和竞争阶段。构建创客教师共同体，营造良性竞争环境，是筛选高品质创客教师的关键。

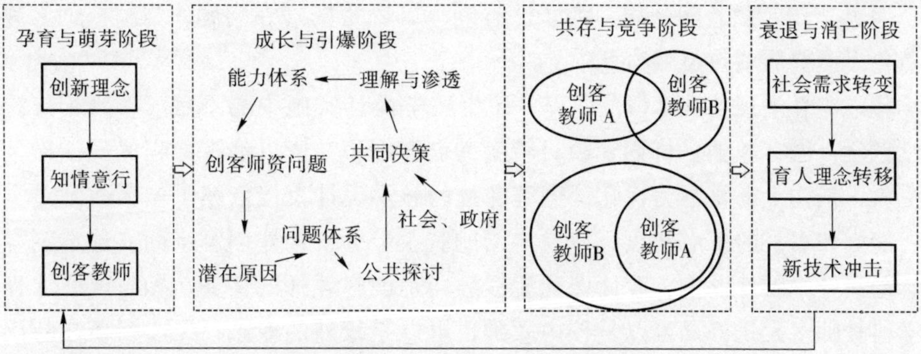

图6-2 创客教师动态演进过程

1）孕育与萌芽阶段

高校创客教育运用智慧化联通一切的思维，解除创客教师萌芽阶段的桎梏，引领教师进入自由健康绿色成长的道路。高校创客教师资源共存于高校创客教育智慧圈中，通过线上匿名考核，筛选真正热爱创客教育的教师，并制定该圈相应的应用规则；连通各行业的企业精英，打造线上虚拟圈，为高校创客教育智慧化引入实践智慧；同时，创客教师积年累月地不断探索和大胆尝试，离不开领导层的不断认可、激励、耐心、包容；此外，高校根据实际情况，积极创建宽松、开放、有爱的创客教育智慧学习环境，才能为高校创客教育智慧化虚拟圈和现实圈中的教师持续性地注入激情和活力。

高校创客教育旨在培养具有创新意识、创新思维和创新能力的创新型人才，培养创客学习者的创客教师更应该树立创新理念，不满足于现有的知识架构，对不擅长的知识领域大胆探索、追求创新。高校创客教师在产学研的氛围中造就了敏锐的感知能力，他们能及时对学习、生活中值得注意与研究的现象进行推理和分析，透过表层现象观察事物的本质和内在联系，从而为创客学习者提供情境化的项目参考与及时指导。

在高校创客教育智慧化发展进程中，教师的角色不再是掌控者而是引导者，创客学习者的创造能力在很大程度上取决于创客教师的引导，所以创客教师本身应是一名高级创客，以创新精神感染学习者，提升学习者的学习热情，以保持创客项目向创客课程的良性转换。

2）成长与引爆阶段

通过“望、闻、问、切”四步法诊断创客师资的潜在问题，为高校创客教育智慧化发展提质增效贡献力量。

望——教学现场观摩模范课程，评析教学设计实施中的不足。不同于传统的课堂教学，创客教学是将创客项目转变为创客课程，所以创客课程的教学设计难度更大，结构上需要更为优化。创客课程的教学设计直接依赖于创客教师对学生学习能力和水平的了解程度，以及丰富的教学经验，构建创客空间、选定创客课题、购买开源硬件设备、设计课题流程等均是创客教师的任务。参与观摩课程的跨学科教师多元化，既可以是校内教师也可以是校外的专家，无法临场参与评课的学者可通过课程实况转播同步进行评课，借助智慧化信息技术解决“观摩最后一公里”的局限。

闻——创设教学情境浇灌学生思维和心灵，聆听学生课堂反馈。学生作为高校创客教育智慧化主体之一，是教学活动的中心和服务对象，学生的课堂反馈最直接表现教学设计的效果和情境创设的成功与否。学生的直接反馈体现在创作的作品质量、课堂氛围、合作参与程度，但部分间接反馈是不易察觉的，诊断人员可借助眼动追踪技术和观看教学录像等方式综合考量。

问——跨学科教师参与评课，咨询多元主体点评意见。高校创客教育虽不对学科知识做具体要求，但强调以跨学科知识和思维解决问题。创客教师具有精深的专业知识和广博的科学知识，但对于跨学科的知识整体架构并没有专业教师明确，如何将知识巧妙融入到创客课程中、使学生以何种方式习得、知识点怎样串联成知识网络等问题还需要跨学科教师参与指导，给出改进意见和评价。“众人拾柴火焰高”，在多元跨学科教师的指导下，创客课程的知识更加结构化。通信技术便于多元主体间实时交流，点评意见以电子化形式存档也便于创客教师累积教学经验和反思。

切——转换位置，从创客教师本体出发，全面整合资源以优化教育质量。高校可鼓励教师向“双师型”教师转变，“双师型”教师一般指同时具备教师资格和职业资格，从事职业教育工作的教师，是教育教学能力和工作经验兼备的复合型人才，具有较强的创造能力①。高校可从企业引进优秀人才，招聘工作经验丰富且技术一流的专家到学校工作，或者校企合作，鼓励在校教师考取职业资格证，然后到合作企业实习。

在这一阶段，创客教师不仅需要外在的诊断发现问题，也需要对教学能力水平进行自我诊断，发现自身不足之处并加以改进。要实现维持创客教师成长和引爆阶段的动态平衡，需要注入智慧化信息技术的力量。智慧化信息技术与其说是一座宫殿，倒不如说是一座森林，它为创客教师的成长提供充足的养分和持续的动力，为创客教师搭建多学科融合的平台，提供多元主体共同参与的创新项目，给予多领域交叉融合的机会，共创多元能力考核体系。

3）共存与竞争阶段

优胜劣汰，适者生存的法则，同样适用于高校创客教育智慧化系统。创客教师在极度丰富的状况下，将面临共存与竞争的威胁，因此促进创客教师共同体协同创新与良性竞争便成为重要发展目标。人工智能技术的无形渗透，使得创客教师的智慧和学习能力成为生存的法宝。智慧化信息技术时代颠覆了传统学习方式，教师学会学习、学会思考、学会生存成为其重要的能力指标。创客教师只有站在智慧宝塔的顶端，进行精准课程的设计、开发、创造、管理、评价才能跟上知识更新的速度，以及能力考核的指标。

终身学习是创客教师在共存与竞争阶段得以生存的必备方式。任何创新实践都需要理论知识的支撑与指导，因此创客教师应当具备良性的知识结构，即精深的专业知识和广博的科学知识，能够多方面融会贯通；同时还需要掌握学科的研究前沿，把握专业动态。然而当前大多数中小学创客教师直接由信息技术学科教师担任，高校的创客教师也少有通才。由于高校专业分类详细，大多数教师对于专业知识都很精通，但其他领域知识了解甚少，这就造成理工科教师缺少人文社科知识、人文社科教师又对理工科有知识盲区的现象，导致创客教师整体上的创新创造能力有限。智慧化信息技术是创客教师终身学习的得力工具，创客教师可利用互联网上的一切教育资源、工具实现自我的提升与智慧化发展。

在人才辈出、共存与竞争的时代，创客教师生存的独特之处就在于跨学科的多元知识结构。创客项目需要多学科知识的融合联通，一般来说，教师所需要具

---

① 王怀宇，李景丽，闫鹏展．高校创客型师资培养策略初探［J］．中国电化教育，2016（3）：126－130．

备的知识可以分为通识类、本体类、条件类和实践类四类知识①。

通识类知识是指教师知识结构最基础层面的根基性的知识，指的是一般科学文化知识，包括哲学类、自然科学类、技术方法类、人文类、艺术类、综合类等，一般通过广泛的阅读获得。对于创客教师来说也是最基础、必须掌握的知识，高校创客教师的通识类知识是最为丰富的。

本体类知识是指教师所具有的特定的所教学科的专业知识，在高校创客教育智慧化中，本体知识即指跨学科知识，是创客教师培养创客的关键。提及跨学科知识都会和 STEAM 教育的五大学科联系起来，即 science（科学）、technology（技术）、engineering（工程）、arts（艺术）、mathematics（数学），二者的核心思想一脉相承，创客教师可完全按照 STEAM 五大学科知识体系学习，寻求知识，产生新突破。

条件类知识是指教育教学和教育心理学方面的知识，可以帮助教师更好地认识教育对象、理解教育教学活动的规律和方法，是教师进行教育教学的必备知识。创客教师也需要教育教学和教育心理学方面的知识来指导如何进行教学、怎样针对学习风格各异的学习者进行个性化教学等。

实践类知识则是指教师所具有的对课堂真实情境的多维认知，是教师教育教学经验的积累，也可以认为是教育机智，如创客教师对课堂上的突发情况的理性处理。创客教师在教学中应尽可能积累基于真实情境的实践类知识，其对创客教师的可持续发展尤为重要。

智慧化为“活到老，学到老”的终身学习时间提供了契机。在知识连通的数字化时代，加快了教师成长为创客教师的速度，教师可充分利用慕课、学习社区、创客空间、学习分析技术、虚拟现实技术、增强现实技术等学习工具或平台广泛涉猎跨领域知识，做到综合性、专业性、学术性和前沿性。

创客教师的成长过程是一个不断循环、动态改善的过程，完善的推进规则如同热带雨林规则，更有利于进一步促进高校创客教育系统的资源丰富、能量充沛、动力十足、智慧多样，进而促使多元主体的能力螺旋上升，系统机能进化，并逐渐趋于平衡稳定。

① 肖川．教师的幸福人生与专业成长［M］．长沙：岳麓书社，2014：59－93.

2. 创客教师能力提升机制

物联网、人工智能、虚拟现实技术、增强现实技术等智慧化信息技术走进课堂，逐渐淡化了创客教师的课堂表现力，越来越侧重于创客教师课前教学设计能力、知识连通能力、提升学生创新能力和精准智慧化指导能力等的彰显。智慧化信息技术虽然在某种程度上弱化了创客教师的课堂存在感，但教师可充分利用这些技术辅助自己的课前设计与内容教学。教育是一个双向传播的过程，教师与学习者处于一条平行线上，教师的能力如同弹簧的弹力，根据双方作用带动学习者达到一个新的高度，动态地调整到更高层次的平衡。高校创客教育智慧化更是如此，因此，如何增强创客教师的创客能力成为关键一步，本书设计的创客教师能力提升机制如图6-3所示。

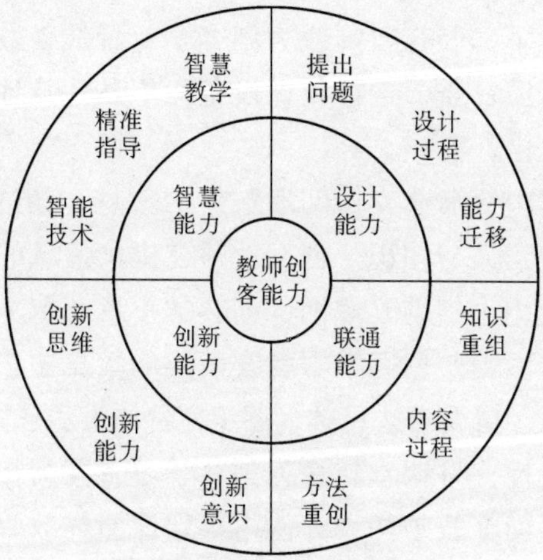

图6-3　创客教师能力提升机制

1）设计能力

高校创客教师的设计能力，突出表现在对学习者分析问题的能力和思考问题的思维方式的培养上，这是因为学习者具备知识的识记等基础学习能力，但缺乏批判与解剖问题的能力，这就需要创客教师适当设计，给予引导，直到学习者获得审辨分析问题的能力。创客教师的设计能力主要包括问题设计能力、活动设计能力和资源设计能力三部分。

（1）问题设计能力。若在创客课堂开始时直接布置项目，创客学习者一时难以进入状态，创客教师可通过一系列问题循循诱导。创客教师设计问题时需综合考量，问题要与创客学习者先前知识结构联结，然后逐渐拓展知识层次结构，围绕课程内容设计环环相扣的问题，促使创客学习者思考深度层层递进，培育创客学习者独立思考的能力。若设计的问题高于创客学习者的知识结构，出现断层现象，创客教师则需搭建“脚手架”，便于创客学习者进行知识联结和迁移。

（2）活动设计能力。在高校创客教育智慧化中，创客学习者在课程结束后知识掌握程度是否加深、人际关系是否进一步加强、创新实践能力是否得到提升等，都与活动设计直接相关。创客教师应紧扣内容设计活动之间的连接点，通过连接点的巧妙过渡，增强创客学习者之间的交流互动，提升创客学习者团队协作能力。活动的设计要激发创客学习者的学习热情和求知欲，释放创客学习者的天性，打破他们的思维定式。

（3）资源设计能力。完成一项创客项目最重要的资源是硬件资源和信息资源。在经济条件允许的情况下，创客教师应为创客学习者准备数量足且质量佳的硬件设备，创客教师要根据项目需要选择硬件设备而不是一味地以最先进的设备为最优选，将设备利用最大化。

在海量的信息数据中，筛选支持问题解析的信息，经过去粗取精，为创客学习者提供多元、前沿的信息与知识。创客教师在提供信息的同时也能锻炼创客学习者的信息价值分辨能力，借助互联网，创客学习者获取大量信息更加容易，但有效与无效信息的掺杂，需要创客学习者在浩瀚的信息中去伪存真，准确提炼有效观点，迅速融汇信息，精简表达见解，逐步完善语言表达能力体系。

设计能力提升策略旨在将课堂转变为创客学习者能力提升的大熔炉，促进创客学习者的能力迁移。创客教师的设计能力决定课堂的效果，影响创客学习者的成就层次，而一名优秀的创客教师能够将层次从底部呈金字塔状稳步提升。

2）联通能力

智慧化信息技术延伸到各行各业，在无形中加快经济发展的速度，重塑了生产方式和发展模式，联通思维渗透到教育中，从思维方式上吞噬固化和线性的方法，形成发散式和网状的思考脉络。

创客教师的联通能力可分为内联通和外联通。内联通，即将复杂知识体系化，联通简单的例子，使内容变得更为简约，而不是简单。内联通能力使得碎片化的知识实现逻辑化，清晰串联知识的思维是连通世界万物的重要能力，也是优化知识结构的重要能力。高校创客教育智慧化发展的独特性决定了创客教师的工作任务难度大且不易独立完成，此时教师应具备外联通能力，即与创客空间、技术专家、学科专家、同行教师联通，借助外部力量完善知识结构，更好地指导创客学习者。在高校创客教育的智慧化系统中，内联通能力处于主导地位，创客教师借助外联通能力不断内化知识，重组知识结构，为内联通能力提供保障。

创客教师不仅要主动联通还要被联通，要意识到自己和创客学习者都是高校创客教育系统中的一员，是网络中的一个节点，注重节点内部、节点与节点间及跨节点间的联通。创客教师在高校创客教育的智慧化系统中，只有学会联通一切有价值的资源，才能以恰当的方式持续推进高校创客教育的智慧化发展。

3）创新能力

创新能力是创客教师联通创新意识和创新思维的桥梁，教育内容创新、教学方法创新、活动模式创新等都是对高校创客教育智慧化横向发展的推进。而高校创客教育智慧化纵向创新则是创客教师设计教学内容新颖、有趣，激发学生兴趣，又可回味其中深度、难度、跨度和宽度。创客教师的创新能力包容了知识结构的完整性、专业能力的层次性、道德素养的工匠性，创客教师的能力体系梯度需要不断地更新和完善，从根本上提升教师的创新能力。

创客教师的成长过程是曲折漫长的，从“学习如何成为一名创客”成长为“一名高级创客”到最后“指导其他学习者成为创客”，角色从学科教师到创客学习者再转变成创客教师。高校创客教师的发展是一个不断探索、持续学习与思考创新的过程。

高校创客教师的创新能力包括创新实践能力和创新教学能力。首先，将创新想法变成现实作品是创新实践能力的主要体现，高校创客教师不仅要产生有价值的创意还要经常动手实践操作，产出作品。动手实践是作品产出的必由之路，高校创客教师要不断培养提升自身创新实践能力，在“做中学”并以内在知识结构指导实践，在实践中检验知识的理解和掌握程度。

其次，高校创客教育作为一种新型教育教学形式，要求创客教师根据教学情境灵活运用教育教学技能，培养创新教学能力，循循诱导学习者发挥创造能力。创客教师应充分发挥创客学习者的主体地位，进行创客项目时不需要向创客学习者讲解过多的知识内容及自身想法，而应该扮演好组织者、支持者和引导者的角色，引导创客学习者主动发现问题、分析问题、解决问题，启发创客学习者在跨学科知识的融合中对事物产生新的理解与认识。

在具体的教学过程中，管雪沨提出了“创课”教学法实施的四个关键步骤①：根据情景或问题设计创新性的项目任务；设计完成项目的路径、提供相应的资源和工具；通过学习、讨论、实践完成项目；组织分享和作品完善。Allen & Yokana② 将创客教学分为准备、实验、原型制作、整合反馈四个阶段，认为创客教师应针对不同阶段设计不同的教学目标与策略，准备阶段的重点是鼓励学生参与，激发学生的兴趣；实验阶段主要是了解学生的特征并提供个性化的指导、鼓励与支持；原型制作阶段要重点培养学生的自信心、胆量、资源管理能力等；整合反馈阶段教师则需要关注如何培养学生的批判性思维、倾听、深度理解、接纳反馈、反思等技巧。

4）智慧能力

创客教师的智慧能力是指创客教师使用智慧化信息技术对创客学习者进行精准指导并进行智慧教学的能力。其主要表现为通过大数据等技术跟踪记录学习者的学习轨迹，凭借云计算等实时推送个性化信息，依托人工智能系统等智能分析、呈现问题等，创客教师以其自身智慧能力精准指导创客学习者是智慧教学的重要部分。其中，智慧教学是创客教师利用各种先进信息技术和丰富的教学资源开展教学活动的过程，依托智慧化信息技术进行数据分析、特征提取，个性化建议推荐等教学活动具有高效、开放、多元、互通、深度交互等基本特征，可以提升创客教师教学智慧，从而促进创客教师专业发展。

智慧化信息技术是创客教师进行教学和创客学习者自主学习的重要辅助工具，真正的智慧体现在创客教师在搜集处理学习者动态学习数据的基础上，依靠精深的专业知识、广博的科学文化知识和多年积攒的教学经验对创客学习者和创客项目的精准诊断，然后做出个性化教学指导与教学设计，培养创客学习者成长为智慧型创新人才。

3. 创客审辨思维培育机制

高校创客教育是孕育创新人才的摇篮，创新的动力是创客学习者善于提出质

① 管雪沨．创课教学法在信息技术教学中的实践与研究［J］．中国教育信息化，2015（10）：70－71．

② Allen G.，YOKANA L. 4 steps to becoming a maker teacher[EB/OL](2014－05－19). https://gettingsmart.com/2014/05/4-steps-becoming-maker-teacher.

疑，并着手探索其中内涵，在智慧的碰撞中，产生创新火花。在这个过程全面展示了创客学习者的审辨能力和审辨思维的魅力，创客审辨思维培育机制如图6-4所示。

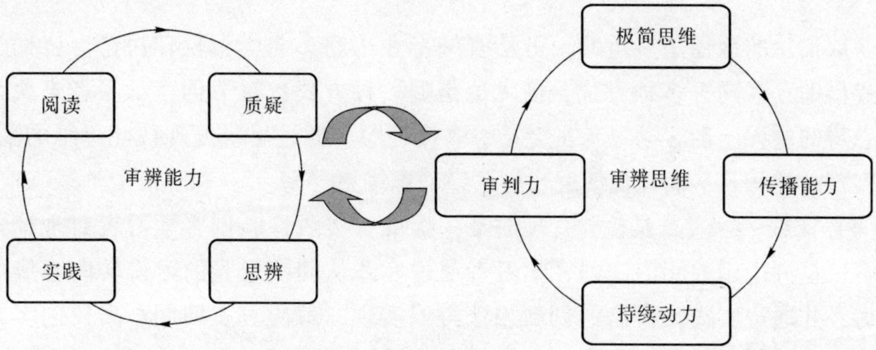

图6-4 创客审辨思维培育机制

1）审辨能力

高校创客教育不仅是培养创新型人才，其落脚点更在于促进创客学习者的“全人发展”。一般创客学习者都具有学习钻研的能力，但通常是“拿来主义”，即缺少对事物质疑和思辨的能力，不会质疑其准确性、适用性和时效性，如若创客学习者审辨能力薄弱可直接导致创客项目发展停滞不前，所以培育学习者审辨能力至关重要。

（1）阅读——正所谓“书读百遍其义自见”，学习者对事物的认识会经历一个从浅表到深入的过程，对知识的积累也会经历从量变到质变的过程。创客学习者通过广泛阅读，涉猎多领域知识，去中心化地学习实现重构自我知识体系，在融汇与重创中接受新旧知识矛盾的冲击，当知识积累到一定程度，学习者对“拿来”的知识就有了“辨别是非”的能力。“一日不读书，窗外过三秋”，当代知识的更新迭代速度远远超出想象，在科技日新月异发展进步和知识爆炸的时代，知识是无穷尽的，学习者需坚持阅读。

（2）质疑——质疑能力是我国学习者在传统应试教育制度下最缺少的，却是极其重要的能力，缺少质疑能力意味着创客学习者处于思维定式状态下，创新能力也大打折扣。在知识矛盾的激荡中，创客学习者看待问题的视角日益全面，当知识拓宽了视野，开始蔓延式思考，追寻矛盾根源，不断质疑与询问进而拨开层层迷雾。

（3）思辨——创客学习者在思辨过程中，多方面搜集论据以支持论点，在图尔敏（Toulmin）的论证模型中包含资料（datum，D）、必要条件（backing，B）、理据（warrant，W）、限定（qualifer，Q）、反驳（rebuttal，R）和结论（claim，C）6个基本要素。根据此模型，论证的基本过程是：资料（D）和必要条件（B）共同构成了理据（W），在接受了反驳（R）之后，经过限定（Q），使结论得以成立。

获取信息的途径是多重的，可从查阅专业书籍、与学习伙伴讨论、咨询学科专家或借助互联网等多种方式，但无论是哪一种方式，对于创客学习者来说都是一个思辨的过程。创客学习者在交互中取长补短，通过思辨发现彼此思维的漏洞，不仅实现教学相长，而且促使逻辑更严谨、思维更严密。

（4）实践——实践是检验真理的唯一标准。实践检验创客学习者对理论知识的理解、掌握运用的能力。创客学习者通过实践从间接经验的习得转向直接经验的习得，并通过实践让自己的创新想法得以实现，解决真实问题。高校创客教育是实践性强的学习活动，实践也是知识运用的过程，创客项目的创造过程即在实践中摸索获得新体验、新知识、新问题，以此来指导实践，从而在理论和实践循环中提升学习者审辨能力。

（5）审判力——审判力的构建要求创客学习者抓住重点、捋清线索、探索问题、寻找解决方法，反省自身的问题和对异见保持包容的态度，直面选择、果断决策，勇于为自己的选择承担后果和责任，在不断尝试中培育越挫越勇的工匠精神。

2）审辨思维（critical thinking）

审辨思维是一种高阶思维，“博学之，审问之，慎思之，明辨之，笃行之”方可达到理想的学问境界，创客学习者处于人生的初始阶段，勤学、常思、明辨可促使审辨思维的形成。

（1）极简思维——极简思维作为审辨思维的初级形态，指擅于将复杂知识或是烦琐事情编制成图表，实现极简传输。极简是一种转换能力，是透过层层迷雾抓住事物本质的能力，这种简约化能力不等于简单。极简思维有利于创客学习者捋清创客项目的整体活动架构和知识结构，错综复杂的知识在头脑中有清晰的层级联系，也避免创客学习者知识重组和改造时发生混乱。

（2）传播能力——简练语言的传播力更强。平时大家交流都习惯加上很多修饰词把事物描述得绘声绘色，在主语、谓语、宾语之外又加上许多定语、状语、补语。但简约、凝练的思想便于迅捷传播，如同在信道编码中去除冗余，节约存储空间，方便记忆，促进传播能力。例如，民国时期发送电报，最初想表达的内容为“你的姑父生了重病，怕是时日无多，你快回家来探望下”。当时发送电报按照字数收费，经济状况不良的民众会这样发送电报“姑父病重，速归”。

（3）持续动力——“冰冻三尺非一日之寒”，审辨思维的养成并非一蹴而就，创客学习者需锻炼自身的审辨能力，对任何知识都以审辨思考的角度切入，习惯成自然。审辨思维智能化思考中蕴藏着智慧，创客学习者要擅于调控运行机体，监控情绪情感，克服思维惰性，使思维处于活跃状态，为审辨思维模式的形成持之以恒地注入动力。

4. 创客学习者创造力激发机制

高校创客教育的开展是一项复杂多样的教育工程，创客学习者创造力的培育是该工程的终极目标。目标的不断实现是持续上升的阶梯式的过程，如图6－5所示，创客学习者创造力＝跨学科知识×好奇心（想象力）×价值取向，只有公式中的每一个因子都最大化，才可保证学习者创造力的最大化。

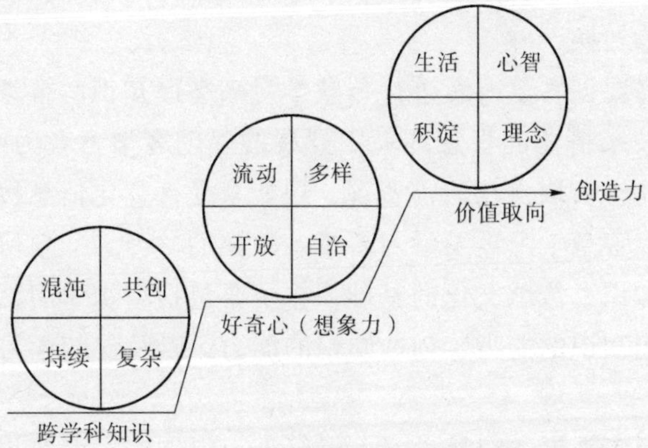

图6－5　创客创造力激发机制

1）跨学科知识

《教育部关于全面深化课程改革　落实立德树人根本任务的意见》提出通过跨学科教育活动整合相关教育内容，提高学习者问题综合分析能力与解决能力①。STEAM教育与高校创客教育所强调的跨学科知识是一致的。science（科学）是反映自然、

① 教育部关于全面深化课程改革落实立德树人根本任务的意见［EB/OL］（2014－04－08）．http://moe.gov.cn//srcsite/A26/jcj－kcjcgh/201404/t20140408_167226.html.

社会、思维等客观规律的知识体系；technology（技术）是解决问题的工具、方法和经验的总称；engineering（工程）是运用科学原理和技术手段创造人工物体的学问；arts（艺术），包含较广泛的人文艺术科目，如人文（liberal）、音乐（musical）、语言（language）、表演（performing）和美学（fine）等；而 mathematics（数学）则是研究数量关系和空间形式的一门科学。

科学、技术、工程、艺术和数学之间存在相互支撑、相互补充和共同发展的关系，在实际问题解决过程中它们也是相互交叉和相互渗透，以整合方式起作用的。从应用知识解决现实问题的角度，对这些学科不宜独立分割、强调分科教学，而应该作为整体统一考虑①。

跨学科知识强调交叉融合，增强思维发散性，带动创造力的迸发。随着学习App、微信公众号、大学慕课等智慧化信息技术“入侵”教育，教育资源愈加丰富，创客学习者在知识爆炸的时代，如何实现知识管理模块化、理性分析逻辑化，成为推动智慧化的关键因素。创客学习者畅游在多学科知识之间，并逐渐达到一种融合的状态，淡化了学科间边缘，增强了不同学科间衔接，使得知识连接性如同超链接一样自如转换。

跨学科知识需要创客学习者进行智慧学习来掌握知识。智慧学习是创客学习者在智慧化信息技术搭建的智慧环境中开展的以创客学习者为中心的学习活动。创客学习者不仅能够获取自己所需资源，还能享受智慧化信息技术带来的个性化定制资源和服务。智慧学习需要学习者具备较强的学习力。学习力是组织和个体掌握知识、创造知识、传承文化的基础，它主要包括组织学习活动的能力、获取知识的能力、运用知识的能力、创造知识的能力，以及伴随学习过程而发生的一系列智能技能②。

对于创客学习者来说，智慧学习不仅仅是习得知识，而要与自身原有的知识结构进行重组和改造，更重要的是超越学识、洞悉未知和通晓万理。智慧学习需要学习者具备未来智慧的视角，在复杂而多变的世界中努力提升好奇心、启发智慧、增进学习的自主性和责任感，积极、广泛、有远见地追寻有意义的学习③。

不同创客学习者的学习轨迹，勾勒出丰富而巨大的网状地图，多样知识地图之间的交汇，共创出新的学习路径；高校创客教育发展推动新工科萌芽，知识的

---

① 高云峰，师保国．跨学科创新视角下创客教育与STEAM教育的融合［J］．华东师范大学学报（教育科学版），2017，35（4）：47-53.

② 彭希林，周军铁，李苗．论学习力［J］．黑龙江教育（高教研究与评估），2007（Z1）：97-99.

③ 珀金斯．为未知而教，为未来而学［M］．杨彦捷，译．杭州：浙江人民出版社，2015.

广度和深度如同传送带的两个齿轮，平衡依靠前后轮速度，才可促使高校创客教育持续稳定发展。其中，知识地图①是对客观世界的知识映射后的可视化呈现，它将知识间的内在联系和知识体系以图形的方式展现出来，直观地表现了知识的构成及逻辑结构，可减少“知识迷航”，提高学习效率。错综复杂的知识地图，为创客学习者强烈的求知欲提供了方向，有助于消除以往模糊、不正确的思维逻辑，创客学习者可以清楚地知道所学的知识点所在层次，重新建构认知思维，规划学习路径。

2）好奇心（想象力）

兴趣是最好的老师，好奇心和想象力是驱使创客学习者创造的原动力，思维活跃的创客学习者内心始终保持着对事物的好奇心和想象力，部分惰性思维的创客学习者则需要外在环境的刺激和维系，创客学习者可通过接触新事物或新场景激发兴趣、信心、创造力。

依托于混合现实技术，虚实混合的空间更有利于培养和保持学习者的好奇心与想象力，实现沉浸式的场景学习，从而提升学习者的理解力，激发其进一步探索的欲望，进而为其创造力的培育奠定基础。在场景时代，利用三维显示技术、建模技术、测量技术和人机交互技术等，为创客学习者的探索学习创设身临其境之感，真正意义上提升创客学习者视听感、触摸感、嗅觉感，增强全方位的感知力。

高校创客教育作为一种体验学习方式，体验的本质是移情，学习者好奇心和想象力被激发的同时，“移情”也悄然发生。移情都依附于交互，运用数字交互设计为创客学习者提供感官体验和认知体验，使创客学习者在交互行为中不由自主地与学习环境相融合，移情于他物，沉浸式地将知识的认知、活动的参与、情感的调节均通过交互体验转移到自我本身，实现物我统一，即“共我”②。

多样感官的交织体验，使得学习的发生越来越情境化，这无形中淡化了正式学习与非正式学习的界限，有助于拓宽眼界，提升想象力；同时，自治的学习系统和不断涌现的开放性资源，宽松的学习环境，也都为培育创客学习者的好奇心和想象力创设了有利条件。

---

① 胡海斌，丁国柱，吴鹏飞．基于学习元平台的课程知识本体的构建与应用：以“教育技术新发展”课程为例［J］．电化教育研究，2017，38（10）：74－81．

② 郑海昊，刘韬．数字交互技术视域下的智慧学习元认知体验研究之一：共我体验突破交互边界［J］．中国电化教育，2018（12）：96－103．

高校创客教育的学习是具身的、情境的，技术改变了创客学习者与环境的交互，为创客学习者带来深层次的体验感，促进了创客学习者的多重交互，提升了显隐性知识流速，加速了知识量的积累，为好奇心的培育创设了条件；技术的“抽身而去”即技术的“透明性”，使得学习者在学习过程中感受不到学习工具作为事物本身的存在，实现了技术工具由物理具身到意向具身的转换。

3）价值取向

人的思想和行为都会受价值观的支配。价值观决定人们的价值取向，价值取向是人们根据一定的价值观对价值选择的定位和定向，它在“什么能做、什么不能做，什么应该做、什么不应该做”中表现出相对稳定的倾向，价值取向对人的行为有指导作用①。

价值取向定位创造力的发展方向，掌握创新产物的核心命脉，决定产品维系的生命长度，影响高校创客教育智慧化发展的质量水平，只有坚持正确的价值取向，才能做出正确的价值判断，才能促使实践创造的成功。高校创客教育培养的创客学习者正处于价值体系整合、完善的重要阶段，“全人发展”的核心理念也表现在个体价值体系的发展中。

在高校创客教育中创客学习者的社会价值和自我价值是紧密联系的。人都是社会人，个体生活在社会中，必须通过向社会上索取才能满足自我成长和发展的需求，个体在向社会索取的同时也必须向社会做出贡献，以获得社会和他人对自身发展所需的满足。

创客学习者在学习生活中的获得体验和自身对事物的审判形成了个性化的价值体系，创客教师在教学中要传递正确的价值观念，坚韧、百折不挠、迎难而上的工匠精神，凡事以严谨、认真态度对待，不做“差不多先生”。当创客学习者的价值观念明显表露出偏激时，创客教师要及时进行干预，给予正确的引导。同时创客学习者要以审辨思维评判价值，形成自己的价值体系，不随波逐流，时刻以“见贤思齐焉，见不贤而内自省也”警示自己。

教育与生活如鱼与水的关系，绿色健康的生活环境，极易熏陶乐观向上的心态，从而使得环境中的人看待价值的眼光也更长远。高校创客教育培育创新型人才并且帮助创客学习者增强心智，人工智能技术的日益成熟，对个体心智成长探

---

① 创造价值与承担使命［EB/OL］（2019－04－07）. htps：//wenku. baidu. com/wiew/2d88e7b7b80d6c85ec3a87c2402 8915f814d8471. html.

索越来越可视化，价值的取向也更加外显化。同时，创客学习者追求的人生理念，决定了价值的取向，引导树立清晰正确的人生理念；良好结构化的知识和丰富多样的学习阅历，积淀出创客学习者良好的学习行为习惯和正确的价值取向，因而培育创客学习者知识汲取策略显得尤为重要。

5. 多元主体动力融合机制

高校创客教育核心战略运作场地为高校，高校中创客教师和创客学习者紧密连接在一起，组成了庞大的创客网络核心体系。借助互联技术的网络架构，使得政府、企业和家庭各自独立运行的网络系统与高校创客教育实现了连接，因此，增强交叉网络的密度、黏合度和亲密度成为推动高校创客教育质量的重点，如图 6－6 所示。

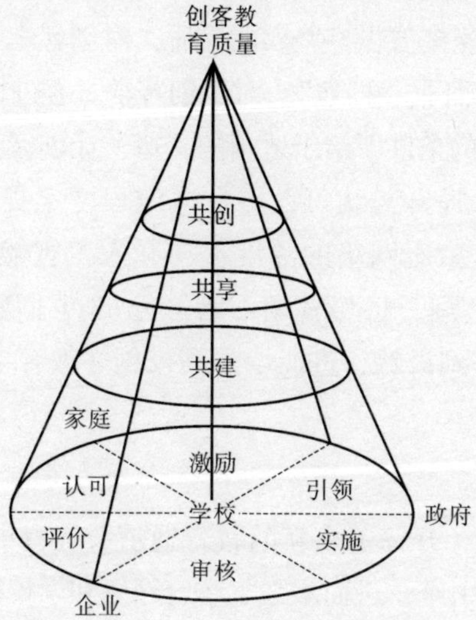

图 6－6　多元主体动力融合机制

1）家庭动力机制

一个个独立的家庭作为家庭这个巨大网络中的单个节点，每个节点质量的提升，不仅可以直接增强网络的协调性、稳定性和长久性，还可以间接地提升高校创客教育的品质。家庭教育是创客学习者思维的源泉，滋养着创客学习者的心灵。幸福和谐的家庭氛围激发学习者的好奇心、想象力和探索欲，鼓励学习者大胆尝试新事物，而高校创客教育本质上也是一个大胆探索和不断尝试的过程，这与家庭教育的理念不谋而合。

家庭成员对创客学习者的影响是潜在的和深远的，创客学习者从家庭成员中习得的知识、技能、思考惯性和行为习惯等，并非全部是直接正式指导，更多的是“言传身教”，观摩、模仿、内化、再实践，家庭成员要以正确的价值观培养创客学习者，使创客学习者在潜移默化中养成乐观的心态，促使创客学习者形成“乐于创造、享受创造、持续创造”的观念，提升创客学习者自我效能感、激发其学习动机。

在家庭中营造高校创客教育的氛围，不一定要投入高额费用在家里打造小型创客空间，家庭中的很多细节之处也是一种创客项目。例如，在墙壁上挂一幅画，怎样才能轻松摆正；卧室使用多少瓦数的电灯最节能；如何高效利用垃圾桶使家庭垃圾分类更便捷和快速等，家长带着孩子一起发现问题、分析问题、寻找解决方法、动手操作、实践体验，这种非正式的学习也是一种创客学习。

在高校创客教育中创客学习者进行的创客项目难度较大、周期较长，在学习、创造中难免产生挫败感，家庭要做好坚实的后盾，对创客学习者进行鼓励，对其劳动表示认可，进行“呵护”而非“摧残”。对于创客学习者进行的非国家基金支持的项目，家庭在经济状况允许的条件下给予适当的支持，让创客学习者专心学习、创造。

家庭成员认知能力的提升与认可，可在一定程度上提高创客学习者参与创新活动的灵活度和自由度。家庭网络的深度参与和人工智能技术的日益成熟，使得创客教育闲散资源得到整理，将培育学习者“全知并非全能”的理念层层传递，促使个性化主体特长发挥到极致，进而增强高校创客教育主体间联系的亲密度。

2）政府动力机制

政府导向的教育政策，开辟了全新的教育通道。教育借助教育政策的力量，开启了推动高校创客教育的引擎，进而增强了政府网络和学校教育网络搅拌的力度。

互联网、移动网络和物联网等技术的大力发展与支持，使得政府代表的顶层高校创客教育的理念，通过智慧化信息技术连接万物的能力，得以顺势传播，从而使得创新创造和智能智慧思想延伸到社会的每一个角落，为增强高校创客教育网络与政府网络黏合度提供条件。政府与高校教育网络的交叉密度增强不仅是理念层面，更要强调政策的不断落实层面。高校创客教育发展是一个连续的、持久的、漫长的过程，政府加大高校创客教育政策实施的过程也是不断尝试、多次磨合、互相容纳的，高校教育与政府网络阶段性融合，更有利于促进高校创客教育质量的提升。

我国推广高校创客教育的极大局限之一是经费问题，很多高校没有足够的资金创建创客实验室，因此政府应提供资金支持，为高校创客教育可持续发展提供基本保障。创客教师与学习者也应发挥主观能动性，争取使创客实验室及器材物尽其用，发挥周边事物的最大使用价值。

高校创客教育是教育领域深化改革的重要“抓手”，有望以“创新、创造”为核心理念带动整个教育的系统化变革，落实国家创新教育发展战略。政府导向的教育决策推动全国高校创客教育的有序、可持续发展，为创新人才培养提供更加明确的实施路径和方法①。

自 2015 年李克强总理考察深圳柴火创客空间起，高校创客教育引起我国政府的高度关注，但是我国仍面临严峻的教育不公平和不均衡问题。高校创客教育如何延伸到中西部偏远地区，如何让社会弱势群体也能平等参与？创客是否会加剧教育的不公平，是否会拉大数字教育鸿沟？这些难题都是高校创客教育在发展过程中不可回避的②。所以政府应汇集创客组织、教育界、产业界、家庭多方智慧，多方面协同发展，为高校创客教育的发展保驾护航，同时高校创客教育组织应当加强理论与实践的融合、创新，争取早日百花齐放。

3）企业动力机制

企业作为筛选人才的过滤器，承担着人才质量水平的评价和审核工作。人工智能技术对企业的介入及企业过滤人才的指标与时俱进，缩短了人才技术维持年限，增加了学习者的工作弹性，自动化智能化技术淘汰了一大批复制粘贴性质的工人，具有智慧的创新型人才更能适应当下及未来社会。

企业的新鲜血液注入高校创客教育网络，促使高校及时调整教育教学的方向和策略。企业可以与高校进行“校企合作”，为高校创客学习者提供实践和学习的机会，并对其中优秀的创客人才进行招聘。

企业技术的更新，犹如外来生物入侵，打破了高校创客教育系统主体的平衡。而各要素的动态调节和平衡控制能力，正是审核高校创客教育健康水平的重要指标。同样，高校输出的人才，通过网络路径，随机流向企业，企业与高校之间双向深入发展，才能从根本上提升主体创新与创造力。

随着高校创客教育的深入发展，高校创客教育的学习模式吸引了一批批企业参与进来。2014 年 7 月，中国留学服务中心、清华大学、新奥集团联合承办了中

---

① 祝智庭，孙妍妍. 创客教育：信息技术使能的创新教育实践场［J］. 中国电化教育，2015（1）：14－21.
② 杨现民，李冀红. 创客教育的价值潜能及其争议［J］. 现代远程教育研究，2015（2）：23－34.

美青年创客大赛，实现了中美首次高水平的高校创客教育交流。国内一些知名企业也积极参与支持高校创客教育，如联想创客大赛、海尔创客大赛等。这些创客大赛为高校创客教育的推广和宣传起到极大作用。

高校、政府、家庭和企业共生于高校创客教育系统，而创客教育系统中多元主体间交互、共享，更有利于网络节点间关系的稳定，加强顶层设计，共建运行平台、共享信息、共同创造，层层推动高校创客教育智慧化的阶段性发展，进而为社会培育创新型、智慧型人才。

6.2.2 运行机制

高校创客教育系统的正常运行，离不开运行机制的调节与把控，而智慧化信息技术为教育提供技术骨骼；数据流的循环流动为教育注入了新鲜血液；数据分析技术则展现了创客教育智慧化系统的智慧。因而运行机制是保证高校创客教育横向实现资源整合、纵向调动系统协调发展和维持环境动态平衡的重要部分，如图6－7所示。

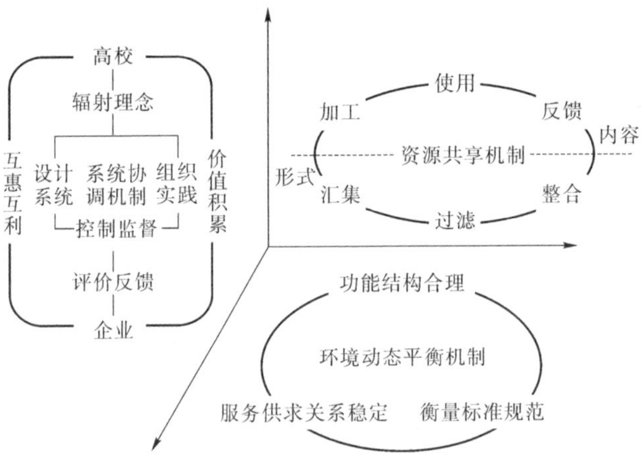

图6－7　高校创客教育运行机制

1. 资源共享机制

高校创客教育资源因智慧化信息技术的渗透，实现了大连通和大融合，互联网平台的迅速发展，通过缩短信息传播的路径从而降低了获取信息的成本；拓宽了信息传播的通道并提高了信息内容的丰富度；使得闲置资源发挥了最大价值。高校创客教育资源质量水平是推进高校创客教育系统发展的重要保障，因而畅通创客资源的流动路线，促使创客资源的模块化管理，是提升创客资源内容深度、广度和高度的原动力。

首先，加快资源流通速度。高校创客教育资源是高校创客教育质量提升的生命线，保证高校创客教育机体健康成长，需要保证资源流动的血管畅通，补充养分提高血液质量。

创客运动的蓬勃发展，极大地丰富了高校创客教育资源的种类和数量，但其中部分资源内容存在重合且时效性低的问题，高校优秀创客教师和创客学习者作为高校创客教育系统的生产者，应具有筛选高校创客教育资源的能力，恰当精准地过滤冗余、过时、无效信息，加快资源流通速度。同时高校创客教师和创客学习者在创造生产过程中也要体现学术的前沿性、理论指导实践的精准性、创客项目的创新性，将优质、有效、时效性高的高校创客教育资源投入到创客教育智慧化系统，在保证源头教育资源质量的同时，为高校创客教育智慧化发展注入源源不竭的动力。

开放的高校创客教育平台，连通社会各行业的分解者，加速高校创客教育资源的分解，扩散系统的能量和热量，分享智慧的结晶。高校创客教育平台的学习社区高效运作，大大缩短了高校创客教育资源多元流向所需的时间，从而加快高校创客教育资源流速。高校联合企业开放高校创客教育绿色通道，增添高校创客教育资源的多重通道，同时借助媒体力量横向拓宽通道，纵向缩短高校创客教育资源流通路径，提升流动速度。同样，校企合作便于高校创客学习者及时享受优质教育资源，也加快了资源流通速度。因此从高校创客教育资源链上提升资源流动速度，确保资源品质，进而促进高校创客教育高效。

其次，扩大资源共享限度。高校作为创客教育培养创新型人才的主战场，享有更多的优质创客教育资源，所以扩大资源共享限度的一种方法是提高高校创客教育资源的利用率。高校应贯彻“全民创客”的精神，倡导全员学习者参与创客活动，发挥主观能动性，充分利用高校创客教育资源。

扩大资源共享限度的另一种方法是不断整合分散的、零碎的高校创客教育资源，优化教育资源整体结构，构建模块化功能，最终实现统一化的分布式管理，实现高校创客教育资源最大限度的共享。

虚拟现实技术、增强现实技术、人工智能技术等智慧化信息技术推动各领域发生深刻的变革，与教育跨界融合，在教育场景中的深度应用，引起创客学习者的创新兴趣，开发多样的资源种类，使得知识可视化程度增加，清晰的模块化管理资源，更有利于资源的流动。

高校创客教育落地于生产生活的创新思想，剖析创客学习者能力提升的资源需求，将高校创客教育资源与提升创客学习者能力以递进的形式匹配，螺旋式推动学习价值与资源的匹配度；资源的扩充与共享的整体力量建立在良好的管理机制之上，而机制是促进共享的良好推力，公开化、透明化的资源创新管理准则，是网络化平台运行的支撑，也是资源共享深度的保障。

最后，促使教育资源内容和形式的深加工。高校创客教育资源内容体系打破了传统专业知识固有的层级结构，创建了灵活的网状式知识，增强了知识的生命力，赋予了学生更多的生存与生活技能。

高校创客教育涉及跨学科知识，知识错综复杂，尤其是高校创客项目涉及知识难度大且零散，不易将其系统化。高校创客教师和创客学习者可将每个项目的相关知识以思维导图或知识地图等形式进行表述，在整理过程中深度思考捋清知识脉络和相关关系，并将其上传到学习社区，在讨论和被评价中反思与再重构。

部分创客学习者容易在错综复杂的专业知识网络中迷失方向，而高校创客教育资源提供边缘化的新颖知识体系，其中囊括了更多业余形态的交叉学科知识，在丰富创客学习者的知识广度的同时，汇聚生活常识类等多元化知识涌入高校创客教育系统，丰富创客学习者的知识广度，培育多样的业余专家，提升创客学习者的个人幸福感，进而推动社会的和谐与进步。

就技术而言，虚拟现实和增强现实技术等正在改变人们与世界交互的方式。在高校创客教育中，这项技术有助于创客学习者在与虚拟、现实世界互动的过程中，建构自己对教学内容的理解，同时在整个交互过程中，易于对操作、行为进行采集和分析。在交互过程中，各个信息通道中呈现的内容，可以根据教学内容进行设计，并在可控的条件下进行呈现，有利于创客学习者的注意力更为集中在有效教学内容上①，对知识进行深加工。

---

① 王德宇，宋述强，陈震．增强现实技术在高校创客教育中的应用［J］．中国电化教育，2016（10）：112－115.

就工具而言，高校创客教育资源中最重要的工具是开源硬件（open source hardware）。开源硬件是指用与自由及开源软件相同的方式设计的计算机和电子硬件[①]，其成本可控的优势加快了高校创客教育的普及速度，在产品迭代更新过程中促进创客学习者资源的深加工。

高校创客教育系统中各要素的不断提升、演变都离不开物质资源的供给，只有高校创客教育资源内容持续更新与不断拓展，才能更好地促进创新人才的成长。

2. 系统协调机制

高校创客教育颠覆了传统教育的模式，革新了运行模式。高校各层级之间需要厘清高校创客教育内涵，协同调控高校创客教育的运行，才可使得各级管理人员共同为高校创客教育智慧化开辟良好的环境。因此，如何促使高校创客教育理念的深层次渗透，消除各个部门之间对高校创客教育运行的障碍，是高校创客教育在协同创新中实现互惠互利及达到社会价值积累的关键。

互利互惠。建立互惠互利的高校创客教育系统，才可保障系统运行的有条不紊。不同学科教师、不同岗位的管理人员、不同知识背景的创客学习者和跨知识领域的高校创客教育参与主体，促使多元主体参与高校创客教育协同发展，为高校创客教育系统贡献更多能量和智慧，增加了更多的创新利润。

高校创客教育主体的异质性不断增强，促使高校创客教育链中节点更加丰富，同样为创客学习创设多元素文化氛围；另外，创客教育智慧化系统实现公平合理的利益分配制度，“多劳多得”的原则，同“物竞天择，适者生存”的法则一般，保障创新主体互惠互利；系统整体稳定地运行需要良好的管理体系，多元主体共建规则，共同遵守秩序，从而维持高校创客教育系统的长久稳定、动态平衡。

在企业层面，通过校企合作将企业的先进技术、项目运营和管理经验优势引入高校，通过参加赛事和实践实操等形式补足教学资源短板，高校定期邀请企业家到学校宣讲，企业提供高校创客学习者观摩、实习、竞争上岗的机会，企业与高校协同开展高校创客人才培养，全面提升创客学习者的创新意识、创新思维和创新能力，促进创客实现项目落地，为培养高校创新型人才提供动力，为企业聘用合适的人才提供保障。

价值积累。无论是高校创客教师还是创客学习者，都享用社会提供的丰富优

---

① 董颖，郑友取，李俊．地方高校创业教育的模式探讨［J］．高等工程教育研究，2016（4）：95－98.

质教育资源来实现人生价值，所以也应当服务于社会。对社会尽责任、做贡献是人生价值的主要标志，只有充分发挥自己的创造潜能，才能在劳动和奉献中创造并实现自己的人生价值。人生价值包括人生的社会价值和自我价值两个方面。人生的社会价值，即个人对社会的责任与贡献。它表现为个人要把自己潜在的能力发挥出来，为社会创造物质的或精神的财富，满足社会和他人的需要。人生的自我价值，即社会对个人的尊重和满足。它表现为社会要尽可能地尊重个人的正当要求和合法权益，满足个人生存和发展的需要①。

高校作为“全人发展”最重要的教育场所，拥有社会中优质的教育资源，担负着培育创新创造人才的重任，高校创客教育作为改善传统教育的突破口，是深化我国教育改革、推进素质教育的重要战略，携手全社会实现系统创造，最终实现为社会发展积累价值。

高校创客教育作为新型教育模式，拓展了创客学习者的学习方式，延伸教育实践领域，为创新提供了战略要地。同时营造浓郁的创新创业情境，激发创客学习者的创造热情，为培育创新型人才奠定基础。高校创客教育是扩大就业渠道、建设创新型国家、增强国家竞争力的重要举措，无论是对国家、社会、区域、高校还是学习者个体，都有着深远的意义。

高校智慧、企业智慧、家庭智慧的融合是推进高校创客教育智慧化发展的不竭动力和重要保障。企业作为高校创客教育系统中的技术引领者，协同创客教师和创客学习者的智慧资源，实现人才资源与企业服务岗位的供需匹配，合力把控创新主体与资源数量的合理分配，进而促进价值积累的恰当性。社会作为检验创新人才整体质量水平的过滤器，高校人才培育的节点，需要通过社会规范一一对应实现相互认可。

高校创客教育运行机制的有机协调，需要高校各部门通过线上线下的高效协同配合，以实现高校创客教育系统网络动态衍生。各部门成员作为高校创客教育网络的节点，高校创客教育理念的不断辐射，萌生了新节点，新节点与新节点智联及新节点与原节点智联，增加了高校创客教育层级之间的新链，推倒了传统教育部门之间的围墙。

同时，链之间的关系也是整个高校创客教育系统协同的关键，及时沟通，畅通各组织部门践行高校创客教育通道，大数据技术下跟踪监督和记录高校创客教

---

① 创造价值与承担使命［EB/OL］（2019－04－07）. hpps：//wenku. baidu. com/view/2d88e7b7b80d6c85ec3a87c24028915f814d8471. html.

育运行情况，结合数据分析技术实现全面的评价反馈，从根本上促使高校创客教育稳健运行。

任何一个系统均由多个要素构成，对创客教育系统中各要素及其动态关系的分析和把握，是构建系统的基础和依据。高校创客教育系统的构成包括创客主体（高校创客教师和创客学习者）、创客活动（创客教学和创客实践）、创客环境（创客空间）、创客资源（软硬件教育资源）等一系列复杂的要素，系统中所有要素相互作用、相互依存，维持动态平衡，实现共同发展。通过顶层设计，对系统进行自上而下全方位地优化、革新，构建以提升创业能力、培养工匠精神、培育创客文化为主要目标，有高校特色的高校创客教育系统①。

3. 环境动态平衡机制

智慧化信息技术颠覆了固化的教育环境，实现了互联的大同世界。开放互联的教育平台，为高校创客教育的发展提供了沃土，调节了创客教育智慧化系统良性循环，维持着动态平衡的高校创客教育环境。在高校创客教育系统中，创客主体节点本身的弹性水平、节点构成创客链自我修复能力及整个环境中的网络化反馈调节，影响着高校创客教育质量水平。

服务供求关系化环境。高校创客教育中的创新主体作为网络中的节点，自我弹性管理、资源灵活运用、开放学习制度直接影响创客教师和创客学习者的成长水平。高校、家庭、企业、政府共同参与高校创客教育智慧化建设，其中各个节点的自我发展，需要构建良好的服务供求关系，实现恰当精准对接，有利于整个组织的弹性演变。在大数据时代，资源的开放和共享，弱化了资源的拥有权，增强了资源的自愿使用权，虚实结合的资源管理，拓宽了资源的流通范围，也为创客主体提供了资源灵活运用的健康环境。

从技术角度分析服务供求关系。高校创客教育涉及跨学科知识，常规的教学工具手段难以从创客项目的实际操作情境中定量、定性地抽离出创客学习者的学习质量和学习机制，需要利用智慧信息技术工具分析和服务。创客学习者动手实践探究问题的过程，是学习者经历观察、分析、操作、归纳、概括的认知过程，以及体验知识的形成过程。

---

① 徐颖，宋弘扬．师范院校创客教育生态系统构建研究［J］．中国教育信息化，2018（12）：15－18.

高校创客教育大数据分析技术的应用，主要是学习行为分析和教学管理①。学习行为大数据分析技术是支撑高校创客教育智慧发展的重要技术之一，它采集和汇聚了创客学习者在智能化教育环境中学习产生的大量学习数据，对创客学习者的学习数据进行有针对性的分析和解释，从而获取创客学习者学习的隐性和显性行为，明确创客学习者在学习过程中的显性变量和隐性变量，然后将分析得出的结论反馈给学习管理者（高校各部门）、服务者（创客教师）和参与者（创客学习者），促进管理者、服务者和参与者的反思及教学改进，评估创客学习者的学业进展，发现潜在问题，预测未来表现，提供智能化的教学建议。数据的可视化分析，跟踪记录了创客主体的学习进程和质量，其中创客学习者学习兴趣和创新能力备受关注，开放的学习制度推动高校创客教育化发展。

多元主体功能化结构环境。维持高校创客教育环境智慧化的动态平衡，本质上需要提高创客主体链功能结构的复杂性，其中加强创客主体多元学科的融通性、开放国际高校交流学习频繁性、赋予创客主体多重创新角色尤为重要。

在传统学校教育中，学习者学习多门学科知识，由于多学科之间彼此独立，学习者少有机会将跨学科知识融汇运用，导致部分学习者学习兴趣不高，成绩两极化，缓解这种困境的方式是在真实情境中综合运用多学科知识。高校创客教育中的创客主体在尝试探索中，涉及多领域的专业知识，有利于增强不同学科主体的交流，汇聚智慧结晶，畅通创新主体探索的道路，联动多学科主体的知识流动，提升创客学习者的多重能力，营造和谐共存的创客环境。

就高校创客教育现状来说，国外起步早、发展更为成熟，中西方高校创客教育虽然存在差异，但仍有很多丰富的经验和文化理念值得借鉴，如“尚工文化”、创客展览会（maker faire）、奖金激励机制、创客社区和基地等。高校为创客主体创设与国际学校交流沟通的机会，不闭门造车，在不同文化和思维的碰撞中，引入新的力量取长补短，进而增强高校创客教育功能结构的健壮性。

创客主体在高校创客教育系统中，角色在生产者、分解者、传递者、消费者之间时时跳转，是创客环境智慧化复杂性的外化，创客主体在所扮演的每一种角色中进行生产再创造，提高教育资源流通速度，为高校创客教育系统注入源源不断的能量，使系统中各要素处于相对稳定的动态平衡状态。

衡量标准规范化环境。运行机制的原动力是保障高校创客教育动力机制持续发展的源泉，而高校创客教育环境的动态平衡离不开反馈式协调控制，其中管理

① 吴文峻. 面向智慧教育的学习大数据分析技术［J］. 电化教育研究，2017，38（6）：88 −94.

制度的反馈、创新产品利益反馈和资源共享的反馈，制约着创客主体化发展的持久性。

高校创客教育的可持续发展离不开管理制度的监管。管理制度制定前应听取家庭、政府、高校、企业等各要素成员想法，多方采纳意见并协同制定。高校创客教育系统中要想形成公平、公正、合理的管理制度，离不开网络主体的及时反馈意见和不断修正，促使管理制度得到认可，实现良性循环化的信息流通。高校创客教育系统处于动态平衡的状态，系统内部的能量流动和物质循环时时变化，管理制度为保证系统的健康运转也需酌情修订、不断完善。

创新利益互惠实现能量循环流动，创客教师从高校创客教育中收获成就感，创客学习者在高校创客教育中发展创新能力，企业从高校创客教育中收获人才和利益，政府从中收获经济提升和社会稳进发展，创客主体利益流动的不断反馈，从而维持高校创客教育环境的平衡。

资源共享反馈体现在系统中各要素贡献出能量投入系统中，随着能量的流动，资源被多方要素使用，能量逐级递减，在能量输入、传递、转化和流失的过程中，各要素进行反馈，反馈的结果通过顶层再设计得以改进，再投入系统中循环。

6.2.3 评价机制

高校创客教育在“大众创业，万众创新”的大环境下迅速展开，各大高校纷纷投入人力、物力和财力，建起了众创空间，但是普遍存在过分强调硬件设施的投入，忽视高校创客教育本身内在的发展和对高校创客教育评价指标构建的现象。虽然在智慧化信息技术的联通思维下，有助于大量的高校创客教育资源实现大融合，但只是盲目地推动高校创客教育模式发展，对高校创客教育达到的目标是什么，仍没有一个清晰明确的说明。

传统教育评价内容主要是学习者外显行为的等级划分（优、良、中、差等）和学业成绩（具体分数），评价标准和内容不全面，难以进行个性化评价和持续性评价。在高校创客教育智慧化环境中，创客学习者的学习行为和结果产生大量数据，智慧评价利用智慧化信息技术（云计算、教育数据挖掘、学习分析技术等）定期采集创客学习者数据（学习行为、学习轨迹、教学资源使用率、交流合作等）

和创客教师数据（教学质量、教学进度、支助服务等），对采集的教育数据进行深度挖掘，得出科学的评价。高校创客教育评价指标体系的缺乏，也制约着高校创客教育智慧化发展的质量。因此，本书将从高校创客教育的智慧流、协同流、管理流和服务流等方面进行评价机制的设计，如图6－8所示。

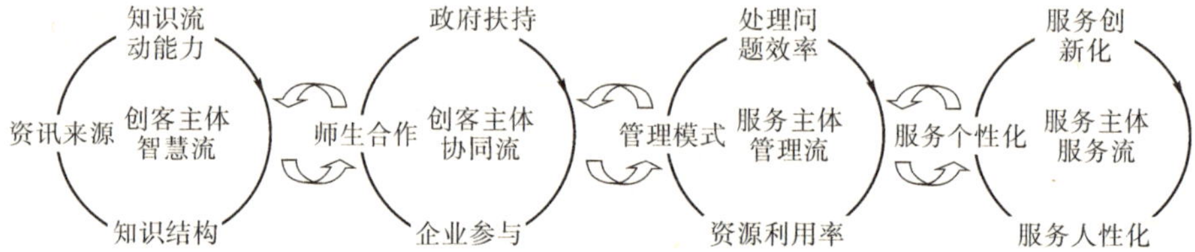

图6－8　高校创客教育评价机制

1. 智慧流评价机制

高校创客教育系统，依托智慧化信息技术，将高校创客空间与虚拟高校创客教育平台相融合，无论是线上还是线下的高校创客教育，本质上都是实现智慧化系统中创客主体的智慧流流通，智慧流如同生命体系的灵魂，也是高校创客教育的最终目的。关于创客主体的创新智慧和研究，从来源、流动能力和整体结构进行设计。

智慧来源。人工智能技术融入教育行业，智慧学习备受关注，智慧学习核心为学习效果，而高校创客教育是实现智慧学习的有效途径。

智慧流来源为高校、企业、政府等多方力量的汇集，是集体智慧的产物。智慧流是创客学习者从智学到智造的能量供给，是创客学习者大脑、心智全面发展的源动力，有利于创客学习者显性知识和隐性知识的相互转化，促进学习者在面对非良构和复杂问题时以审辨的角度分析和解决，在真实情境中灵巧创造，培养学习者核心素养和多方面感知问题、深度思考、灵巧学习的能力。

高校创客教育中智慧流的源头需要进行有效监测。高校创客教育智慧流的可信度评价指标受到考验，智慧流传达内容的可信度需要创客专家的审核或是在实践中进行检验。每一股智慧流在高校创客教育系统平台中的流通，都必须接受审查，确保平台的可靠性，增强高校创客教育知识的权威性和高品质性，这在一定程度上吸引更多高校创客教育的消费者、传递者、分解者和生产者，使得高校创客教育平台得到社会广泛认可，进而推动高校创客教育质量水平的提升。智慧流的流动使高校创客教育系统中各要素的运作有质的提升。

智慧流动力。智慧流的流动能力是高校创客教育知识传播和影响力延伸的关键力量，也是评价高校创客教育发展深度的衡量指标。庞大的高校创客教育系统，主体之间通过多样的关系连接在一起，通过网络实现智慧传递，智慧流流经每一个节点，节点主体对于高校创客教育内容的接受度和认可度，影响着智慧流通的质量。智慧流流经每个节点之间的链路的稳定性，影响智慧流的流动速度。提高智慧流流动能力的效率，不仅需要保障创客主体的能力水平，还需要维持创客网络关系的稳定性，因此高校创客教育智慧流的流动力水平是衡量高校创客教育发展速度和深度的重要指标。

智慧流结构。高校创客空间和高校创客教育资源平台双双融合搭建了高校创客教育智慧流的结构平台，互联网技术的融合性，促使资源的汇集、使用、再创造，缩减流通路径，增强知识的模块化结构，通过良好的智慧流结构实现真正意义上虚实平台资源、服务、产品的融通性、对接性和联系性。

智慧流的产生不是将高校创客教育资源简单地堆砌、混合或是归类，而是促使高校创客教育资源实现实时联通及运转。高校创客教育各个环节都渗透于创客空间和线上平台的服务，高校创客教育的最终学习效果是创造性产物的输出，创新性产品通过云端平台与社会生产联系起来，是将创意真正地落地、生根、发芽，将学校智慧与企业智能紧密联系起来。此外，社会需求是推动科技教育发展的原动力，处理好需求与创新创造的对应关系，才能从根本上提升高校创客教育质量，带动社会价值，推动企业发展。

2. 协同流评价机制

智慧化信息技术颠覆了传统生产生活方式和学习方式，孤立的、单线条的教育方式已然无法适应社会发展，从跨学科合作、团队合作、区域合作到全球化合作模式，协同配合的创新模式已经渗透到高校创客教育发展的各个环节，高校创客教育智慧化系统中师生协同的密切度、企业协同的紧密度和政府协同的力度成为关注的重点。

师生合作力。高校创客教育系统动力机制核心主体为创客教师和创客学习者，协同创新中师生之间情感、信任和容纳度影响着高校创客教育活动的发展。高校创客教育过程中多样的创客项目，使创客教师和创客学习者有更大的选择空间。

创客教师的专业素质质量影响创客学习者成长为创新型人才的质量和速度。

创客教师要具备创新意识与创新思维、设计意识与设计思维、实践意识与工匠精神、节点意识与联通思维、分享意识与团队精神、安全意识与尝试精神等为特征的创客精神；要具备跨学科的多元专业知识结构；要具备创客空间建设、创客课程开发、创客技术应用、高校创客教育教学等专业技能①。通过教师的引导，开阔学习者眼界，培养其独立审判思考的能力。

创客师生因兴趣汇聚在一起的创客团队有更强大的凝聚力，在漫长艰辛的高校创客教育执行过程中，协同力度和配合默契度会进一步提升。首先，创客教师不仅是指导者也是学习者，就先进技术而言，创客学习者掌握速度快，综合运用程度高，有助于师生共同学习，实现教学相长。其次，创客团队之间人员的流动性加强，时时为团队注入新的力量，增添集体智慧结晶，促使创客项目顺利发展，产生错落有致的流通模式，促进彼此学习、共同进步。最后，开放的创客主体人员流通制度，包容的高校创客教育环境，使得高校创客教育氛围充满浓浓的信任感，成员之间联系纽带更加坚不可摧。

政府帮扶力。高校创客教育融合政府引导力量协同推进创新人才的培养，政府承担着推动地区经济发展的重要使命，经济发展离不开创新人才的培养，创新人才的培养与需求促使高校和政府紧密联系在一起。

2015 年 3 月，李克强总理在政府工作报告中首次提及“创客”一词，并提出实施智慧化行动计划。随后，国务院出台了一系列文件要求大力推动“创客”运动和“创新创业教育”营造良好的发展环境，使高校创客教育在国内掀起高潮。政府从高校创客教育机制的协同顶层设计、资金支持和政策帮扶，一直在为高校创客教育的普及和“全人发展”目标提供支持。政府推动高校创客教育发展的主要方式是将高校人才培育基地与当地先进企业紧密融合在一起，协同区域人才引进政策，使得理论与实践进行交汇，将人才推向实战场地，将更多的创新人才引进，使得多元创新主体通过政府的协同共同发展。

高校人才培育政策的开放实现与企业的合作，以及企业享有培育人才的绿色通道，都离不开政府的宏观调控政策，多元主体的协同能力，影响着高校创客教育整体发展水平的持续性和长久性。

企业推动力。高校创客教育培育学习者创新意识、创新能力和创新思维，人工智能时代的到来，越来越多的工作岗位将会被替代甚至被淘汰，能够在创新的

---

① 李彤彤，王志军，邹蕊，等. 创客教师专业素质结构研究［J］. 中国电化教育，2017（6）：80－86.

潮流中前进的唯有创新型人才，企业的发展更需要创新型人才的加入，为企业创造更多的利益。

高校创客教育弥补了传统封闭式教育的不足，将企业智慧和灵活化创新理念引进高校教育，关于如何将封闭式发展的高校教育与灵活开放的企业文化教育融合，实现创新型人才协同培养，本书认为需要考虑以下几方面：首先，评价高校与企业连接的平台，平台的开放性、公平性，都影响两者之间协同发展的意愿；其次，双方提供的资源，是否实现供需平衡，从内容的质量和可靠性上，能否实现长远发展；最后，彼此协同发展连接点的上升空间，能否实现螺旋式上升发展模式。

浙江科技学院在这方面也做了很多有益的探索，构建了校企协同创新创业教育 343 体系，以人才培养模式改革为动力，以多元联动、资源集聚、互惠共享为目标，发挥校企合作的协同效应，构建由“理念—路径—机制”组成的 343 创业教育体系，即“三感三创”育人理念、“课程、导师、基地、文化”四大协同路径、“激励、沟通、可持续”三大保障机制①。

3. 管理流评价机制

运行机制的管理流是高校创客教育评价机制的重要组成部分，管理流加快了高校创客教育智慧流的流动频率，增强了系统的鲁棒性，激发了高校创客教育活动的热情，推动了多元主体参与高校创客教育的积极性，因此综合高校创客教育的管理模式、资源利用率考核和层级之间沟通效率等方面对管理流进行评价，能更好地促进高校创客教育有序运行。

管理模式。各高校的创客教育无论是高校自主经营、企业主导还是校企合作的管理模式，都影响高校创客教育的高效运行，高校创客教育模式传递的管理内容是评价真正的关键点。

高校创客教育的发展层次是从维持型向成长型过渡的模式，因此企业化管理为高校创客教育提供了全新的创新理念，促进了创客教师与创客学习者之间的契合度与平等性，促进创新创业的衍生。企业化管理思想有利于高校创客教育发展的规范性，保证高校创客教育的良性发展。

---

① 董颖，郑友取，李俊. 地方高校创业教育的模式探讨［J］. 高等工程教育研究，2016（4）：95－98.

高校创客教育的线上与线下平台的融通性，对于高校创客教育主体跨专业融入团队提供了支持，开放包容的教育平台，为更多创客主体融入高校创客教育系统降低了门槛。高校创客教育线上平台有助于创客学习者碎片化学习知识，弥补知识和技能的短板，同时线上平台扩大了主体的多元性，促进创客主体间跨界合作，互相启发，实现创新创造，而真正实现创新创造的过程，需要将虚拟平台与创客导师紧密融合，资源的个性化提供，以及订制化课程的推送，都实现了创客主体与平台之间动态提升的融通。因此，高校创客教育管理理念和平台融通性成为管理流评价的指标，管理模式也直接影响各部门、各岗位之间解决问题的效率。

解决问题效率。高校创客教育管理机制的核心内容是及时发现问题并解决问题，解决问题的效率，体现了管理流的质量水平。

高校创客教育管理者，需要打通高校各部门之间的联系，增强高校创客教育中各个职能部门或岗位之间的连通性。连通性的黏度影响沟通的便捷性和高效性，连通性的黏度和问题解决效率呈正相关，连通性的黏度越高，问题解决效率越高。而提升黏度需要学校各领导层之间对于高校创客教育发展的目标保持高度一致，畅通沟通渠道对于信息流通和创新活力有着至关重要的作用。

高校、企业和政府三大巨头“三足鼎立”形成高校创客教育发展的稳定结构，三方有效衔接高校创客教育的“维持型”向“成长型”过渡，同样，高校解决问题的能力，从学校内部延伸到学校外部，从解决企业问题延伸到解决政府问题，问题解决的效率也是考核高校创客教育专门负责部门业绩的重要标准。

资源利用率。高校创客教育系统的资源利用率主要体现在能量流动、物质循环和信息流动三方面，高校创客教育资源利用率是高校创客教育平稳运行的能量，资源使用的活跃度表明了高校创客教育系统的动态性和健壮性，还需扩大高校创客教育多重要素的参与度，只有促进参与才可不断提升资源的质量。考核高校创客教育资源利用率，从参与高校创客教育的人员数量、对资源内容的评价反馈情况、资源平台的利用率及优秀创客项目的产出等多方面进行综合考量。

高校创客教育执行的力度，携手推动智慧化系统的能量传递；高校创客教育资源平台数字记录，依托大数据技术将高校创客教育的深度量化，量化指标的评价更具说服力，同样也为改善和提升高校创客教育质量提供了有力证据；创新产品，从产品的质量和性能角度评价高校创客教育资源的利用率，无论是创新产物，还是优秀创客主体，从结果上评价，都是利用资源转换形成产物的结果，所以都可用作评价资源利用率的指标。

4. 服务流评价机制

高校创客教育发展平台将线上虚拟平台与线下物理平台结合发展，随着智慧化信息技术融入学校教育，教育服务功能的重要性尤为明显，因此服务性能也成为对高校创客教育质量检测的标准之一，由此，高校创客教育要增强服务性的个性化、创新化和人性化。

首先，服务个性化。技术与教育的融合，智慧化目标的实现，使高校创客教育的衡量标准越来越高，服务的个性化也成为考核高校创客教育系统的标准。

就线上虚拟平台来讲，数字化学习空间作为高校创客教育资源中尤为重要的一环，为创客学习者营造了良好的个性化学习环境，数字化学习空间是创客学习者查缺补漏、弥补知识和技能短板的“能量供给站”，创客学习者不需要按部就班地学习，完全可以以自己的喜好选择时间和学习内容来学习，这是一种以兴趣为导向的非正式学习方式。就线下物理平台来讲，是对创客学习者在线上虚拟平台学习成果的检验，提供创客学习者实践动手实践的物理设施，创设真实环境检验学习者解决实际问题的能力。

教育的真正核心不是简单地传授知识，而是教会学习者如何获取学习能力，如何实现创新能力的培养，在高校创客教育的过程中，越来越注重学习者的个性化发展。高校创客教育中的个性化学习，是根据学习者的学习风格、学习兴趣和学习能力提供订制化的内容。服务行业的核心是顾客满意，进而才能获取收益。同样，高校创客教育中的产品应是让消费者买单的原动力，如何持续创造收益，只有专注提升产品的质量，才能持续推动高校创客教育发展。

其次，服务创新化。技术创新、学习创新、教育创新，同样，高校创客教育也需要创新。服务的本质是产品，产品只有不断创新，才能持续发展，因此注重高校创客教育服务创新，无论是从技术上突破高校创客教育内容的展现形式，还是从内容上提升产品的质量，都是创新的表现。

高校创客空间是培养创客文化和创新型人才的花园，服务的创新性也体现在创客空间的服务性上。其中，最具代表性的便是清华创客空间①。清华创客空间是一个开放的软硬件开源社区，是学生进行智能硬件创业的平台。任何专业背景、

① 杨现民，李冀红．创客教育的价值潜能及其争议［J］．现代远程教育研究，2015（2）：23－34.

零基础的同学，包括文科生都可以参与，强调多学科间的交流互动。该空间每周定期面向所有校内外学生开展创意分享、工作坊、头脑风暴、产品设计培训、创业培训等活动。通过合作探究、项目驱动、专业指导等多种方式，激发每位成员的创造潜能，使他们在动手创造及分享知识中体验成功的乐趣。

高校创客教育服务于学习者，将激发学习者的创新能力，作为高校创客教育主体本身的整个教育体系，要将创新创造的血液流通到高校创客教育环境的各个角落。高校创客教育主体本身只有将创新服务的理念发挥到极致，才能更好地吸引创客学习者参与，推动学校发展，进而得到企业认可，受到社会欢迎。

最后，服务人性化。高校创客教育的核心目的是服务创客学习者，而人性化服务，强调高校创客教育提供的创新教育平民化，考虑参与高校创客教育的成本、时间，同样也要考虑高校创客教育带来的效果。

高校创客教育的普及率受到高校创客教育服务水平的影响，良好的服务总会得到消费者的青睐。在高校创客教育中，主要参与者是大一至大四阶段四个年级的学习者、研究生及部分教师，借助于智慧化信息技术支持的开放高校创客教育平台，中小学学习者、有兴趣的老年人等也可参与到创客教育中。当前高校创客教育发展中表现出的学习者参与度不够、学习的整体效率低等问题，一方面是因为高校创客教育内容不具新颖性、实用性和实时性；另一方面则因为高校创客教育表现形式太过模糊，不够通俗，使得在不同专业学习群体之间传播性弱，因此从一定高度进行高校创客教育质量服务人性化的评价，是高校创客教育服务流评价的重要组成部分。

高校创客教育不仅要培养具有创新意识、创新思维、创新能力的创新型人才，还要让学习者在“做中学”和“玩中学”，在学习者天性发挥的基础上，全面发展学习者的能力，让学习者充分感受到学习和创造的乐趣，培养学习者的审辨思维和智学、智造能力，锻炼学习者动手和创造性解决实际问题的能力，从而促进“全人发展”的实现。

第七章

高校创客教育的智慧化发展策略

高校创客教育中多元主体及其与智慧学习环境的复杂关系，构成了高校创客教育系统的复杂性。高校创客教育的智慧化发展是一个从量变到质变的过程，需要系统中每一要素均朝智慧化方向发展，也需要各要素间的交互、融合趋于智慧化，本章从智优高校创客教育主体、智优高校创客教育活动、智优高校创客教育制度和智优高校创客教育环境四方面入手探究高校创客教育的智慧化发展策略。

7.1 智优高校创客教育主体

智优高校创客教育主体，实现创客教育主体智慧化是创客教育智慧化发展的前提。创客学习者和高校创客教育者是高校创客教育的核心主体，也是高校创客教育过程中最基本最复杂的人际关系，它直接影响教学目标的实现与人才培育的质量。

随着智慧化信息技术的不断发展，虚拟与实体世界的边界被逐渐模糊，浩瀚的虚实融合空间，涌现出大量免费的资源，给予创客学习者更多选择的机会，也为实现个性化学习提供了支持。同时将高校创客教育发展维度从二维的师生关系转向了虚拟与现实交错的多维空间，环境的改变致使高校创客教育主体的能力需要进一步提升。

创客教育主体的智慧化不仅体现在个体运用智慧化信息技术进行创新创造，更重要的是主体内在的多元知识、技能的掌握和自我提升，主体间的和谐共生的关系，创客团队间信任与亲密无间的配合，为达到这种高阶关系需要赋予高校创客学习者权力、增加高校创客教育者弹性、平衡创客主体间的和谐关系、缩短创客团队间的社交距离和消除多元创客不信任壁垒。

7.1.1 赋予高校创客学习者权利

高校创客教育融合智慧化信息技术，不仅丰富了创客学习资源，拓宽了创客学习边界，同时也警醒了高校关注创客学习者的智慧化发展与智慧生成。这需要赋予创客学习者更多的权利。其中包括学习者选择知识发展能力的自由权，边缘化兴趣得到尊重的空间权，表达自我需求的话语权，以及关注创新能力和情感需求的关爱权。

学习的过程是知识与能力发展的过程，知识转换为能力，必须要将知识运用于实际，能力是内化知识的综合体现，能力也只有在知识的持续学习及训练过程中得以体现和逐步提高。高校创客教育强调通过跨学科知识解决实际问题的能力，高校规定学习者应掌握知识技能是对学习者的底线要求，距离实现智慧化发展还相距甚远，所以高校在规定学习者需要掌握知识技能的同时要赋予创客学习者知识发展能力的自由权。创客学习者具有无限的潜能，成长为创新型人才需要具有广博的知识和扎实的技能做基础，所以创客学习者要以兴趣为出发点多方涉猎，实现知识均衡发展。

当前高校创客教育学习者承受的压力主要来源于学校严格的科研要求。科研任务、就业压力等致使学习者在科学兴趣上花费的时间大打折扣，长此以往学习者兴趣逐渐弱化，部分小众、边缘性的兴趣更是得不到培养与发展空间。但是，兴趣作为创客学习者学习的最有力驱动力，是学习者最好的老师，能够帮助学习者弱化来自科研压力等外界干扰。边缘兴趣的大众化需要这一小部分人竭尽全力地推广，就像创客概念最初引入中国时几乎无人问津，当前却在教育行业开展得如火如荼一样，因此高校应为学习者留出一定的可自由支配的时间与空间，助推学习者的科研和兴趣同步发展。

高校创客学习者是成长为创新型人才的主力军，其创新能力尤为重要。高校要关注学习者的创新能力，设定评价指标，定性定量地对创客学习者进行客观、全面的评价，及时给予理论知识和实践操作上的支助服务，保证学习者有充足的信息资源和时效性强的友好平台，从而迅速洞察学术前沿。高校创客项目难度大、周期长，在创造期间创客学习者的情绪、心态会发生微妙的变化，成就感和挫败感是相对的，且凡事皆物极必反，因此高校要设立心理咨询部门给予创客心理疏导，还可以定时召开座谈会，给创客学习者表达的权利，了解创客学习者动态的学习需求和情感需求。

在高校创客教育推进机制中，创客学习者可以更好地发展审辨思维能力和创造力能力，而这些能力的发展都离不开创客学习者在专业知识学习与自我特长发展间的平衡调节，以及对能力发展与情感需求间的包容。因此高校在赋予创客学习者更多权力的同时也促进了高校创客教育的智慧化发展。

7.1.2 增强高校创客教育者弹性

在互联网技术支持下的高校创客教育可以被看作是一个庞大的系统，高校创客教育者不仅要调节、监控高校创客教育系统的进程，而且要深入了解系统中每一个学习者的学习习惯、兴趣、动机，还要针对创客学习者提出的不同问题，提供精准的指导方案，这样才能保证系统的有序运行。

高校创客教师肩负着培育创客学习者创新的使命，应该有更高的多重素养。目前，很多高校创客教师存在的问题是知识较为单一，由学科教师到创客教师转型困难，难以满足创客项目对跨学科知识和动手实践能力的要求，高校可以通过建立“教师创客空间”等为教师转型提供支持。教师创客空间可以将各学科教师聚在一起，每位教师根据自身擅长的领域，交流协作，彼此取长补短，互相启发，产生不同的创意，为转型积累经验，最终将创意转变为实物。

高校为教师创建专属的创客空间是很有必要的，首先，创客空间为教师提供了充电和创造的场地及工具支持，教师通过创客空间把自己的创意变为现实。在这一空间内，各科教师还可共享开源硬件；其次，在教师创客空间中，最重要的资源是教师们的集体智慧，“尺有所长，寸有所短”，教师们在创造中、协作交流中共享理念和知识，借助互联网技术，如 QQ 和微信等使交流更方便，教师们可以创建高校创客教师的群聊或加入其他群聊，共同参与创客项目、高校创客教育大赛和其他课题等；再次，群组成员数量虽多但可能有些教师对于高校创客教育并不是真正感兴趣，通过在群组中分享其他教师的优秀创客作品，以此来激发其他教师的热情和创造欲望，有利于促进学科教师向创客教师的顺利转型。

高校也可以多校合资共建教师创客空间，通过这样的方式总成本不变，而多方投入成本降低，或者多方以自己学校建设教师创客空间成本投入共同建设经费中，建设一个最先进的创客空间，不仅有利于教师之间的知识共享，也加强了学校层面的高校创客教育管理，促使教师成长为超级创客。

此外，高校在对教师评价等管理上存在一些弊端，例如，教师教学业绩的考核、评估指标，大多仅有“量”的规定，而无“质”的要求，这在一定程度上抑制了教师创造的积极性，所以高校应完善创客教师的评价制度，教学、科研所指导的创客学习者的作品质量等多方面综合考虑。为鼓励“创客型”师资的发展，高校可以采用教师轮换休假促创新的制度①，例如，教师工作3年或更长时间后，可以有半年的休假进行科研创新。这样教师可以暂时从繁重的教学任务中解放出来，为他们进行创新实践提供更多的时间。教师在休假进行科研创新的过程也是自我发展的过程，回归岗位的同时为高校创客教育注入新活力和新思想。

高校创客教育者需要关注学生情感需求，设计课程资源，指导教学过程，提供精准资源服务。互联网技术将教师资源汇聚为庞大的数据库，高校创客教育者在合理的机制中选择自我发展方向，精细划分高校创客教育者负责领域，从而促进高校创客教育教师的专、精、深。高校创客教育者只有保持开放的、终身学习的态度，积极融入高校创客教育系统，不断自我完善与自我提升，才能保证高校创客教育的智慧化发展②。

7.1.3 平衡创客主体间和谐关系

创客教师和创客学习者作为高校创客教育的主体，其关系的和谐程度正向影响着高校创客教育系统的动态平衡。高校创客教育本身就是一个复杂的适应性系统，高校创客教育主体作为此系统中的关键组成，因而可以从自组织的角度出发来看待创客主体之间的关系。

自组织是事物依靠内在的力量、自发有序地走向组织的结果，是一个系统发展的最理想状态。自组织的师生关系应该是一个有着强烈成长动力的和谐、有序的师生关系，但现实中的许多师生关系往往是依靠外界力量推动的师生关系，表现为师生关系的单向化、陌生化、冲突化等诸多异化状态③。

就师生关系的单向化状态而言，其成因是传统教育中教师处于主导地位，绝大多数教学活动是教师向学习者单向的知识传输，教师与学习者之间交互少之又少。而在高校创客教育中，创客学习者虽处于绝对的主导地位，但由于创客课堂引入较多先进的互联网和多媒体技术，看似机器取代了教师，其实不然，教师的角色由知识传授者转向引导者、组织者和支持者，智慧化信息技术促使了高校创

---

① 王永生．高等学校创新型教师队伍建设的体制机制创新初探［J］．西北医学教育，2011，19（8）：816－819.

② 闫志明，孙承毅．论创客教师的知识基础［J］．教育研究，2018，39（6）：111－118.

③ 王霞，周福盛．自组织理论下的师生关系重构［J］．教学与管理，2018（18）：17－19.

客教育主体间关系自组织化，通过创设适度开放的环境缓解了权威的教学关系，增强了课堂氛围宽容度。

就师生关系的陌生化状态而言，其成因是高校传统课堂大班授课，学习者数量多，教师与学习者的交流互动仅仅局限在课堂上的几十分钟内，课后的交流更是少之又少，使“因材施教”变成了一句空话，更别说教学相长和与学习者成为朋友了。高校创客教育课堂班额小，虽然创客教师不讲授课程内容，但创客学习者在创造过程中，创客教师一直游走在各个小组之间进行引导和评价，创客主体都处于活跃状态下，双方关系在潜移默化中趋于紧密。

创客课堂中创客主体之间的关系是，一部分学习者积极主动与创客教师交流想法，这部分创客学习者大多创造力强，乐于学习；另一部分创客学习者乐于接受教师的引导与评价，有时会主动与创客教师联系，这部分学习者创造力水平处于一般到提升状态；但是除这两部分之外，仍有少部分学习者会逃避与创客教师碰面，加剧双方的陌生化程度，所以创客教师要建立非线性反馈机制，非线性反馈机制的建立促使高校创客教育主体间融洽的沟通交流。新技术的渗透，为高校建设引进了人工智能支持的智慧学伴和个性化智适应学习系统①，节省了高校创客教育者更多的时间和精力，而在学生情感陪伴和支持上又提供了更大空间，使高校创客教育者与创客学习者拥有更多共创机会和时间。

就师生关系的冲突化状态而言，其成因是创客教师与创客学习者之间对于事物的认识存在一定的认知差异，这种认知上的冲突可能带来创客主体间的口头上的冲突。创客主体本身是复杂的适应系统，根据最小熵产生理论，系统在处于平衡状态或近于平衡状态时，便开始沿着某一个固定的方向发展，将系统限制在一个有限的范围内活动，难以走向更高层次的格局②。所以要使创客主体之间的关系远离平衡态，除发挥主观能动性外，也需要从外部摄取能量，例如，从家庭、社会和企业中吸取正能量，支持教育系统发展的非平衡态打破了工业化教学模式，提升学生与教师参与的活力。

7.1.4 缩短创客团队间社交距离

随着创客运动的迅猛发展，创客团队数量呈现爆炸式增长，但其质量水平与

① 李海峰，王炜．“互联网+”时代的师生关系构建探析［J］．中国教育学刊，2018（7）：81-87.

② 冯永刚，吕霞．教师职业倦怠的自组织分析［J］．当代教育科学，2017（2）：25-29.

数量并不成正比。表现在以团队为单位，树立屏障，如图 7－1（a）所示。聚团群体，拥有相似的兴趣，共同的朋友，构成大致相似的社交网络，只有打破这种平衡，建立连接点，引入新信息，才能促进知识融通，从而保证高校创客教育的智慧化发展。如图 7－1（b）所示，团队成员 a、b、c 之间一般有微弱的联系，借助这股微弱的信息流，搭建成员 d、e、f 间联系，团队成员 a、b、c 之间的联系是创客团队间信息流通的桥梁，最终，通过跳跃，加速成员 d、e、f 间信息流通。

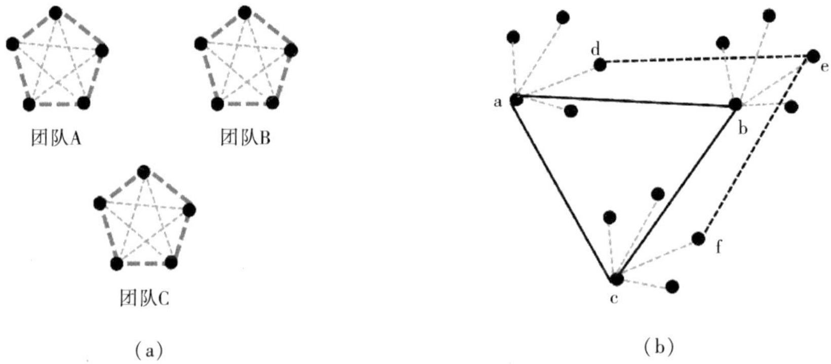

图 7－1　创客间的关系

缩短创客团队间的社交距离，不是简单意义上的将多创客团体聚在一起进行社交活动，社交活动的意义在于不同创客团队的创客学习者之间智慧流的流动。低质智慧流只会扩大知识鸿沟的宽度，创客团队间社交是无法相互借鉴、相互促进的，所以解决缩短创客团队间社交距离还需从创客团队内部入手，提高团队的智慧流质量。从团队断裂带的概念中，可以获得些许启示。

团队断裂带理论最早起源于西方，由著名管理学家 Lau 和 Murnighan① 共同提出。当团队内部成员的知识背景、专业能力或年龄、学历等多样性特征共同作用而引发团队分割的异质现象时，团队断裂带由此产生。团队断裂带概念进一步细化为社会分类断裂带（年龄、国籍、性别等的差异化）和信息认知断裂带（学历、专业经验等的差异化），有学者基于 I-P-O（input-process-output）的过程模型，提出在团队断裂带越显著的团队中，多样性使得团队成员更主动地相互学

① LAU D C, MURNIGHAN J K. Demographic diversity and faultlines: the compositional dynamics of organizational group [J]. The Academy of management review, 1998, 23 (2): 325－340.

习，高效利用内部异质资源，提高自身专业技能，从而带动团队创新绩效的提升①。

创客团队形成的基本理念是将拥有不同知识背景和价值观念的专业人才集合到一个众创团队中，将产品或服务的研发模式由内部集中式转而向开放互动式转变②。在团队情境中，拥有不同知识技能的创客彼此之间信息共享，增进与同伴知识交流的选择，只有充分认识并对团队断裂带加以实施有效管理，干预和控制团队多样性，才能有效利用团队断裂带优势，加速团队成员间知识吸收效率，提高团队创新绩效，增强团队成员个体创新竞争力③。

知识共享存在于个体间互换已有知识的过程之中，知识在个体层面的扩散也致使新知识被创造出来，团队成员在互动沟通中达到向他人学习知识、重建知识的效果。隐性知识中蕴含着大量的个人洞察与经验，具有内嵌性，能够在创新创造过程中带来团队所需的异质知识，对于分析问题的本质、解决创造性问题有重要意义④，且主要通过个体间接触性传播途径和密切的沟通获得⑤。

对于团队内部的知识共享，有研究表明，知识转移和共享行为被认为是提升个体创新能力、增强团队创新竞争力的有效方式之一⑥。创客持续创新的关键是来自资源流通和知识沟通，他们在进行创意活动时很少会出现单打独斗的自我封闭式创新。已有研究的关注重点主要集中在以交互记忆系统为中介变量的实证模型分析⑦，将团队成员间知识共享行为作为衔接团队断裂带与团队创新、个体创新的作用机制桥梁⑧等。

---

① THATCHER, JEHN, ZANUTTO. Cracks in diversity research: The effects of diversity faultlines on conflict and performance [J]. Group Decision and Negotiation, 2003, 12 (3): 217 – 241.

② 杨陈，唐明凤．关系视角的高校科研团队断裂带对隐性知识转移影响研究［J］．情报科学，2016，34（10）：20 – 25.

③ 刘泓辰，王兴元，杨娟．大学生创客团队异质性与团队绩效研究：协作状态的调节作用［J］．开放教育研究，2017，23（5）：57 – 63.

④ 李永娟，徐媛媛，袁潇．目标取向对员工创新行为的影响机制研究：基于隐性知识共享行为的视角［J］．北京工商大学学报（社会科学版），2016，31（4）：108 – 115.

⑤ HAMEL G. Competition for competence and interpartner learning within international strategic alliances [J]. Strategic Management Journal, 1991, 12 (Summer special issue): 83 – 103.

⑥ 朱少英，齐二石，徐渝．变革型领导、团队氛围、知识共享与团队创新绩效的关系［J］．软科学，2008（11）：1 – 4.

⑦ 陈伟，杨早立，朗益夫．团队断裂带对团队效能影响的实证研究：关系型领导行为的调节与交互记忆系统的中介［J］．管理评论，2015，27（4）：99 – 110.

⑧ 卓萍，赵蕾．团队断裂带对团队绩效的影响机制研究：基于交互记忆系统的中介和团队情绪智力的调节［J］．秘书，2018（2）：28 – 40.

有学者研究结果表明[1]：①以社会人口分类而形成的断裂带对创客团队成员知识共享行为有消极影响，但受团队成员交换行为的调节作用影响，该消极作用会被削弱甚至转变为正向效应。具体而言，当创客团队中存在较为显著的团队成员交换关系时，社会分类断裂带有助于创客团队成员知识共享行为的产生。②以信息认知差异而形成的断裂带对创客团队成员知识共享行为有积极影响，受团队成员交换行为的调节作用，该积极影响会被增强。团队断裂带是把“双刃剑”，创客团队内部所树立的共享文化价值观能够引导团队成员进行跨团队的交流协作，促进创客成员的知识共享行为。

缩短社交网络距离，提升信息的流速，增加知识共享的频率，促使团队提质增效。其中创客主体充当心脏的作用，为生命延续提供原动力，点燃主体内在动机，通过建立合理激励机制来提高团队知识共享的积极性。在人员的分散与重构中，创客主体实现隐性知识与显性知识的持续转换，完善主体认知体系，进而驱动机体新陈代谢，最终提升智慧流通速度。要想保障创客主体可持续创新发展，需要抓准断点爆发的时机，构建完善的合作机制，才能确保智慧流达到时时畅通无阻的状态。

7.1.5　消除多元创客不信任壁垒

不仅要缩短创客团队间社交距离，还要消除多元创客不信任壁垒，为高校创客教育向更高层次的智慧化发展巩固基础。创客团队成长初期，面临着目标不明确、期望值较低、制度不规范等问题，此时维系项目发展的关键因素是信任。创客团队的信任程度，如图 7－2 所示，家人、朋友、学生、陌生人构成多重同心圆，多元创客信任度沿着水平方向，由内及外逐渐降低，初创期的团队主体，来自不同学科专业的创客，彼此间信任感关系松散。因此，打破成员间不信任壁垒，建立如图 7－3 所示的“信任超四方体”。超四方体中的成员像神经细胞 A、B，A 与 B 之间不断传递信息，相互激发，促进代谢，逐步打通成员的社交圈。只有全方位为成员增强重叠信任感，才能共解难题，实现创新。

---

① 霍生平，赵葳．众创空间创客团队断裂带对创新行为的影响：基于知识共享的中介跨层研究［J］．科学学与科学技术管理，2019，40（4）：94－108.

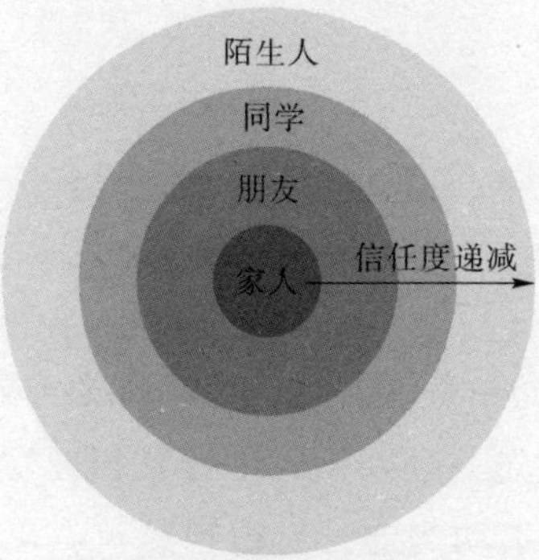

图 7－2　同轴信任

图 7－3　信任超四方体

增强团队信任感需要妥善经营和股权透明。在团队协同创新过程中，若出现利益分配不均等问题，会导致成员间相互猜忌和不满，因此，严格遵循契约或签署相关约定，合理分配利益；此外，由于团队管理缺乏系统性，人员任务安排不合理，错误层出不穷，进而成员彼此间产生分歧，因此职责分配应与报酬相对应；创客成员因共同的任务，耦合地组织在一起，缺乏共同的核心价值，矛盾不断涌现，因此只有形成一致的团队文化，加强成员间融合性，才能推动高校创客教育长远发展。

7.2　智优高校创客教育活动

高校创客教育活动是指为培养创客学习者创新意识、创新思维和创新能力及提升创客主体能力所开展的一切活动，高校创客教育活动智慧化程度，直接影响高校创客教育的智慧化发展进程。促进高校创客教育活动的智慧化发展，可从规范创新实践行为、融生创新共同群体、搭建持续融资体系、优化高校创客教育方法四方面落实。

7.2.1 规范创新实践行为

认知行为过程是首先建立共同信念，其次形成统一态度，最后影响行为方式。创新实践是认知行为的逆过程，如图 7－4 所示。首先，鼓励创客学习者积极发现问题，认真参与实践，并在实践中与多元创新主体主动沟通，启迪智慧流，更新数据流。

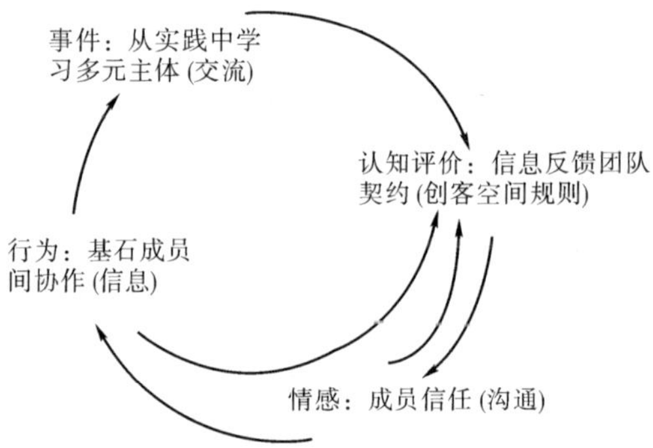

图 7－4　认知行为规范

其次，团队成员有效的合作，需要基石人物，即擅长交际的榜样人物，他们是连接人与人之间的桥梁，他们可以打破不同的社交群体，把不同领域的主体有机地组合起来，消除成员间的疑虑，加速信息流通。通过联通的团队间形成的网络，将众多小型团队连接在一起，不断地增添新的网络节点，逐渐达到一种新的模式，因此，在创客主体动态变化的过程中，需要时时地监控创客主体活动数据流，调控管理模式。

最终，在基石人物的动态链接中，团队成员不断创造利益，增强彼此间信任感，逐渐凝聚团队文化。高校创客教育活动是一个循环的、持续的实践过程，只有在发展的各个阶段，及时地反馈数据信息，不断完善团队契约，才能保障成员利益。同时，在优胜劣汰的社会中，随着高校创客教育主体网络增长，网络节点越来越多。为了增强节点间链接的稳固性，在高校创客教育活动中需要学会吞并小的节点。

7.2.2 融生创新共同群体

高校创客教育主体的创新，离不开创客空间的养分供给。高校创客教育活动商业化发展过程如图7-5所示，创客主体在创客活动中，实现从0到1的突破性产物是创造产品，完成从1到x的复制性产物是创新产品，创造产品和创新产品通过企业孵化，产生商业效益；创造产品有时是为了满足创客个人需求而设计，但其一旦被企业吸纳，同样会产生巨大的商业效益；商业效益不仅回馈企业、支持政府，同样滋养高校创客教育的智慧化发展①。融资体系充当养分，滋养了高校创客教育项目成长；创客项目在企业引领下逐渐壮大；政府放宽政策，给予充分发展空间。

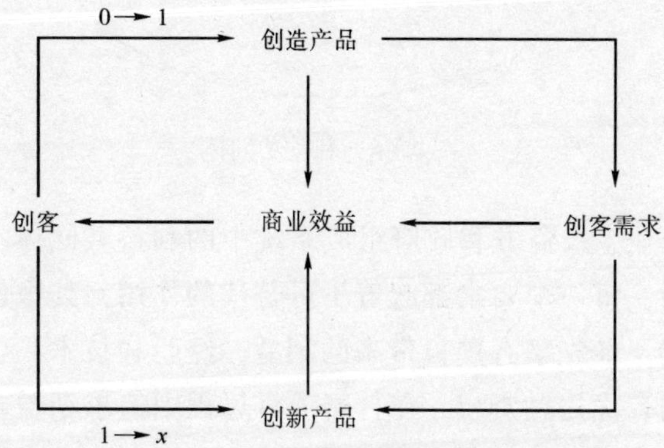

图7-5 商业创新化发展过程

7.2.3 搭建持续融资体系

高校创客教育搭建利益共同体，可增强创客活动的连接性，如图7-6所示。

---

① ERIC. Makerspaces and contributions to entrepreneurship [J]. Procedia-Social and Behavioral Sciences, 2015, 195.

创新分为基础创新、工艺创新和外围创新，其中基础创新的主体为高校创客团队，创客团队的任务核心是创新，基础创新的研发阶段对于资金的需求量较少，但耗时较长；在生产阶段，因损耗资源，投入试验，需要一定资金支持；在存活阶段，产品进入工艺创新阶段，考验其核心技术，测试产品的新性能，企业将会参与这个阶段的修整，耗资量上升；在产品初始阶段，将实现外围创新，投入大规模生产阶段，资金的需求量趋于稳定。需要注意的是，创新的不同阶段都需要资金补给，以保证宽松的创新环境。

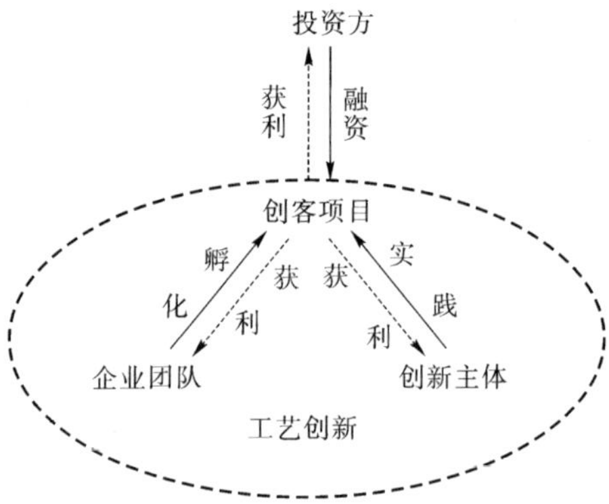

图 7－6　利益共同体

创客团队、企业、投资方和政府组成系统中的利益共同体，保证高校创客教育发展的动态平衡，每一个要素都起着不可替代的作用，其中创客团队处于创客教育发展的最底端，最先享有项目带来的利益、经验和技术；企业作为帮扶团队处于核心位置，拥有优先融资权，在打磨项目过程中追求精益求精，同投资方一起获取巨大利润；高校创客教育智慧化发展的动态平衡，需要政府的宏观调控，全面推进创新发展。

7. 2. 4　优化高校创客教育方法

创客教育在高校并没有一个体系化的制度，多以公开课或是选修课的形式进行，基本上是一种形式化教育的状态。高校创客教育是秉承“全人培养”的理念，重视创客学习者学习能力、创新能力、跨学科思维和核心素养的能力，高校创客教育的方法直接影响高校创客教育目标的实现，协作学习已成为智慧化信息技术时代的一项必备技能，互联网的便捷性为正式与非正式学习提供了发展空间，为学习者创造了更丰富的学习途径，大数据技术的出现，使得人们越来越关注学习进程和质量，创客的学习过程充满挑战，因此增加学习过程的趋稳性，也成为高校创客教育方法需要考虑的重要因素。

完善创客协作学习动态过程。高校创客教育协作学习过程是一个动态演变过程。协作创新能力的培养依托项目平台，项目进展中需要跨学科知识的推进。处于发展过程中的创客，只有将坚韧的心智和统筹能力相结合，才能推动项目的运行。在这样一个充满风险和挑战的学习过程中，维持人员的流动才是运行的保障。创客学习者在创客学习项目中，要具备长远的眼光，洞察项目背后的意义，调动自我内驱力，深入分析在项目中学习新知识和提升能力的空间，权衡利弊。协作学习是一个团队共同创新的进程，不同学习者之间具备不同领域的专业知识和分析问题的不同角度，促使项目全方位运行，借助数字化沟通工具，实现协作沟通，促使创客学习动态过程的记录，实现关注每一位创客的成长过程，达到全人培养的目标。

增进正式与非正式创客学习连接。创客学习顺应创新创业发展潮流，其学习影响潜移默化地渗透在正式学习和非正式学习中。智慧化信息技术的日益发展，缩减了人们交流、沟通和学习的成本，也成为学习者践行创客学习规划的支柱。关于如何实现创客学习中正式学习和非正式学习间的连接问题，高校创客教育学习的 App 设计及开发，成为知识模块化的首要发展技术支持，创客学习者通过学习构建自己的数字学习空间。个人数字学习空间的使用应成为创客学习者的一种新型学习习惯，学习者漫游在线上与线下、虚拟与现实的技术海洋中，筛选出适合自己的学习工具和学习管理自己的学习资源，逐渐建构自己的知识结构，提升个人的学习能力和创新能力，是将创客学习渗透于生活的最佳效果。

7.3　智优高校创客教育制度

制度是行为规范的准则，创客教育制度智慧化是指根据高校创客教育整体规划的高度和实现系统各要素（创客主体、创客教育资源等）最优化的角度，进行顶层设计和全局规划。健康的创客教育制度将促进高校创客教育智慧化的良性发展，为优化高校创客教育制度需要跳出高校创客教育标准化衡量、转向“私人订制”模式、促进高校创客教育的形式多样化及加强高校创客教育顶层设计的科学性。

智慧化信息技术的延展性，在一定程度上支持了高校创客教育制度完善性的发展，高校创客教育顶层制度的系统性设计不足的问题亟待解决，尤其在高校创客教育的评价指标向更加多元化方向发展的情形下；高校创客教育弥补了传统教育中对创新能力和实践能力培养的不足，因此个性化学习模式的制定成为其中必要环节；高校创客教育资源的利用率亟待提升，可通过引进社区人员，实现教育社会化的理念；综合教育中的实践经验，逐步完善顶层设计，促使高校创客教育落地、生根和发芽。

7.3.1 跳出高校创客教育标准化衡量

高校创客教育发展不仅是学习者创新创业的渠道，更是学习者创新意识、创新思维、创新能力培养的重要渠道。智慧化信息技术的迅速发展，为高校创客教育注入了新的活力，但当前高校创客教育的评价形式只是停留在创新奖项和创业成功率的衡量上，侧重于展现不同学校特色，且并没有一个清晰的界定。因此在高校创客教育的发展过程中，难免落入传统教育评价的窠臼，将学生的创新创造能力培养无意识地转换为一种追求奖项的错误理念。

在教育评价层面，开展不同形式的评价活动，将促进高校创客教育的健康持续发展纳入政府教育督导范围，强化高校创客教育的重要性；将创客教育纳入常规教学管理评价范畴，尊重教师的劳动成果；遴选高校创客教育示范基地以点带面等①。在高校创客教育的评价中要体现多元主体的共同参与，由学生间评价、自评、教师团队评价等构成，实现人性化的评价过程，减少标准化的排名，将教育回归生活，实现教育的人性化，评价不是终点，评价的目的是更好的发展，因此在高校创客教育评价后提出有针对性的意见，可促进高校创客教育的螺旋式上升。

成果是高校创客教育目标是否达成的一个衡量指标，也是目标、环境、过程

---

① 钟柏昌．谈创客教育的背景、本质、形式与支持系统［J］．现代教育技术，2016，26（6）：13－19.

三者密切配合与否和共同作用的结果。高校创客教育强调学习过程的产出，在学习活动结束之后，创客学习者要制造出具有创新性的作品。一方面，作品是创客学习者创意的落地，学习者知识掌握程度、理论与实践的融合程度等，都可以通过作品评比来了解；另一方面，要判断小组之间的作品是否是不同的，即是否具备新颖性的特征。作品评比的结果并不是为了给创客学习者划分等级，而是为了使创客学习者在完成小组作品的过程中，能够培养他们积极分享与乐于表达的能力，从而为他们提供一个实现自己价值的平台，作品的评比在一定程度上也可以促进教育决策①。

在大数据时代，高校创客教育的评价形式不仅包括最终的创客作品质量，创客学习者的学习过程、知识迁移能力、交流互动等创客课堂的全部活动都将成为创客学习者成绩的评价依据。评价形式的多样化使得传统意义上的“好学生”与“坏学生”的偏见逐渐消弭，创客学习者的学习行为在一定程度上激发其学习积极性被认可。

目前，很多地区尝试在教学中运用基于大数据的学习评价方式，比较具有代表性的是由澳大利亚 Wollongong 大学领导，多个学校共同参与的“学习网络可视化与评估项目”。“学习网络可视化与评估项目”基于学习分析的理念研发了学习网络可视化评估工具（SNAPP）。该软件可以从学习管理系统中收集学生的学习行为信息如在线时间、下载次数等；从论坛中提取学习过程中的交流互动数据，如发表帖子数、讨论内容、互动频次等。该项目面向在线学习的学习者，利用 SNAPP 记录和分析其学习活动情况，使教师在学习的任何阶段都能确定学习者的行为模式，评估对学生的学习网络，并分析其对学习的影响。这些分析结果可以用于调整教学，为学习者提供指导，提高其学习能力②。

大数据技术可以采集教和学的全过程数据，不仅包括网络教学平台上记录的档案数据，还能采集更多学习的情境数据，如时间、地点、个体特征、所用设备、周围环境等，为开展学业成就评价提供更全面的数据支持。每个创客学习者拥有自己的学习档案袋，持续存储每个学期、每节课、每个项目、每次学习的表现数据。每个创客教师拥有一个教学档案袋，全程记录每个学期、每个项目的教学表现。基于云计算技术，将档案数据永久存储在云端，同时通过科学的评估模型，对创客教师和创客学习者的发展进行定期评估，提出更具针对性的发展建议。高

① 庞敬文，唐烨伟，钟绍春，等．创客教育支持学生核心素养发展模型研究［J］．中国电化教育，2018（5）：69－73.

② 李青，王涛．学习分析技术研究与应用现状述评［J］．中国电化教育，2012（8）：129－133.

校不仅要对创客学习者在校期间的学业成就进行评价，还要持续跟踪创客学习者毕业后的发展情况，为高校创客教育质量评估提供更全面、更准确的科学数据分析结果[①]。

7.3.2 转向供求“私人订制”模式

创客教育制度智慧化要从集体标准模式向“私人订制”模式转变。高校创客教育的核心理念是尊重学习者个性化的创新创造，现代教育要求关爱学生，凭借以人为本的关爱教育来弥补传统教育工业化生产的不足。高校创客教育制度的“私人订制”模式，要同时考虑到对创客学习者的个性化学习过程和创新创造过程的支持。

创客学习者个性化创新创造的前提是个性化学习支持，个性化学习资源作为其关键组成，随着智慧化信息技术的发展，数量进一步丰富，获取形式也趋于多样化。不同创客学习者可以按照自己的学习偏好选择合适的学习资源，但这同时也给创客学习者带来了知识过载、学习资源混杂的困境，如何辅助创客学习者获取合适的学习资源进行个性化学习，是高校创客教育工作者需要深入研究的难点，也是进行“私人订制”的充分必要条件。

为使个性化学习资源推荐更加精准，深入了解创客学习者的个人偏好、学习风格和认知能力等与多样化的学习资源形成有效关联，建立模型并通过相关推荐技术向创客学习者提供符合自身需求的学习资源，是解决这一问题的主要思路[②]。目前，已有多位学者对此进行了研究，一类是基于推荐算法的个性化学习资源推荐。常用推荐算法包括基于资源内容的推荐、协同过滤推荐及混合推荐等。基于内容的推荐算法是通过识别和提取资源内容特征，构建学习者特征模型和资源特征模型，将二者匹配度较高的学习资源推荐给学习者[③]。协同过滤算法通过对学习者偏好的挖掘，基于不同的偏好对学习者进行分组划分，并推荐相似的学习资源

---

① 唐斯斯，杨现民，单志广，等．智慧教育与大数据［M］．北京：科学出版社，2019.

② 李浩君，张征，郭海东，等．深度学习视角下的个性化学习资源推荐方法［J］．现代远程教育研究，2019，31（4）：94－103.

③ PANDEY，KHANNA，YOKOTA. A semantics and image retrieval system for hierarchical image databases［J］. Information Processing and Management，2016，52（4）.

给各组①。协同过滤算法能有效降低模型构建复杂性，但存在矩阵稀疏和冷启动等问题②，混合推荐算法将资源内容特征与学习者特征联合考虑，根据学习者的学习风格和习惯为学习者推荐学习资源。

另一类则是基于机器学习的个性化学习资源推荐。许多学者致力于降低学习资源推荐过程中的模型依懒性，发挥历史学习数据对资源推荐过程的服务作用，开展机器学习应用于个性化学习资源推荐领域的研究工作。Vesin 等通过测试学习者状态与挖掘服务器日志，识别学习者的学习风格与习惯，开展个性化资源推荐研究③；Aher 等利用半监督机器学习及历史数据，较为准确地为学习者推荐了课程④；Batouche 等提出了一种基于无监督机器学习的教学资源推荐方法，采用改进的人工神经网络获得了较为合理的推荐结果⑤；赵蔚等提出了基于知识推荐技术与本体技术相融合的个性化资源推荐策略⑥；文孟飞等采用了一种基于支持向量机与深度学习相结合的方法来实现网络教学视频推送服务的方法，提升教学视频资源的利用率和获取率⑦。Tarus 等构建了一种基于本体与序列模式挖掘相结合的混合知识推荐系统，为在线学习者推荐个性化资源⑧。

创客学习者作为一个完整的具备差异性的个体，自不同的方面有着不同的优势，学校教育应发现并发挥不同创客学习者的优点，使创客学习者在学校能够实现自我享受式的成长。高校创客教育的理念彰显了学校教育的尊重差异和包容差异，这样每一个创客学习者都能享受到教育带来的快乐和满足。不同学习者在家

---

① ZAPATA, VICTOR. MENÉNDEZ, et al. Evaluation and selection of group recommendation strategies for collaborative searching of learning objects [J]. International Journal of Human-Computer Studies, 2015, 76.

② POLATIDIS, CHRISTOS K, GEORGIADIS. A multi-level collaborative filtering method that improves recommendations [J]. Expert Systems With Applications, 2016, 48.

③ ALEKSABARA , BOBAN, MIRJANA, et al. E-Learning personalization based on hybrid recommendation strategy and learning style identification [J]. Computers & Education, 2010, 56 (3) .

④ SUNITA B. , LOBO. Combination of machine learning algorithms for recommendation of courses in E-learning system based on historical data [J]. Knowledge-Based Systems, 2013, 51.

⑤ BATOUCHE B, BRUN A, BOYER A. Unsupervised Machine learning based on recommendation of pedagogical resources [C] //9th European Conference on Technology Enhanced Learning. Berlin: Springer International Publishing, 2014: 548 - 549.

⑥ 赵蔚，姜强，王朋娇，等. 本体驱动的 e-Learning 知识资源个性化推荐研究 [J]. 中国电化教育，2015 (5): 84 - 89.

⑦ 文孟飞，胡超，于文涛，等. 一种基于特征提取的教育视频资源推送方法 [J]. 现代远程教育研究，2016 (3): 104 - 112.

⑧ TARUS, J. , NIU, Z D, MUSTAFA, G. Knowledge-based recommendation: a review of ontology-based recommender systems for e-learning [J]. Artificial Intelligence Review, 2018, 50 (1): 21 - 48.

庭、学校和企业中面临着不同的境遇，因此高校创客教育应针对创客学习者设计不同的学习方案。

高校创客教育资源库需要进一步的丰富与完善，以帮助更多的创客教育者实现个性化分配，共筑高校创客教育资源平台，促使优秀创客教师能力凸显，进而不断推进高校创客教育的智慧化发展。

7.3.3 促使高校创客教育形式多样性

高校创客教育形式的多样性是保证创客教育制度顺利推行的关键。智慧化信息技术时代的到来，将互联网的发展推到了巅峰，实现了全球性、开放性、连通性。同样，高校创客教育也实现了其开放包容和合作共享的理念，但是其发展中仍需要进一步提升知识、能力等软实力的开放性和硬件设备的共享性，实现知识的连通、能力的提升和资源的利用。

高校创客教育在实施过程中存在一定的闭塞性，校企合作将成为高校创客教育的重要选择。在校企合作的层次上，需要加强深度融合，促进创客学习者把学术水平和技术应用能力充分运用于实践中，从而实现实践与理论的结合发展，全方位提升职业技能和专业能力。企业为高校创客教育提供项目资金、内容和技术支持，推动高校培育创新创业型人才。高校为企业提供科研层面的支助服务，帮助企业突破实践项目的核心重难点，通过实践项目产生的产品投入到企业生产链，促进企业获得市场竞争力，从而反哺高校创客教育；创客学习者在企业实践中多看多观摩，学习企业的管理方式、运作流程和可持续经营等知识，为创业做准备。

在校企合作过程中，高校应针对企业环境或产业需求制定教育实践策略，课程的安排应建立在充分调研论证的基础上，形成完整的创新创业教育体系，合理安排实验课程、专业实习和综合训练。企业则应该在人力、物力上给予双重保障，选派有经验的企业家或工程师担任学校创客学习者的校外导师，传授学习者实际创业技能，培养学习者创业素质。同时，企业还要专项设定场地与配套资金支持，让创客学习者在生产第一线学习实践以体验真实的工作环境①。

创客大赛是高校创客教育交流的高效平台，高校创客教育学习者凭借着优秀的创新创造能力，已经成为创新创业人群中最活跃的群体。创客学习者参赛时虽具备优秀的创造能力，但通常对创业政策知之甚少，缺少经验和启动资金等，创客教师作为指导教师，是创客学习者参加创新创业大赛的领航员，因此要提高创新创业的实效就必须提高创客教师的创新创业能力，从而在日常课堂中为学习者提供创新创业教育服务。

在教师创新创业能力的提升方面，首先，高校可通过培训的形式帮助创客教师学习有关商业知识和技能，使教师能够在专业教育的过程中把商业知识和技能传达给创客学习者，培养学习者的创新创业意识；其次，对刚入职的教师可提供职业生涯发展指导，灵活调整教师人事管理制度，以此激励创客教师在工作以外进行创新创业探索，鼓励创客教师利用专业特长帮助企业解决实际问题，促进成果转化；最后，高校或地方政府可出台相关政策，支持创客教师在岗或离岗创业，在编制、人事关系、工龄和薪水等方面给予相应的政策保障，解决教师创新创业的后顾之忧，如广东省政府于2015年12月出台了《关于深化广东高校科研体制机制改革的实施意见》，文件明确了高校教师可利用本人及其所在团队的科技成果在岗创业或到科技创新型企业兼职甚至可离岗从事创业工作，此举率先为我国高校教师创业实践打开了大门，点燃了高校教师参与创业的热情②。

同时，社区多元人才通过相关审核制度，在学习和创新的高校创客教育中，打通高校资源的流通性，使高校之间良性竞争不断加强，友情合作的深度不断加深。这样才能更好地保障高校创客教育智慧化的发展。

7.3.4 加强高校创客教育的顶层设计

高校创客教育从一个创新创造的全新理念出发。目前，高校创客教育的发展，主要集中在教育培训机构的深入研究，并没有将高校创客教育的课程开发、资源设计、制度确立以文件形式深入发展，同时高校创客教育的发展缺乏系统性的文件支持。真正实现高校创客教育的智慧化发展，离不开科学化的顶层设计。

---

① 吕婷婷，丁小华，丁三青．美国创客教育对我国的启示［J］．中国高校科技，2017（9）：44－46.

② 同①.

高校创客教育的顶层设计需要政府的政策导向，企业的资金、技术合作，高校的螺旋上升式理念的巧妙构思，家庭的大力支持。“政府导向、企业参与、高校运作、家庭支持”是推进高校创客教育智慧化发展的可持续保障。正如同雅斯贝尔斯所说：教育是人的灵魂的教育，而非理性知识的堆积。教育本身就意味着一棵树摇动另一棵树，一朵云推动另一朵云，一个灵魂唤醒另一个灵魂。真正的教育是给予并塑造学生的终极价值，使他们成为有灵魂、有信仰的人，而不只是热爱学习和具有特长的准职业者。创新性人才是国家的未来，高校创客教育的“全人发展”目标任重而道远，需要多方共同努力。

高校创客教育的发展既受政府的导向影响，也应接受政府相关职能部门的教育督导。教育督导是根据我国的有关教育方针、政策、法规和制度对教育行政部门及各级各类学校进行监督、检查、评估、指导和帮助，旨在加强国家对教育事业发展的全面管理，以保障教育方针和政策的贯彻执行，提高教育质量，促进教育事业的健康发展。

高校创客教育的师资力量薄弱，缺乏专业化的管理人员，应当赋予高校创客教育监管部门更大的空间和时间，逐步培养高校创客教育专业化的人才力量，致力于将高校创客教育深入发展，调动全校师生积极性，从物质和精神双向层面上提高教师积极性，将科研提升到新高度，提高高校创客教育主体的动力性和保障性，进而推动高校创客教育高效、高质地快速发展。

高校创客教育的顶层设计是高校创客教育这一复杂系统动态平衡运行的保证，在顶层设计之前只有充分了解系统的构建、各要素之间的关系，才能设计出切实可行的顶层布局。

系统是由具有共同目的、相互作用和相互依赖的一些要素集成起来的集合体。这些协同工作的要素为了共同的目的而存在、而努力，因此它们协同工作能比各自独立表现得更加优秀。系统负责协调这些要素的工作，以保证各个要素均以系统的任务为重心；此外，系统依据反馈进行相应调节。当系统的输出没有达到要求时，系统会监控该输出并相应地调整其操作。大部分系统是更大系统的子系统，或者某一子系统的子系统①。如创客学习者所在的班级是其高校的子系统，其高校又是全国高校系统的子系统，全国高校系统是国家教育系统的子系统，而国家教育系统又是更大的教育系统的一个子系统。创客学习者所在的高校也是由许多子系统组成的，包括全体教师、课程、教室、各级部门等。

---

① 乔纳森．技术支持的思维建模：用于概念转变的思维工具［M］．3 版．顾小清，等译．上海：华东师范大学出版社，2008．

系统动力学试图说明系统各组成要素之间的因果关系。当各要素与其他要素的改变相互关联时，系统就是动态的，即系统各要素影响其他要素，反过来其他要素也会影响初始或另外的要素。系统各要素间的相互影响与作用可以是积极的也可以是消极的，积极的影响即某一要素的直接变化引起另一要素的相似变化，它们之间的关系是互逆的[①]。例如，在高校创客教育系统中，创客学习者的创新意识影响创客学习者对知识的掌握程度，创客学习者的知识掌握程度影响创客学习者的创新能力，创客学习者的创新能力又会不断增强创客学习者的创新意识，如图 7－7 所示。

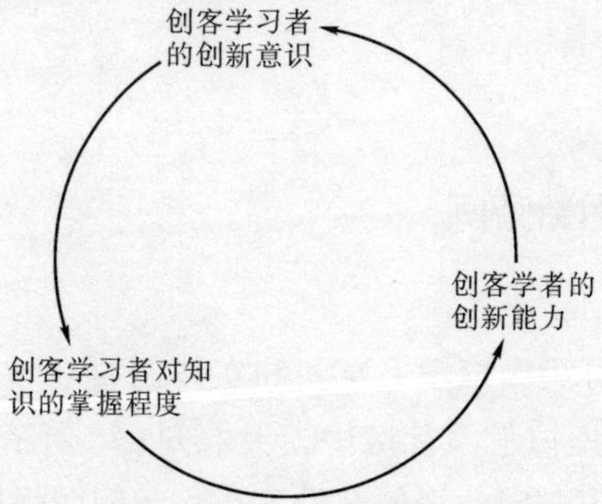

图 7－7　认知行为规范

7.4　智优高校创客教育环境

高校创客教育环境智慧化。高校创客学习者的所有创造活动都发生在创客教育环境下，高校创客教育环境的智慧化是创客主体进行创新创造的关键支撑，也是高校创客教育智慧化发展的必要依托。高校创客教育环境的配置主要包括物理环境和网络环境两方面，为优化高校创客教育环境，可以从以下几方面入手：重

① 乔纳森．技术支持的思维建模：用于概念转变的思维工具［M］.3 版．顾小清，等译．上海：华东师范大学出版社，2008.

构创客学习新空间、回归高校创客教育多元境脉、营设创客学习生态圈、建立分散式网络服务。

高校创客教育是一个宽泛而不固定的概念，随着智慧化信息技术的不断发展，创客将教育课题的内容、形态、形式和性质不断变化①。创客学习空间从学习理念上重视创新学习和创造力培养，补齐了传统教育的短板；教育场域分散为学校、企业、家庭等不同境脉，促使教育回归自然，体现了关注人全面发展的教育理念；学习圈从线上学习社区的建立，到线下实践创造领域的开放，体现了对思维能力和创新能力的双重培养。

7.4.1 重构创客学习新空间

创客学习空间主要分为虚拟学习空间和实体创客空间两类。首先，虚拟学习空间是指创客学习者在虚拟学习社区中，汲取知识、补齐短板、交流创意想法，构建个性化的数字化学习空间。当创客学习者陷入问题怪圈难以抽身时，创客学习者可以求助学习社区中的社员，社员群体庞大且知识层面不同，各有所长，虽然可能问题没得到确切的答案，但在社员的启发下创客学习者的思维定式被打破，转变解决问题的切入点。

虚拟学习空间借助数据分析等技术，挖掘创客学习者的隐性和显性行为，分析创客学习者的学习风格、学习兴趣和学习的薄弱环节，根据关键的指标建立学习路径预测模型，给予创客学习者最大限度的学习支助服务。

另一类实体创客空间是指创客学习交流创造的实体物理环境，创客学习者可以使用创客学习空间提供的硬件设备，小组合作交流，共同将创意变成现实。这些硬件设备主要是开源硬件。开源硬件不仅仅是硬件设计方法的开放，更是创新理念的开放。开发者与大众分享他们的阶段创新成果，能收获更多的免费帮助，这样的更新迭代速度加快了产出创新作品的进程。众多创客项目实例，已经不断通过事实证明“开源环境中的创造比秘密进行的发明速度更快、成本更低、效果更好②。

据统计，市场上常见的开源硬件开发平台有50余种，从功能、价格、开发难

---

① 李红梅.“互联网+”时代“新”学习方式的价值逻辑［J］. 中国电化教育，2017（6）：102-107.

② ANDERSON. Makers：the new industrial revolution［M］. New York：Crown Business，2012.

度、扩展硬件支持、用户群容量与服务支持、项目案例容量等角度进行考察，研究认为下述几种是最适合用于高校创客教育的开源硬件平台①。

1. Arduino

Arduino 是最常见的一款开源平台，硬件包含各种型号的 Arduino。官方板（较常用的型号是 Arduino UNO），和驱动各种硬件、传感器的扩展板（Shields），软件开发工具是 Arduino IDE。由意大利教师马西莫·班兹和西班牙晶片工程师大卫·夸铁雷斯及班兹的学生大卫·梅利斯于 2005 年联手设计开发，三人秉承设计时的开放源码理念，把设计图放到了网上，允许任何人生产电路板的复制品，也能重新设计，现在市场上大量的 Arduino 板均以此为基础②。

2. BeagleBoard

BeagleBoard 是得州仪器与得捷电子、e 络盟合作生产的低能耗开源开发平台，也是得州仪器 OMAP3530 芯片的展示板。设计小组最初设计这款 BeagleBoard 的优势是：①处理能力更强，CPU 处理能力更强，内存更大；②扩展性强，Black 版内置 2 GB ROM，亦可通过 MicroSD（TF）插槽扩展存储，此外还包含了 HDMI 接口、USB 接口等通用接口，可兼容普通 PC 输入/输出设备；③可运行 Linux 系统，作为准系统、微型桌面机运行。BeagleBoard 的劣势是：①价格略高；②开发难度比 Arduino 高。

3. pcDuino

pcDuino 平台由武汉联思普瑞公司的刘靖峰博士及其研发团队开发。该平台最大的特点是能够把开源软件 Linux 和硬件 Arduino 链整合起来，一方面全面支持 Arduino 的扩展板和针脚接口，另一方面支持多种编程语言。如该平台支持 Cloud 9 云编程工具，开发者无须在本机部署开发环境，直接使用 Cloud 9 云编程工具结合 pcDuino 板载的 Wi-Fi 功能无线访问、控制主板。该平台还支持麻省理工学院开发

---

① 雒亮，祝智庭．开源硬件：撬动高校创客教育实践的杠杆［J］．中国电化教育，2015（4）：7－14.

② Arduino[EB/OL](2014－12－02). http://en. wikipedia. org/wiki/Arduino. html.

的专门面向儿童的简易开源编程工具Scratch，Scratch的命令和参数通过积木形状的模块来实现，即使学习者不认识英文单词，不会使用键盘，也能通过鼠标拖动模块“拼接”程序，这就使得pcDuino也同Arduino一样具有极低的门槛，适合更低年龄段的学校创客教育实践。

开源硬件产品种类更加细化，功能更加多样，项目案例更加丰富，支持服务也更加完善，为拥有不同目标的创客学习者提供了丰富的资源。不同背景的创客学习者可根据实际需求，选择相适应的硬件产品进行创新创造，并开展创客课程学习活动。

虚拟学习空间和实体创客空间，两种空间虚实结合，有助于创客学习者获得更多的学习体验，同时为重构创客学习新空间提供参照。

智慧化信息技术的无缝连接，无限扩展了学习空间的边界。其不是将学习技术、学习资源和学习主体简单地组合在一起，而是需要创新领导才能和市场化管理方式相匹配。新型创客学习空间领导才能的凸显将“互联网+”特点、学习理论的思想和学习技术的支持有机地融合在一起，实现新兴技术服务于学习者的崭新学习方式；管理方式则更多地是将创客学习的物理空间、社交空间和信息空间组织起来①，实现多维空间学习模式的自由切换；质量观是保证高校创客教育高质量输送人才的关键。

在高校创客教育智慧化发展的进程中，智慧化信息技术扮演着重要的角色。然而高校创客教育者要以冷静、理性的动态思维看待技术热潮，不能为了用技术而用技术，技术热潮退去后，如何将各种智慧化信息技术与创客教育进行最大程度整合，以及如何最大化技术的价值，才是信息技术支持智慧化实现的关键。Gartner公司发布的“2017年新兴科技技术成熟度曲线”整体上描述了2017年各新兴技术成熟发展的轨迹，如图7-8所示②。

图7-8中纵坐标为公众对技术发展的期望值，横坐标为技术发展的成熟度，成熟度划分为五个时期。触发期，是人们对新技术的内容和可能实现价值喜闻乐见并表露出兴趣；期望膨胀期，是公众对新技术的期望值达到顶峰，人们蜂拥而上纷纷使用新技术，容易陷入盲目境地，而一些成功案例更会加剧这种现象的发生；幻灭期，是预期过度、现实残酷，新技术的应用效果与公众的期望落差导致部分技术被搁置；复苏期，也称稳步爬升的光明期，是历经幻灭期存留下来的技

① 爱芭·奥西恩尼尔森，肖俊洪．创新学习与创新学习空间［J］．中国远程教育，2019（2）：59-70.

② Gartner发布2017年新兴科技技术成熟度曲线：提出未来十年驱动数字化业务的三大趋势［OL］（2017-08-29）．http：//www.sohu.com/a/168147941_470089.html.

术通过不断试验，得出较为成功的产品和效果；成熟期，是新技术带来的产品利润和潜力得到公众认可，得以广泛应用趋于成熟。

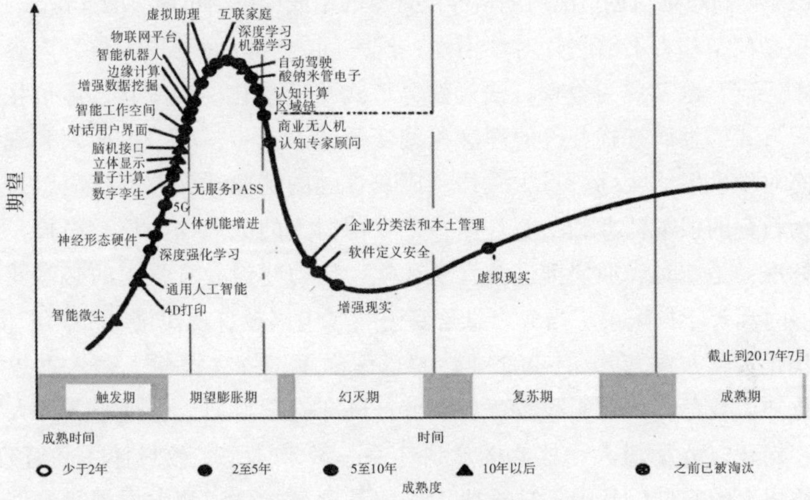

图 7－8　2017 年新兴技术成熟度曲线

虽然 Gartner 公司每年都会发布一份 *Hyper Cycle for Education* 报告，技术所处时期和期望值会发生变化，但所有技术的发展都会经历以上五个时期。高校创客教育智慧化发展离不开技术的帮扶，创客教育工作者要理性对待，根据自身实际需要来选择与使用技术。

7.4.2　回归高校创客教育多元境脉

高校创客教育发展打破了传统教育禁锢的大门，让教育返璞归真，释放出创新创造的活力。结合创客空间创设教育情境、营造学习氛围，能够帮助创客学习者在真实的世界中突围结构化知识的思维，从而激发非结构化知识的能动性。创客学习者能动地解决真实问题，以实际的需求为分析问题的着力点，运用互联网思维，整合资源，分析情境，探究解决问题的方法，解决问题过程中不同想法甚至矛盾的碰撞，有助于促进创客学习者提升实践能力和创新能力。

高校、企业、家庭是构成创客学习者成长的系统，高校教育处于主导地位。高校是创客学习者学习的主战场，相较于中小学，高校拥有学术水平最强大的师资团队，拥有最丰富的教学资源和国家的重点支持与政策帮扶。高校肩负着培养能够适应国家战略发展的创新型人才的重担，因此必须在立德树人的基本理念下，为学习者的创新意识、创新思维与创造能力的培养及智慧的生成提供尽可能多的支持。

如果高校亲和力不够、针对性不强，这一问题一方面表现为教育内容与学生需要的不适应，也表现为教育方法、教育形式与信息化、数字化、虚拟化背景下学生学习方式、生活方式、价值理念深刻变革的不同步，另一方面则表现为整个教育形态对学生生活实际、重大关切、成长难题的疏离。因此高校应坚持把立德树人作为教育的根本任务和中心环节，把立德树人的成效作为检验高校一切工作的根本标准，是新时代加快推进教育现代化、奋力建设教育强国的必然要求和基本方略。对高等学校来说，当务之急是要按照《中国教育现代化2035》《加快推进教育现代化实施方案（2018—2022）》的总体部署，将立德树人融入思想道德教育、文化知识教育、社会实践教育各环节，贯穿教学科研、管理服务和人才成长全过程，构建以立德树人为核心的学科体系、教学体系、教材体系和管理体系，提升立德树人的质量。其中一项重要工作就是遵循学生道德发展规律，创新立德树人理念方法，增强立德树人亲和力和针对性①。

家庭教育和企业教育也打开了创客学习者的眼界，为高校创客教育的培养奠定了一定的基础，因此重视多元境脉下高校创客教育的发展，为提升学生创新能力和实践能力创造条件。高校、家庭、企业或更多元的境脉，事实上各界一直在为高校创客教育的发展做“加法”，如图7－9所示。

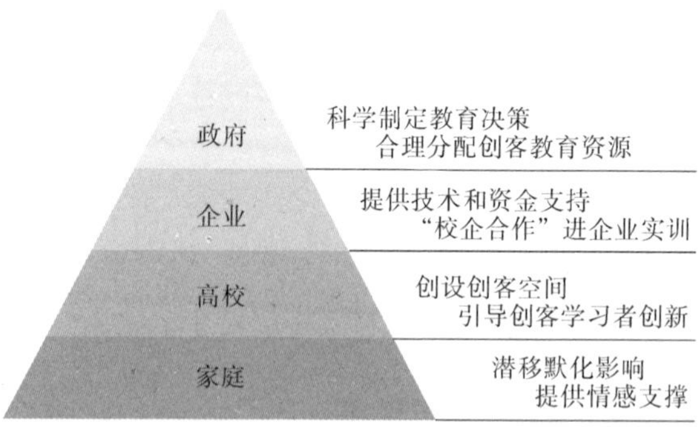

图7－9　高校创客教育多元境脉

① 韩丽颖．高校立德树人需要遵循道德发展规律［J/OL］（2019－09－05）．东北师大学报（哲学社会科学版）：1－12. http：//kns. cnki. net/kcms/detail/22. 1062. C. 20190902. 1059. 002. html.

创客学习者应当借助高校提供的高校创客教育资源，不断内化对高校创客教育资源做“减法”，提高自己的创新意识、创新思维和创新能力，秉承“先把书读厚，再把书读薄”的思想。

7.4.3 营设创客教育学习圈

生态圈理论认为，在某一个空间区域内，生物体之间及生物体与无机环境之间通过复杂的交互作用而形成的有机整体就是生态圈。20 世纪 90 年代，美国学者 James Moore 首次将生态圈理论应用于商业领域，创造性地用系统这一生态学与系统论交叉的概念来解释现代企业所处的环境及企业与外部环境之间的复杂关系。到了 21 世纪，生态圈理论在社会研究领域的应用日益广泛，诞生了包括产业生态圈理论、商业生态系统理论、组织生态理论等众多分支理论类型①。创客教育系统的发展需要形成类似于生态圈的一个学习圈，保证高校创客教育系统的生态化发展。

高校创客教育尊重创客学习者学习和创造的天性，根据马斯洛需求分析理论，给予创客学习者尊重与爱的需求，才能促使创客学习者达到自我实现的需求水平，在宽松的学习环境中，恰当地控制学习者动机水平，将多种智慧化信息技术，尤其是大数据分析技术融入创客学习生态圈的构建中。

在创客教育领域，创客学习主体、线上学习社区和线下实践创造相结合共同构成创客教育学习圈。在创客教育学习圈中，教师和学生都是学习者，他们彼此作用、相互促进。

创客教育学习圈第一特征是共享，共享是学习活动持续发展的基础。创客学习生态圈中的共享包含信息共享和资源共享两方面。就信息共享来讲，创客学习主体分别在线上学习社区中学习知识、弥补短板、满足自身诉求。线下创客项目创造时，在交流中就双方的认知冲突进行讨论、探究，在活跃的氛围中，创客学习者积极主动读书查找资料、实践操作和激烈辩论，创客学习者全身心投入，在思维的碰撞中审辨思维得以发散，情感得到升华。就资源共享来讲，所有的人力、物力、财力聚合，各类要素资源可以被创客主体共同使用和享有。

---

① 李玉芬．新时代职业教育产教融合生态圈的建构［J］．教育与职业，2018（20）：19－25.

创客教育学习圈第二特征是融合。生态圈内各类要素之间形成了相互内嵌的关系格局和发展态势，其本质是合作的深化和升华①，是创客主体之间合作的深层次和高境界。融合形式具有多样性，包含了创客教师和创客学习者之间的创客主体融合、创客主体与学校的融合、创客主体与企业的融合等。融合意味着全方位、全要素的高度互补，从而形成利益共同体和发展共同体。

创客教育学习圈第三特征是连接。创客教师与创客学习者两大主体以多种形式形成连接，密切配合、协同进步；各类资源与创客主体连接，充分利用、反馈提升；学校与企业连接，紧密联系、共谋发展。

多维度、多层次、立体化的连接关系一方面为创客教育学习圈内的信息和资源共享奠定了基础，另一方面也为创客教育学习圈内各主体的融合发展创造了条件，是创客教育学习圈构建最突出的功能。

从创客主体走进系统开始进行关注，人工智能的跟踪技术和传感技术，精准记录学习者在创客教育学习圈中不同服务模块驻足的时间和学习者的自我表达，推送支持学习者成长的资源养料，定期推送服务配方，解除学习者顾虑，促使创意的输出，通过多元测评系统，针对创意进行质量检测评估。高校创客教育专家对创意进行结果诊断，以及跟踪记录学习过程，推送资源养料，生态化循环式成长，打造优质的创客教育学习圈，提高高校创客教育质量。

7.4.4 建立分散式网络服务

创客空间成立了专门的高校创客教育服务团队，如图 7－10 所示，以中心集权的方式孵化创客团队，服务团队处于中心位置，一旦出现问题，将导致整个系统瘫痪。因此，为推进创客空间健康发展，应废除这种模式，建立分散式网络服务体系，如图7－11所示，以此促进高校创客教育主体间的流动。创客团队、服务团队和商业化团队之间，应建立良好的信息流通渠道，以及互助服务，促进创客项目高效快速发展，促进人员流动，为团队不断注入新鲜血液。

网络式服务体系的构建，首先增强了技术便捷性，在开放的创客环境下，技术工具和信息资源都是共享的，在遵循一定的规则之下，创客学习者可以轻松自

① 李玉芬．新时代职业教育产教融合圈的建构［J］．教育与职业，2018（20）：19－25.

由地使用这些工具，任何技术工具不再是封闭式的，而是公开的享用并不断更新；其次体现了经济可获得性，创客学习者在创客环境中的学习将不再受资金的束缚，此环境是鼓励创客学习者发散思维、实践创造、挑战自我的一个共享环境，不存在资金禁锢脚步的现象，而是不断融资提供支持；最后显示了社交包容性，在创客环境中对每一位创客和其他学习者都不排斥而是无限包容，当下任何领域中的新理念和新想法都可以被收进创客空间的大熔炉中去历练，从而逐渐实现融合和优化。

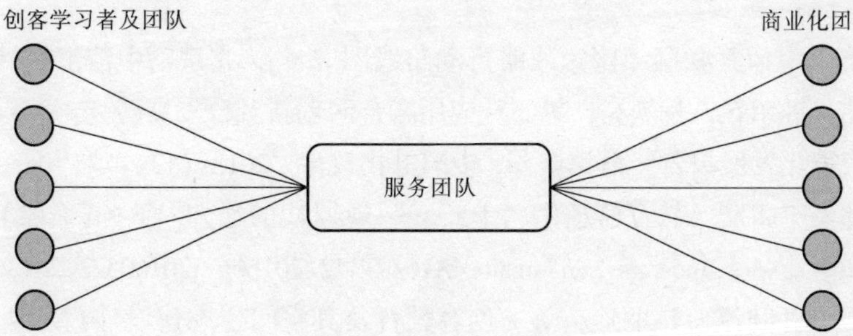

图 7－10　集权式服务

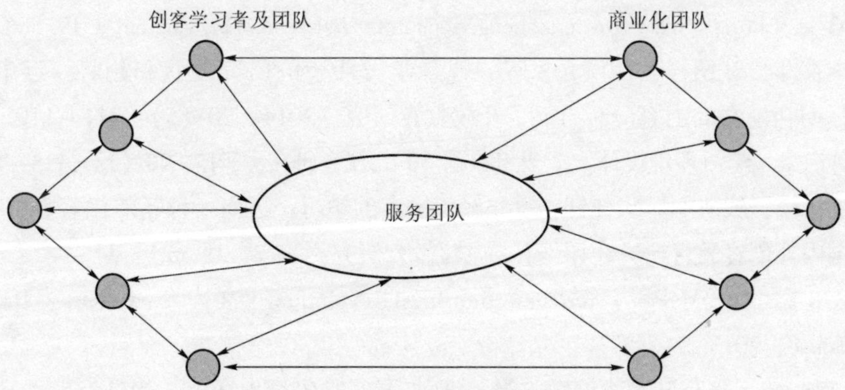

图 7－11　网络式服务

高校创客教育环境中的技术支持，给予了创客学习者享用自主权；经济的支持，提高了产品竞争力；社交的融通，增强了交互的关联性；创客环境通过人力、物力、财力由外向内地支持高校创客教育主体，不断激发创造动机，进而推动创客学习者积极参与到创客空间中的意向，最终实现创客空间高校创客教育的智慧化发展。

参 考 文 献

[1] 马化腾．中信互联网+国家战略行动路线图［M］．北京：中信出版社，2015.

[2] 唐烨伟，钟绍春，杨焕亮，等．从应用融合向创新融合发展转变：《深圳市基础教育信息化发展报告》解读［J］．中国电化教育，2018（12）：75－80.

[3] 教育部关于印发《教育信息化“十三五”规划》的通知[EB/OL]（2016－06－07）. http://www.moe.gov.cn/srcsite/A16/s3342/201606/t20160622_269367.html.

[4] 宋述强，钟晓流，焦丽珍，等．创客教育及其空间生态建设［J］．现代教育技术，2016，26（1）：13－20.

[5] 国务院办公厅关于发展众创空间推进大众创新创业的指导意见[EB/OL](2015-03-11). http://www.gov.cn/zhengce/content/2015－03/11/Content-a519.htm.

[6] 李葆萍，江绍祥，江风光，等．智慧学习环境的研究现状和趋势：近十年国际期刊论文的内容分析［J］．开放教育研究，2014，20（5）：111－119.

[7] 钟启泉．学习环境设计：框架与课题［J］．教育研究，2015，36（1）：113－121.

[8] 王佑镁，钱凯丽，华佳钰，等．触摸真实的学习：迈向一种新的创客教育文化：国内外创客教育研究述评［J］．电化教育研究，2017，38（2）：34－43.

[9] ANDERSON Makers：the new industrial revolution［M］．New York：Ramdom House，2013.

[10] 陶行知．陶行知教育箴言［M］．哈尔滨：哈尔滨出版社，2011.

[11] 杨现民，李冀红．创客教育的价值潜能及其争议［J］．现代远程教育研究，2015（2）：23－34.

[12] 陈青青．创客理念指导下的初中英语写作教学策略研究［J］．中国电化教育，2017（12）：127－130.

[13] 胡小勇，龙西仔，冯智慧．美国创客教育新进展：案例与趋势［J］．教育信息技术，2016（6）：3－6.

[14] 教育部教育装备研究与发展中心2016年工作要点［J］．教育与装备研究，

2016, 32 (3): 7.

[15] 刘文良. 当前高校创客教育的困惑与超越 [J]. 现代远程教育研究, 2017 (5): 61 - 68.

[16] 吴永和, 仲娇娇. 创客教育装备的教学适应性评价研究: 以 Arduino 学习套件为例 [J]. 现代教育技术, 2018, 28 (9): 120 - 126.

[17] 庞敬文, 唐烨伟, 钟绍春, 等. 创客教育支持学生核心素养发展模型研究 [J]. 中国电化教育, 2018 (05): 69 - 73.

[18] 郑茜. 面向协作式问题解决的创客教育活动设计 [J]. 教学与管理, 2018 (13): 39 - 41.

[19] 李卢一, 郑燕林. ARCS 模型视角下创客项目设计研究 [J]. 现代远距离教育, 2018 (2): 12 - 19.

[20] 申静洁, 赵呈领, 周凤伶. 创客教育课程中学生创新能力评价研究 [J]. 现代教育技术, 2018, 28 (10): 120 - 126.

[21] 刘树林, 李博. 创客教育与课程教学的融合: 方式、问题、对策 [J]. 现代教育技术, 2018, 28 (9): 113 - 119.

[22] 闫志明, 孙承毅. 论创客教师的知识基础 [J]. 教育研究, 2018, 39 (6): 111 - 118.

[23] 祝智庭, 魏非. 面向智慧教育的教师发展创新路径 [J]. 中国教育学刊, 2017 (9): 21 - 28.

[24] 赵冬梅, 梁小帆. 关联主义学习理论视阈下创客教育研究 [J]. 电化教育研究, 2017, 38 (11): 26 - 31.

[25] 杨帆. 基于课程体系建设的创客教育 [J]. 中国教育学刊, 2018 (S1): 8 - 11.

[26] 赵呈领, 申静洁, 蒋志辉. 一种整合创客和 STEM 的教学模型建构研究 [J]. 电化教育研究, 2018, 39 (9): 81 - 87.

[27] HALVERSON, SHERIDAN. The maker movement in education [J]. Harvard Educational Review, 2014 (12): 495 - 504.

[28] PEPPLER, BENDER. Maker movement spreads innovation one project at a time [J]. Kappan, 2013 (12): 22 - 27.

[29] MARTINEZ, STAGER. 8 elements of a good maker projects have in common [EB/OL] (2013 - 12 - 05). http://www.weareteachers.com/hot-topics/special-reports/how-the-maker-movement-is-transforming-education/8-elements-of-a-good-maker-project/.

[30] HARTNELL-Young. Teachers' roles and professional learning in communities of practice supported by technology in schools [J]. Journal of Technology and Teacher Education, 2014 (3): 461 -480.

[31] 刘志迎，武琳. 众创空间：理论溯源与研究视角 [J]. 科学学研究，2018，36 (3): 569 -576.

[32] 曾韦蜻，刘敏榕. 高校图书馆创客空间定位与服务研究 [J]. 数字图书馆论坛，2018 (2): 33 -38.

[33] ZHAN Q L. A model of maker education in China universities by smart technologies: the perspective of innovation ecocystem [A]. IEEE Beijing section, Xi'an Jiaotong - Liverpool University. Projtcts of 2017 IEEE 2nd International Conference on Big Data Analysis (ICBDA2017) [C]. IEEE Beijing section, Xi'an Jiaotong - Liverpool University: IEEE BEIJING SECTION（跨国电气电子工程师学会北京分会），2017: 6.

[34] 刘巍伟. 高校创客空间建设机制研究：基于美国 HEMI 高校的实践启示 [J]. 教育发展研究，2017，37 (11): 78 -84.

[35] 唐斯斯，杨现民，单志广，等. 智慧教育与大数据 [M]. 北京：科学出版社，2019.

[36] 姜新杰，徐倩，赖鑫琳，等. 上海基础教育“地平线”报告 [J]. 上海教育，2013 (13): 16 -22.

[37] 海淀区智慧教育中长期发展规划（2014—2020）. [EB/OL] (2016 -05 -22). http://www.btdcw.com/btd_9krme7zh1t2nsfs0jg41_2.html.

[38] 2015 中国智慧学习环境白皮书发布 [EB/OL] (2015 -09 -22). http://news.youth.cn/jy/201509/t20150922_7142095.html.

[39] 黄荣怀，胡永斌，杨俊锋，等. 智慧教室的概念及特征 [J]. 开放教育研究，2012，18 (2): 22 -27.

[40] 程玫，单美贤. 关于“智慧学习环境”的研究综述 [J]. 现代教育技术，2013，23 (9): 25 -28.

[41] 祝智庭，贺斌. 智慧教育：教育信息化的新境界 [J]. 电化教育研究，2012，33 (12): 5 -13.

[42] 上海八所学校试点电子书包“智慧课堂”改变传统教学模式. [EB/OL] (2011 -06 -01). http://finance.sina.com.cn/roll/20110601/00299927483s.html.

[43] 崔惠萍，傅钢善. 新技术与电子书包融合构建智慧学习环境的研究 [J]. 现

代远距离教育，2014（6）：55 –60.
[44] 陈小莉，柏世兵. 基于 CEAC 平台智慧学习环境的应用建设研究［J］. 中国管理信息化，2015，18（22）：240.
[45] 刘俊. 智慧教育环境及其实现方式设计［J］. 中国电化教育，2013（12）：20 –26.
[46] 赵秋锦，杨现民，王帆. 智慧教育环境的系统模型设计［J］. 现代教育技术，2014，24（10）：12 –18.
[47] 程玫. 智慧学习环境中的学习行为分析研究［D］. 南京：南京邮电大学，2014.
[48] 张炯. 新加坡的智慧国心经［J］. 互联网周刊，2006（37）：50 –51.
[49] http://www.markosweb.com.
[50] 朴钟鹤. 教育的革命：韩国智能教育战略探析［J］. 教育科学，2012，28（4）：87 –91.
[51] 韩国全新教育模式，没有教科书的世宗市智能学校.［EB/OL］（2016 –12 –09）. http://www.haoqu.net/show-19-145-1.html.
[52] 陈耀华，杨现民. 国际智慧教育发展战略及其对我国的启示［J］. 现代教育技术，2014，24（10）：5 –11.
[53] Active learning classrooms［EB/OL］(2016 –04 –11). https://www.pkallsc.org/wp –content/uploads/2018/03/ALCs.pdf.
[54] 张茂聪，刘信阳，张晨莹，等. 创客教育：本质、功能及现实反思［J］. 现代教育技术，2016，26（2）：14 –19.
[55] 王佑镁，王晓静，包雪. 创客教育连续统：激活众创时代的创新基因［J］. 现代远程教育研究，2015（5）：38 –46.
[56] 黄兆信，赵国靖，洪玉管. 高校创客教育发展模式探析［J］. 高等工程教育研究，2015（4）：40 –44.
[57] 郑燕林，李卢一. 技术支持的基于创造的学习：美国中小学创客教育的内涵、特征与实施路径［J］. 开放教育研究，2014，20（6）：42 –49.
[58] 郑燕林. 美国高校实施创客教育的路径分析［J］. 开放教育研究，2015，21（3）：21 –29.
[59] 陈鹏. 创客学习：一种创造有意义学习经历的学习范式［J］. 现代远程教育研究，2016（6）：26 –38.
[60] 张华. 基于三态支持视野下的大学生创客教育探析［J］. 中国职业技术教

育，2016（19）：81－83.
[61] 庄琪琪. 我国高校创客教育发展现状与发展策略研究［D］. 青岛：青岛大学，2018.
[62] 詹青龙，杨梦佳. “互联网＋”视域下的创客教育2.0与智慧学习活动研究［J］. 远程教育杂志，2015，33（6）：24－31.
[63] 董黎明，焦宝聪. 核心素养视域下创客教育目标与实施路径研究［J］. 中国电化教育，2018（9）：48－55.
[64] 张瑾. 信息技术环境下教师教学智慧及其生成研究［D］. 兰州：西北师范大学，2012.
[65] 王宇琼. 论教师教育智慧的生成［D］. 太原：山西大学，2013.
[66] Wisdom［EB/OL］（2016－03－12）. http://dictionary. cambridge. org/dictionary/english-chinese-simplified/wisdom. html.
[67] 郭晓娜. 论教师的教育智慧［D］. 重庆：西南大学，2007.
[68] 王萍. 教学智慧生成研究［D］. 济南：山东师范大学，2015.
[69] 武法提. 基于WEB的学习环境设计［J］. 电化教育研究，2000（4）：33－38.
[70] 石世美. 高校信息化学习环境的研究与设计［D］. 北京：北京理工大学，2015.
[71] 李文光，何志龙，何克抗. 基于创新能力培养的教学设计理论与试验探索［J］. 中国电化教育，2002（10）：12－18.
[72] 柯清超，郑大伟，张文，等. 国家教育资源公共服务平台评价机制研究［J］. 中国电化教育，2016（9）：8－15.
[73] 吴雪萍. 终身学习的推进机制比较研究［M］. 杭州：浙江大学出版社，2010.
[74] 徐刘杰，陈中，熊才平. 基于连通主义的网络教育资源发展与利用研究［J］. 电化教育研究，2014，35（12）：81－85.
[75] 张丽霞，王丽川. 论连通主义视域下的个人学习环境构建［J］. 电化教育研究，2014，35（12）：63－67.
[76] 李新房，刘名卓，祝智庭. 基于连通主义的双联通教学设计模型（SCCS）研究［J］. 远程教育杂志，2016，34（5）：83－88.
[77] 李洁. 基于情境认知理论的教育游戏设计［D］. 济南：山东师范大学，2009.
[78] 蔡苏，宋倩，唐瑶. 增强现实学习环境的架构与实践［J］. 中国电化教育，

2011（8）：114－119.

[79] 刘好，李建会．融合心灵：认知科学新范式下的4E整合［J］．山东科技大学学报（社会科学版），2014，16（2）：7－14.

[80] 叶浩生．西方心理学中的具身认知研究思潮［J］．华中师范大学学报（人文社会科学版），2011，50（4）：153－160.

[81] 蓝文婷，熊建辉．运用具身认知理论开拓新型教育模式：访美国亚利桑那州立大学心理学系教授格林伯格［J］．世界教育信息，2015，28（3）：8－11.

[82] 李建会，于小晶．“4E＋S”：认知科学的一场新革命？［J］．哲学研究，2014（1）：96－101.

[83] 武建峰．认知生成主义的哲学研究［D］．太原：山西大学，2015.

[84] 邵云飞，何伟，刘磊，等．高效协同创新与人才培养模式研究［M］．北京：清华大学出版社，2015.

[85] 吴骏．SPSS统计分析从零开始学［M］．北京：清华大学出版社，2014.

[86] 赵呈领，周玲，梁云真，等．信息化教学中职业院校教师个人影响因素研究［J］．现代远距离教育，2017（1）：57－62.

[87] 凯利．科技想要什么［M］．北京：电子工业出版社，2016.

[88] 钟国祥，邱玉辉．采用贝叶斯网络建立一种智能学习环境学生代理模型的研究［J］．计算机科学，2006（12）：203－204.

[89] 黄荣怀，杨俊锋，胡永斌．从数字学习环境到智慧学习环境：学习环境的变革与趋势［J］．开放教育研究，2012，18（1）：75－84.

[90] 王利巧，李姗姗．智慧学习环境的建设与应用研究：以河南科技大学“智慧教学环境”为例［J］．中国信息技术教育，2019（7）：109－112.

[91] 张路．安德森 Maker Faire 2015 演讲：创客运动 2.0 即将到来［DB/OL］（2015－05－18）．http://www.leiphone.com/news/201505/44ly8YZEVx1ykwgY.html.

[92] 王靖，陈卫东．具身认知理论及其对教学设计与技术的应用启示［J］．远程教育杂志，2012，30（3）：88－93.

[93] 李海峰，王炜．基于具身认知理论的教育游戏设计研究：从EGEC框架构建到“环卫斗士”游戏的开发与应用［J］．中国电化教育，2015（5）：50－57.

[94] 吴康．论康有为“智学之复兴”［J］．湖南师范大学社会科学学报，2004（3）：91－96.

[95] 珀金斯．为未知而教，为未来而学［M］．杨彦捷，译．杭州：浙江人民出

版社，2015.

[96] FASNACHT D. Open innovation in the financial services [M]. Berlin：Springer. 2009.

[97] 侯颖，许威威. 增强现实技术综述 [J]. 计算机测量与控制，2017，25（2）：1－7.

[98] 胡智标. 增强教学效果　拓展学习空间：增强现实技术在教育中的应用研究 [J]. 远程教育杂志，2014，32（2）：106－112.

[99] 王萍. 移动增强现实型学习资源研究 [J]. 电化教育研究，2013，34（12）：60－67.

[100] Microsoft hololens brings augmented reality and holograms to your fingertip [EB/OL]（2015－01－27）. http：//www. technorms. com/42489/microsoft-hololens-is-all-about-holograms-and-virtual-reality? utm_source = tuicool. html.

[101] 陈颖. 知识转移视角下超组织的形成机理研究 [J]. 南京师范大学报（社会科学版），2012（3）：76－83.

[102] KESEBIR，SELIN. The superorganism account of human sociality：how and when human groups are like beehives. Personality and Social Psychology Review，2012，16（3）：233－261.

[103] 智能计算 [EB/OL]. http：//baike. baidu. com/item/智能计算/1036529? fr = aladdin. html.

[104] ROALTER，MLLER，DIEWALD，et al. Developing intelligent environments：a development tool chain for Creation，testing and simmulation of smart and intelligent environments. IEEE Conference Publications，2011：214－221.

[105] libelium [EB/OL]（2015－06－13）. http：//www. libelium. com. html.

[106] 赵海兰. 泛在技术环境中体验学习模型建构的理论分析 [J]. 远程教育杂志，2010，28（2）：12－18.

[107] 张洁. 基于境脉感知的泛在学习环境模型构建 [J]. 中国电化教育，2010（2）：16－20.

[108] 王竹立. 零存整取：网络时代的学习策略 [J]. 远程教育杂志，2013，31（3）：37－43.

[109] 李贺. 泛在学习环境下教师的角色重构 [J]. 教育理论与实践，2019，39（14）：29－31.

[110] 西蒙斯. 网络时代的知识和学习：走向连通 [M]. 詹青龙，译. 上海：华

东师范大学出版社，2009：28－30.

[111] 陈之荣. 人类圈·智慧圈·人类世［J］. 第四纪研究，2006（5）：872－878.

[112] 王靖，刘志文，陈卫东. 未来课堂教学设计特性：具身认知视角［J］. 现代远程教育研究，2014（5）：71－78.

[113] 张琼，胡炳仙. 知识的情境性与情境化课程设计［J］. 课程. 教材. 教法，2016，36（6）：26－32.

[114] 何克抗，李文光. 教育技术学［M］. 2版. 北京：北京师范大学出版社，2009.

[115] HAFJESBRINK J，SCHROLL M. Innovation 3.0：Embedding into community knowledge-collaborative organizational learning beyond open innovation［J］. Journal of Innovation Economics & Management，2011（1）：55－92.

[116] KRUMM，SHAFER，WILSON. How a smart environment can use perception［EB/OL］(2016－03－11). https://www.microsoft.com/en－us/research/up－content/uploads/2016/12/perception_for_ubicomp.pdf.

[117] Multimodal Interaction laboratory［EB/OL］(2015－02－08). https://www.mcgill.ca/sis/research/labs/mil.

[118] 吴萍萍. Kinect体感交互技术在编程教学中的应用［J］. 河北软件职业技术学院学报，2019，21（2）：17－21.

[119] 陈蓓蕾，张屹，杨兵，等. 技术支持的教学交互策略促进交互深度研究［J］. 中国电化教育，2019（8）：99－107.

[120] JIN Y T，QU F J，WANG H J. Ontology-based research on heterogeneous database semantic integration strategies［J］. Education Technology and computer science，2010，3（4）：477－480.

[121] Classroom evolutions：the impact，implications，and implementation of personalized learning［EB/OL］（2015－9－15）. http://www.hanoverresearch.com/insights/classroom-evolutions-the-benefits-implications-and-implementation-of-personalized-learning/? i＝k-12-education.html.

[122] 徐伟. 视觉、语言以及人工智能展望［EB/OL］（2015－11－05）. https://wenku.baidu.com/view/b67b54cc1eb91a37f1115cdc.html.

[123] 袁振国. 教育决策的科学化和民主化是依法治教的关键［J］. 中国教育学刊，2015（11）：1－3.

[124] 魏顺平. 学习分析技术：挖掘大数据时代下教育数据的价值［J］. 现代教

育技术，2013，23（2）：5-11.

[125] 2015-nmc-horizon-report-library-EN [EB/OL]（2015-02-08）https://www.ohiolink.edu/sites/ohiolink.edu/files/press/releases/2015/docs/2015-nmc-horizon-report-library-EN.pdf.

[126] “不是知识，而是大脑”：以学生为中心的学习 [EB/OL]（2015-10-23）. http：//chuansong.me/n/1837679.html.

[127] 姚睿，崔江，周翟和，等. 云桌面下嵌入式技术课程实验环境建设与教学模式探索 [J]. 实验技术与管理，2019，36（7）：50-53.

[128] 乔纳森，豪兰，摩尔，等. 学会用技术解决问题：一个建构主义者的视角 [M]. 2版. 任友群，李妍，施彬飞，译. 北京：教育科学出版社，2017.

[129] 祝智庭，孙妍妍. 创客教育：信息技术使能的创新教育实践场 [J]. 中国电化教育，2015（1）：14-21.

[130] The NMC Horizon Report：2015 K-12 Edition [EB/OL]（2015-08-02）. http：//www.nmc.org.html.

[131] 李本友，李红恩，余宏亮. 学生学习方式转变的影响因素、途径与发展趋势 [J]. 教育研究，2012，33（2）：122-128.

[132] 黄林凯，钟志贤，高燕，等. 技术的教育运用：促进教学方法与学习评价创新：谈国际知名教育技术学者 Thomas C. Reeves 教授 [J]. 中国电化教育，2015（6）：1-6.

[133] 李彤彤，武法提. 网络学习环境的给养分析与具体化描述 [J]. 现代远程教育研究，2016（5）：39-49.

[134] 贺斌，祝智庭. 学习环境给养设计研究透视 [J]. 电化教育研究，2012，33（11）：30-38.

[135] 钟柏昌. 创客教育究竟是什么：从政策文本、学术观点到狭义创客教育定义 [J]. 电化教育研究，2019，40（5）：5-11.

[136] VANDER，SCHNEIDER C. What information should show up day one with sudents [EB/OL]（2012-09-02）. http://gettingsmart.com/2012/09/what-information-should-show-up-day-one-with-students/.

[137] 薛红霞. PBL下数学项目化实验教材的编写与实践 [J]. 教育理论与实践，2016，36（8）：42-44.

[138] BARROWS H S，TAMBLYN R M. The portable patient problem pack：a problem-based learning unit [J]. Journal of medical education，1977，52（12）.

[139] 董艳，孙巍．促进跨学科学习的产生式学习（DoPBL）模式研究：基于问题式 PBL 和项目式 PBL 的整合视角［J］．远程教育杂志，2019，37（2）：81－89．

[140] 凯利．技术元素［M］．张行舟，余倩，等译．北京：电子工业出版社，2012．

[141] 尚俊杰，庄绍勇，陈高伟．学习科学：推动教育的深层变革［J］．中国电化教育，2015（1）：6－13．

[142] See－through display［EB/OL］（2015－09－28）．https://en.wikipedia.org/wiki/See－through_display.html．

[143] 魏雪峰，杨现民，张玉梅．移动互联时代碎片化学习资源的适用场景与高效管理［J］．中国电化教育，2017（5）：117－122．

[144] Intelligent environment［EB/OL］（2015－08－29）．http://wikipedia.org/wiki/Intelligent environment.html．

[145] 薛英花．智能空间中基于多模式信息获取的物品定位与物品管理［D］．济南：山东大学，2011．

[146] 林崇德．创造性人才·创造性教育·创造性学习［J］．中国教育学刊，2000（1）：5－8．

[147] 李守林，郭伟亚，王耀球．基于物联网的智能空间信息共享利益模型研究［J］．湖北社会科学，2015（2）：93－99．

[148] 魏慧．数据决定智能　运营商预研“知化网络”［J］．通信世界，2016（12）：19．

[149] 凯利．必然［M］．周峰，董理，金阳，译．北京：电子工业出版社，2015．

[150] 虚拟视网膜显示器：显示技术的新突破［J］．现代兵器，1997（9）：35－36．

[151] In simple terms，what is a “dynamic digitized light field signal”？［EB/OL］（2014－10－23）．https://www.quora.com/In－simple－terms－what－is－a－dynamic－digitized－light－field－signal．

[152] http://www.magicleap.com．

[153] 周青，吴云，方刚．新常态下企业微创新的特征与类型［J］．科学学研究，2015，33（8）：1232－1239．

[154] LINKNER J．How’micro-innovations’can drive breakaway results［EB/OL］

(2016 - 01 - 18). https://www.forbes.com/sites/joshlinkner/2016/01/18/how - micro - innovations - can - drive - breakaway - results/#776aaff1642b.

[155] 宋刚，邬伦. 创新2.0视野下的智慧城市 [J]. 北京邮电大学学报（社会科学版），2012，14 (4)：1 - 8.

[156] 孙江山，吴永和，任友群. 3D打印教育创新：创客空间、创新实验室和STEAM [J]. 现代远程教育研究，2015 (4)：96 - 103.

[157] 余意，易建强，赵冬斌. 智能空间研究综述 [J]. 计算机科学，2008 (8)：1 - 5.

[158] MEJIAS. Effects of introducing an interactive teaching and learning activity (TLA) in the engineering classroom. Camputer Science & Education (ICCSE), 2012：1520 - 1525.

[159] 詹青龙. 活动理论视域的移动学习活动设计 [J]. 电化教育研究，2010 (2)：58 - 62.

[160] ESTHER T, HYO-JEONG S. Rethinking the impact of activity design on a mobile learning trail：the missing dimension of the physical affordances. IEEE Transactions on Learning Technologies, 2015, 8 (1)：98 - 110.

[161] ROSSLIN, TAI-HOON KIM. Review：context aware tools for smart home development [J]. International Journal of Smart Home, 2010, 4 (1)：1 - 11.

[162] 王凌云，龙虎. 大数据时代下智慧校园信息化建设探究 [J]. 凯里学院学报，2016，34 (6)：93 - 95.

[163] 苏培华. 基于环境感知技术的VR实验系统应用研究 [J]. 工业加热，2018，47 (2)：66 - 68.

[164] https：//baike.baidu.com/item/物联网.

[165] 邓仲华，刘伟伟，陆颖隽. 基于云计算的大数据挖掘内涵及解决方案研究 [J]. 情报理论与实践，2015，38 (7)：103 - 108.

[166] Hassan Q. Demystifying cloud computing [J]. The Journal of Defense Software Engineering, 2011, 1：16 - 21.

[167] 20 cloud monitoring and management tools：which are best? [EB/OL] (2012 - 11 - 11). https://www.channelfutures.com/leadership/20 - cloud - monitoring - and - management - tools - which - are - the - best.

[168] iLab central [EB/OL] (2015 - 01 - 20). https://ilabcentral.sesp.northwestern.edu/.

[169] 林闯，苏文博，孟坤，等. 云计算安全：架构、机制与模型评价 [J]. 计

算机学报，2013，36（9）：1765－1784.

[170] 潘振宇，钟绍春，钟永江，等. 个性化学习工具设计及应用研究 [J]. 中国电化教育，2015（6）：86－91.

[171] 黎作鹏，张天驰，张菁. 信息物理融合系统（CPS）研究综述 [J]. 计算机科学，2011，38（9）：25－31.

[172] ZHAO Y. World class learners：educating creative and entrepreneurial students [M]. Ventura：Corwin Press，2012.

[173] FULLAN M. The new pedagogy：students and teachers as learning partners [J]. Learning Landscapes，2013，6（2）：23－29.

[174] 段金菊. e-Learning 环境下促进深度学习的策略研究 [J]. 中国电化教育，2012（5）：38－43.

[175] FULLAN M，LANGWORTHY M. A rich seam：how new pedagogies find deep learning [J]. Leadership and policy in schools，2016，15（2）：231－233.

[176] 顾小清，冯园园，胡思畅. 超越碎片化学习：语义图示与深度学习 [J]. 中国电化教育，2015（3）：39－48.

[177] 张静，陈佑清. 学习科学视域中面向深度学习的信息化教学方式变革 [J]. 中国电化教育，2013（4）：20－24.

[178] RICHARDSON W. Students first，not stuff [J]. Educational Leadership，2013，70（6）：10－14.

[179] 张浩，吴秀娟，王静. 深度学习的目标与评价体系构建 [J]. 中国电化教育，2014（7）：51－55.

[180] BORRIS. Books，blogs，and ideas：interview with Michael Fullan [DB/OL]（2017－01－15）. http://www. scholastic. com/browse/article. jsp? id＝3758379.

[181] 2015 horizon report [DB/OL]（2015－2－11）. https://library. educause. edu/resources/2015/2/2015－horizon－report.

[182] 詹青龙，顾小清. 信息技术教师培训的新思维 [J]. 中国电化教育，2007（7）：13－17.

[183] 裴新宁，刘新阳. 为 21 世纪重建教育：欧盟“核心素养”框架的确立 [J]. 全球教育展望，2013，42（12）：89－102.

[184] 郭华. 深度学习及其意义 [J]. 课程. 教材. 教法. 2016，36（11）：25－32.

[185] 孙曙辉，刘邦奇. 智慧课堂 [M]. 北京：北京师范大学出版社，2016.

[186] 祝智庭．智慧教育新发展：从翻转课堂到智慧课堂及智慧学习空间 [J]．开放教育研究，2016，22（1）：18－26.

[187] 唐烨伟，庞敬文，钟绍春，等．信息技术环境下智慧课堂构建方法及案例研究 [J]．中国电化教育，2014（11）：23－29.

[188] intel－project－bridge 未来教室 [EB/OL]（2014－02－19）．http://v.qq.com/boke/page/k/l/z/k01258k1nlz.html.

[189] 刘凌艳，杨永忠．创意到创新转化的价值网分析：基于四川省文化创意和设计服务类企业的案例研究 [J/OL]（2019－08－30）．管理评论：1－10. https://doiorg/10.14120/j.cnki.cn11-5057/f.20190830.001.

[190] 赵呈领，赵文君，蒋志辉．面向 STEM 教育的 5E 探究式教学模式设计 [J]．现代教育技术，2018，28（3）：106－112.

[191] 张晓琪，王旭，尹天浩，等．科技创新智能实训平台研制 [J]．实验技术与管理，2019，36（3）：128－131.

[192] 杨梦佳，詹青龙，郭桂英．移动性学习社区环境构建与活动设计 [J]．天津职业技术师范大学学报，2015，25（2）：54－57.

[193] 齐亚丽．基于创新创业教育的高职院校实训基地建设与管理 [J]．教育与职业，2019（16）：84－87.

[194] 张春兰，李子运．创客空间支持的深度学习设计 [J]．现代教育技术，2015，25（1）：25－31.

[195] 雒亮，祝智庭．开源硬件：撬动创客教育实践的杠杆 [J]．中国电化教育，2015（4）：7－14.

[196] Mobile makerspace [EB/OL]（2015－08－27）．https://wiki.hackerspaces.org/Mobile_Makerspace.html.

[197] Hackerspaces and engineering education [EB/OL]（2015－02－17）．https://www.researchgate.net/publication/283777084_Hackerspaces_and_engineering_education.

[198] 南京创客空间，自平衡车 [EB/OL]（2016－09－25）．http://www.do－idea.cn/detail.aspx? channel_id＝14&category_id＝66&id＝326.

[199] 李彤彤，王志军，邹蕊，等．创客教师专业素质结构研究 [J]．中国电化教育，2017（6）：80－86.

[200] 王怀宇，李景丽，闫鹏展．高校创客型师资培养策略初探 [J]．中国电化教育，2016（3）：126－130.

[201] HACHIGIAN A. Is the word "teacher" too narrow for maker educators? [EB/OL] (2015-05-06). http://www.agencybydesign.org//is-the-word-teacher-too-narrow-for-maker-educators.

[202] 肖川. 教师的幸福人生与专业成长 [M]. 长沙：岳麓书社，2014.

[203] 管雪沨. 创课教学法在信息技术教学中的实践与研究 [J]. 中国教育信息化，2015 (10)：70-71.

[204] ALLEN G, YOKANA L. 4 steps to becoming a maker teacher [EB/OL] (2014-05-19). https://gettingsmart.com/2014/05/4-steps-becoming-maker-teacher.

[205] 教育部关于全面深化课程改革落实立德树人根本任务的意见 [EB/OL] (2014-04-08). http://moe.gov.cn//srcsite/A26/jcj_kcjcgh/201404/t20140408_167226.html.

[206] 高云峰，师保国. 跨学科创新视角下创客教育与STEAM教育的融合 [J]. 华东师范大学学报（教育科学版），2017，35 (4)：47-53.

[207] 彭希林，周军铁，李苗. 论学习力 [J]. 黑龙江教育（高教研究与评估），2007 (Z1)：97-99.

[208] 胡海斌，丁国柱，吴鹏飞. 基于学习元平台的课程知识本体的构建与应用：以"教育技术新发展"课程为例 [J]. 电化教育研究，2017，38 (10)：74-81.

[209] 郑海昊，刘韬. 数字交互技术视域下的智慧学习元认知体验研究之一：共我体验突破交互边界 [J]. 中国电化教育，2018 (12)：96-103.

[210] 王德宇，宋述强，陈震. 增强现实技术在高校创客教育中的应用 [J]. 中国电化教育，2016 (10)：112-115.

[211] 董颖，郑友取，李俊. 地方高校创业教育的模式探讨 [J]. 高等工程教育研究，2016 (04)：95-98.

[212] 王佑镁. 当前我国高校创客教育实践的理性认识综述 [J]. 现代远程教育研究，2017 (4)：20-31.

[213] 徐颖，朱弘扬. 师范院校创客教育系统构建研究 [J]. 中国教育信息化，2018 (12)：15-18.

[214] 吴文峻. 面向智慧教育的学习大数据分析技术 [J]. 电化教育研究，2017，38 (6)：88-94.

[215] 王永生. 高等学校创新型教师队伍建设的体制机制创新初探 [J]. 西北医学教育，2011，19 (8)：816-819.

[216] 王霞，周福盛. 自组织理论下的师生关系重构［J］. 教学与管理，2018（18）：17－19.

[217] 李海峰，王炜. "互联网＋"时代的师生关系构建探析［J］. 中国教育学刊，2018（7）：81－87.

[218] 冯永刚，吕霞. 教师职业倦怠的自组织分析［J］. 当代教育科学，2017（2）：25－29.

[219] LAU D C，MURNIGHAN J K. Demographic diversity and faultlines：The compositional dynamics of organizational groups［J］. The Academy of Management Review，1998，23（2）：325－340.

[220] THATCHER，JEHN，ZANUTTO. Cracks in diversity research：The effects of diversity faultlines on conflict and performance［J］. Group Decision and Negotiation，2003，12（3）：217－241.

[221] 杨陈，唐明凤. 关系视角的高校科研团队断裂带对隐性知识转移影响研究［J］. 情报科学，2016，34（10）：20－25.

[222] 刘泓辰，王兴元，杨娟. 大学生创客团队异质性与团队绩效研究：协作状态的调节作用［J］. 开放教育研究，2017，23（5）：57－63.

[223] 李永娟，徐媛媛，袁潇. 目标取向对员工创新行为的影响机制研究：基于隐性知识共享行为的视角［J］. 北京工商大学学报（社会科学版），2016，31（4）：108－115.

[224] HAMEL G. Competition for competence and interpartner learning within international strategic alliances［J］. Strategic Management Journal，1991，12（summer special issue）：83－103.

[225] 朱少英，齐二石，徐渝. 变革型领导、团队氛围、知识共享与团队创新绩效的关系［J］. 软科学，2008（11）：1－4＋9.

[226] 陈伟，杨早立，朗益夫. 团队断裂带对团队效能影响的实证研究：关系型领导行为的调节与交互记忆系统的中介［J］. 管理评论，2015，27（4）：99－110.

[227] 卓萍，赵蕾. 团队断裂带对团队绩效的影响机制研究：基于交互记忆系统的中介和团队情绪智力的调节［J］. 秘书，2018（2）：28－40.

[228] 霍生平，赵葳. 众创空间创客团队断裂带对创新行为的影响：基于知识共享的中介跨层研究［J］. 科学学与科学技术管理，2019，40（4）：94－108.

[229] ERIC. Makerspaces and contributions to entrepreneurship［J］. Procedia-Social

and Behavioral Sciences, 2015, 195.

[230] 钟柏昌. 谈创客教育的背景、本质、形式与支持系统 [J]. 现代教育技术, 2016, 26 (6): 13-19.

[231] 李青, 王涛. 学习分析技术研究与应用现状述评 [J]. 中国电化教育, 2012 (8): 129-133.

[232] 李浩君, 张征, 郭海东, 等. 深度学习视角下的个性化学习资源推荐方法 [J]. 现代远程教育研究, 2019, 31 (4): 94-103.

[233] PANDEY, KHANNA, YOKOTA. A semantics and image retrieval system for hierarchical image databases [J]. Information Processing and Management, 2016, 52 (4).

[234] ZAPATA, VICTOR H, MENÉNDEZ, et al. Evaluation and selection of group recommendation strategies for collaborative searching of learning objects [J]. International Journal of Human-Computer Studies, 2015, 76.

[235] POLATIDIS, CHRISTOS K. GEORGIADIS. A multi-level collaborative filtering method that improves recommendations [J]. Expert Systems With Applications, 2016, 48.

[236] ALEKSANDRA, BOBAN, MIRIJANA, et al. E-Learning personalization based on hybrid recommendation strategy and learning style identification [J]. Computers & Education, 2010, 56 (3).

[237] SUNITA B, LOBO. Combination of machine learning algorithms for recommendation of courses in E-learning system based on historical data [J]. Knowledge-Based Systems, 2013, 51.

[238] BATOUCHE B, BRUN A., BOYER A. Unsupervised machine learning based on recommendation of pedagogical resources [C] //9th european conference on technology enhanced learning. Berlin: Springer International Publishing, 2014.

[239] 赵蔚, 姜强, 王朋娇, 等. 本体驱动的 e-Learning 知识资源个性化推荐研究 [J]. 中国电化教育, 2015 (5): 84-89.

[240] 文孟飞, 胡超, 于文涛, 等. 一种基于特征提取的教育视频资源推送方法 [J]. 现代远程教育研究, 2016 (3): 104-112.

[241] TARUS J., NIU ZO, MUSTAFA G. Knowledge-based recommendation: a Review of ontology-based recommender systems for e-learning [J]. Artificial Intelligence Review, 2018, 50 (1): 21-48.

[242] 吕婷婷，丁小华，丁三青. 美国创客教育对我国的启示 [J]. 中国高校科技，2017 (9)：44 -46.

[243] 乔纳森. 技术支持的思维建模：用于概念转变的思维工具 [M]. 3 版. 顾小清，等译. 华东师范大学出版社，2008.

[244] 李红梅. “互联网 +” 时代 “新” 学习方式的价值逻辑 [J]. 中国电化教育，2017 (6)：102 -107.

[245] Arduino [EB/OL] (2014 -12 -02). http://en.wikipedia.org/wiki/Arduino.html.

[246] 爱芭·奥西恩尼尔森，肖俊洪. 创新学习与创新学习空间 [J]. 中国远程教育，2019 (2)：59 -70.

[247] Gartner 发布 2017 年新兴科技技术成熟度曲线：提出未来十年驱动数字化业务的三大趋势 [OL] (2017 -08 -29). http://www.sohu.com/a/168147941_470089.html.

[248] 韩丽颖. 高校立德树人需要遵循道德发展规律 [J/OL] (2019 -09 -05). 东北师大学报 (哲学社会科学版)：1 -12. http://kns.cnki.net/kcms/detail/22.1062.C.20190902.1059.002.html.

[249] 李玉芬. 新时代职业教育产教融合生态圈的建构 [J]. 教育与职业，2018 (20)：19 -25.